博瑞森图书
BRACE

企业阅读 本土实践

家具建材促销与引流
模式·方法·工具

薛亮 李永峰 著

天津出版传媒集团

天津人民出版社

图书在版编目（CIP）数据

家具建材促销与引流：模式·方法·工具／薛亮，
李永峰著．—天津：天津人民出版社，2019.10
ISBN 978 - 7 - 201 - 15185 - 4

Ⅰ.①家… Ⅱ.①薛…②李… Ⅲ.①家具－商业经
营②建筑材料－商业经营 Ⅳ.①F768.5②F765

中国版本图书馆 CIP 数据核字（2019）第 185004 号

家具建材促销与引流：模式·方法·工具
JIAJU JIANCAI CUXIAO YU YINLIU MOSHI FANGFA GONGJU
薛 亮 李永峰 著

出 版	天津人民出版社	
出 版 人	刘 庆	
地 址	天津市和平区西康路 35 号康岳大厦	
邮政编码	300051	
邮购电话	（022）23332469	
网 址	http://www.tjrmcbs.com	
电子邮箱	reader@ tjrmcbs.com	

责任编辑 王昊静
策划编辑 李俊丽
装帧设计 仙 境

印 刷 河北宝昌佳彩印刷有限公司
经 销 新华书店
开 本 710×1000 毫米 1/16
印 张 24.5
字 数 365 千字
版次印次 2019 年 10 月第 1 版 2019 年 10 月第 1 次印刷
定 价 125.00 元

笔者曾在海底捞工作、研究四年。后从事家具建材行业营销策划及管理咨询培训六年，对家具建材品牌的全面运作管理、营销通路的建设、联动促销的设计、商品管理体系及品牌管理等方面具有实战经验和成功的案例。结合多年的实践操作及思考总结，立足于家具建材营销的实际情况，对项目执行模式、执行工具、执行关键环节、项目考核标准、项目老师应掌握的一些相关知识进行汇总编辑成书。

本书针对目前采用的各种营销模式分类讲解，对各个环节逐个剖析，让人一看就懂、一学就会。

主体内容为目前家具建材行业操作的十大主要促销活动模式：

（1）内购会模式；

（2）豪门夜宴模式；

（3）单店 4321 体系模式；

（4）新店开业模式；

（5）联盟爆破模式；

（6）大团队天天签单模式；

（7）商场大促模式；

（8）工厂省级联动模式；

（9）装企大促模式；

（10）微信联盟爆破模式。

同时，针对十大活动模式的优缺点及适用性、活动模式的核心要点及活动模式所需文件资料，做了详细讲解。

附录对促销活动操作执行过程中的一些重要工具进行了补充，主要有：老板对接会、砍价与被砍、拓展训练、积分系统、微信推广软文、互动游戏、门店管理顺口溜、项目战神考核标准、落地爆破说唱主持文稿、徐老师装企执行内部分享十大板块内容。

本书对于家具建材营销人来说是一本教科书，提供了一套标准化操作模板，可供参考学习借鉴。同时，可以解决营销人新人培养、人才复制难的问题！

对于工厂、经销商的价值在于可以了解、学习、借鉴第三方营销人的操作思路及方法，为己所用！

最后，感谢徐石林老师装企板块的分享；感谢博瑞森图书和出版社为此书出版做出的奉献；感谢身边家人及同事的鼓励和支持。本书内容借鉴了一些专家、同行的观点及资料成果，在此一并表示感谢！

本书在正式出版前就已经得到了工厂、经销商及第三方同行的一致认可，笔者感激不尽！

由于笔者能力有限，文中难免有不足之处，敬请批评指正！

是为序！

薛　亮

目 录

目　录

内购会模式

模式一

◎ 活动模式简介

简单粗暴，直奔签单；不求客户数量，严把客户质量；物料极简，周期短；费用低，无风险；不影响店面正常运营。

◎ 活动核心要点

邀请卡 100 元可退、前期话术要过关、过程引导客户巡店、客户质量严把控、意向客户要核查、落地氛围要到位。

◎ 活动所需文件

（1）《内部认购协议》

（2）联盟公约

（3）启动会课件

（4）话术培训

（5）微信报单模板

（6）内购会客户核查表

（7）意向客户信息统计表

（8）内购会订单表

（9）总数据统计表

（10）落地场地准备物料

（11）内购会落地流程

（12）活动落地主持话术

1.《内部认购协议》

××家具建材联盟

各位家人：

为了答谢各品牌家人的辛勤付出，使家人们更安心地专注于工作，联盟特向各品牌公司申请了一些内部认购名额，为员工提供一次感恩回馈的内购机会，内部认购名额将会在近期发布。公司总部发布的内部认购价位，只针对在职满一年及以上的员工。享受该福利的员工，仅限其家人或亲友认购一名！

（1）内部认购须符合的条件

①必须是在公司就职的员工或其家人和亲友；

②必须是正在装修或者即将装修的，活动仅此一次。

（2）注意事项

①为了保证市场产品价格体系不被影响，员工或其家人亲友需缴纳保证金 100 元；

②价格保证金将会在产品价格公布没有异议之后，全款退还；

③当天没选购内部认购价位者将全额退还 100 元价格保证金。

备注：鉴于活动优惠力度较大，同意以上条款方可参与本次活动！要求签此协议者必须保守内部认购的价格体系，不得擅自拍照或记录，将此价格流入市场，对公司产生负面影响，特此约定。

感恩回馈员工《内部认购》活动协议

认购协议人：＿＿＿＿＿＿＿＿＿＿＿

电　　　话：＿＿＿＿＿＿＿＿＿＿＿

地　　　址：＿＿＿＿＿＿＿＿＿＿＿

　　　　　　　　　　××建材联盟活动组委会

编号：＿＿＿＿＿　　　邀约品牌：＿＿＿＿＿

邀约人：＿＿＿＿＿　　2019 年＿＿月＿＿日

2. 联盟公约

（1）即日起至12月24日止，每个品牌至少共计6张卡（其中至少2张毛坯房，其余每张必须至少有3个需求点！现场必须给其他品牌带2单），超出保底6张后，每多出一个有效客户奖励100元！

（2）所有品牌分为两队，各选出队长一名、电话回访一名。要对对方已售卡客户情况进行审核。（在审核过程当中如遇客户投诉，例如迟到、爽约，当时审核老板乐捐100元）

（3）所有人员在所有集会期间，不允许私自说话，不允许看手机及接打电话，手机不允许发出任何声响，不允许抽烟。违规者将受到惩罚，例如接打电话等每次罚款100元。

（4）活动期间，老板必须参加所有的通知会议，不允许请假，迟到乐捐100元，不到乐捐200元。

（5）晨会老板加全体员工，晨会时间早上_____晨会地点_____。

（6）如发现伪造业主信息，制造假信息邀请函充数者，对所属品牌老板罚款500元人民币/张。带单奖励：100元/单，由受益品牌承担。

（7）任何人员晨会迟到，对所属品牌老板每人次罚款100元，旷工每人次罚200元。

（8）所有罚款由品牌老板承担，所有的罚款都以现金形式收取，所以老板每次晨会至少携带500元现金。

（9）活动期间，不允许给联盟以外的品牌带单以及提供联盟信息，如若发现将处罚1000元，问题严重者将直接踢出联盟。

（10）各品牌的预交保证金1000元，如果途中某品牌罚款剩余或不足500元，需当场补齐至1000元整。（惩罚当场执行，如以没带现金为由，则扣除双倍保证金）

（11）出卡基数每个品牌6张，每少一张罚款200元。

签到基数每个品牌6张，每少一张罚款200元。

单品牌带单数不得低于8单（每个品牌至少1单），每少一品牌罚款200元。

（12）活动结束只考核带单情况，第一名奖励现金500元，第二名奖励现金300元；倒数第一名罚款500元，倒数第二名罚款300元！

备注：联盟公约内容后续如需要增添项目，在所有品牌老板及督导投票以少数服从多数规则通过后可做增添，督导具有一票否决权。

品牌名称：　　　　　　　　　　　　　负责人签名：

3. 启动会课件

表1-1　启动会课件内容表

启动会课件内容	
1	成功案例分享
2	活动优势讲解
3	活动方案讲解
4	组织分工讲解
5	落地流程及分工讲解
6	售卡话术、签单话术讲解
7	目标制订
8	联盟公约公布

4. 话术培训

（1）售卡话术

哥/姐，咱家还有其他建材家具没有订吗？您看一下这些品牌是否有意向。是这样的，我们好家居联盟2月19日有一个联盟的员工内购会，是我们回馈任职满一年以上员工的福利，要比正常活动更优惠，可以为您再省一笔钱。但是您必须订购联盟 3 家以上的品牌才能去现场，如果您需要参加，我给您详细讲一下活动的内容：

优惠一，巡店送好礼：到中国好家居任何品牌巡店 10 家即送价值 298 元品牌挂烫机！

优惠二，签到即下红包雨：巡店 5 家以上即可领取签到红包！

优惠三，不是低价不下单：中国好家居员工内购会，比正常活动再降 2%！

优惠四，爆款不止一两个：中国好家居各品牌现场提供限量特价产品！

优惠五，现场联单再送大礼：3 联单送品牌洗衣机，5 联单送三开门冰箱，7 联单送 46 英寸电视，9 联单送 55 英寸电视！

这次员工内购会价格肯定是最实惠的，您要是能保证到现场，我给您一张邀请函，邀请函需要交 100 元保证金，活动现场签到就退还给您了。如果不能保证，我就只能给其他人了，因为每个品牌 5 个名额，我自己只有 1 个名额。到时督察组会去您家里服务，客服组也会回访，如果您不符合内购会资格，不能在现场订购三单以上，将无法享受优惠，并且我还会被罚款。

售卡要点：

①客户鉴别要准确；

②客户好处说到位；

③督察回访能接受；

④条件不符要取消；

⑤必须是员工家人及亲属；

⑥必须有五家以上需求点；

⑦利用好已签单未装修客户。

（2）不售卡话术

哥/姐，这场活动是中国好家居品牌总部统一审批的，所以落地现场必须意向 3 个品牌的客户才可以参加。而且每张卡需要审核组审核，审核通过才能去现场。但没关系，咱们不用那么麻烦，到时候我去现场给您拍现场折扣特价，我再找老板给咱们按现场政策走，最后给您补差价！这样咱们既方便，又能省钱！（针对需求品类少，不能到现场客户）

（3）回访话术要点

（督察组核查完，电话组第二天打电话回访）

×××女士，您好，我是中国好家居客服部，后台显示您购买了我们××家居联盟×月×日的员工内购会的邀请函，现在与您确认一下信息好吗？

请问您是在××品牌购买的员工内购邀请函吗？好的。

请问您的意向品牌是××、××、××……吗？好的。

好的，再次提醒您，咱们员工内购会将于×月×日在迎宾馆举行，下午2点半准时签到。请问几个人出席？我们安排一下位置。

如果找不到可以和导购联系。感谢您的配合，祝您装修愉快！

回访话术提炼：

①售卡人员核实；

②意向品牌确认；

③时间地点提醒；

④到场人数报备。

（4）督察组审核要点

详见《员工内购会审核表》，如表1-2所示。

（5）落地现场签单话术

大家好，我是××瓷砖的小张，很高兴认识大家，也很感谢大家能来参加我们的内购会。来现场的朋友说明大家已经订过现场的某个品牌，同时也对我们这个联盟品牌有了解，××家居联盟品牌是业界数一数二的品牌，产品质量过硬，服务也很好！今天是××家居联盟员工内购会，也就是说您今天订得越多，省钱越多，今天下订单，不仅能享受最低优惠价，还能享受联单礼，非常划算。大家看看需要哪方面的产品，先交费锁定最低价。如果选择的产品不合适，3天内有什么问题可以到店面来协商，也可以退单。

压桌话术提炼：

①品牌定位描述；

②员工内购专享造势；

③政策限时限量；

④订金三天可退。

5. 微信报单模板

微信模板+售卡、签单合影。

【实时战报】

捷报！捷报！捷报！

×××品牌，张三

经过艰苦卓绝的努力

邀约客户一户

收保证金100元

此户为×××品牌总第×户

各位精英加油啊

6. 内购会客户核查表

内购会不过高要求客户数量，但要重点把控客户的质量，要对售卡客户进行核查。

表1-2 员工内购会审核表

××家居联盟员工内购会参会资格核查表

客户姓名：＿＿＿＿＿＿＿＿＿＿＿＿＿＿＿＿＿＿

电 话：＿＿＿＿＿＿＿＿＿＿＿＿＿＿＿＿＿＿

地　　址：＿＿＿＿＿＿＿＿＿＿＿＿＿＿＿＿＿＿

品　　牌：＿＿＿＿＿＿＿＿＿＿＿＿＿＿＿＿＿＿

家装顾问：＿＿＿＿＿＿＿＿＿＿＿＿＿＿＿＿＿＿

与家装顾问的关系：＿＿＿＿＿＿＿＿＿＿＿＿＿＿＿

核实内容：

①装修许可证：　　□有　　　　　□无

②装修期限：＿＿＿＿＿＿＿＿＿　装修进度：＿＿＿＿＿＿＿＿＿

③装修风格：＿＿＿＿＿＿＿＿＿＿＿＿＿＿

④装修预算：＿＿＿＿＿＿＿＿＿＿＿＿＿＿

⑤装修方式：□自装　　　　□装修公司

⑥需求品类：

□××瓷砖　　　□××橱柜　　　□××木门　　　□××卫浴

□××家居　　　□××衣柜　　　□××净水　　　□××集成吊顶

□××墙纸

核查组：＿＿＿＿＿＿＿＿＿＿＿＿＿＿＿

业　　主：＿＿＿＿＿＿＿＿＿＿＿＿＿＿＿

＿＿＿＿年＿＿＿＿月＿＿＿＿日

7. 意向客户信息统计表

表 1-3　内购会客户信息统计表

序号	客户姓名	电话	装修地址	编号	邀约品牌	邀约人	组别
1							
2							
3							

8. 内购会订单表

表1-4　专享内购会订单

NO. ＿＿＿＿＿＿＿＿＿＿						
客户姓名		联系电话		邀请品牌		
客户地址				备注		
活动说明： ①活动期间只要下单，每个品牌交＿＿＿＿＿元订金，品牌将送精美礼品一份； ②购买更多品牌，可参加联单换购活动，购越多，送越多。						
请您在订购品牌栏打"√"						
××瓷砖	××宅配	××定制卫浴	××床垫	××中央空调	××壁挂炉	××集成吊顶
××智能家居	××地板	××橱柜	××红木	××木门	××布艺	
收款金额	人民币（大写）：　万　千　百　拾（圆整）小写：￥＿＿＿＿.00 （每个品牌＿＿＿＿元预付金）					
收款品牌						
领取奖品				负责人签字		
客户签字				收款人签字		
				日　　期		

9. 总数据统计表

表 1-5　各品牌内购卡售卡统计表

各品牌内购卡售卡统计表（各品牌保底 5 户）											
日期 品牌	2.9	2.10	2.11	2.12	2.13	合计 售卡	签到 户	自签 单	总带 单	总签 单	带单 PK 组	组别
合计												

10. 落地现场准备物料

员工内购会落地会场准备物料

条幅"员工是企业的基石、心系员工、感恩员工、感谢一路有您!";

各品牌桌牌,每个品牌客户坐一桌;

桌子上放置饮料(可乐、矿泉水、王老吉)、零食(小面包、沙琪玛、饼干)、水果(橘子、香蕉、梨);

视频《欢乐喜剧人》,开场前及空闲时间播放,营造轻松愉快氛围;

各品牌讲解课件要提前准备好,最好是 10~15 页幻灯片;确定讲解人员,建议店长来讲解;

互动小礼品各品牌 5 个;

签到礼、签到红包、联购礼品堆头；

鲜花 2～3 束；

内购会订单本；

建立业主红包互动群（每次 5 元，手气最佳奖励小礼品一个）；

2～3 个品牌员工上台发表感言；

上台顺序九个品牌，建议 3－3－3 抽签确定。

人员分工：签到（3 人）、销售（每桌 2 人）、收银（4 人）

礼品：×××

红包：（微信红包 1 人）

11. 内购会落地流程

×月×日内购会落地流程

下午 1：30 酒店集合演练，每户 2 名讲解逼单人员，要对客户认识了解。（活动时间 14：30—17：30）

（1）签到

要拍照片微信互动，签到人员负责签到礼品、红包发放。

（2）引导入座

谁的客户领到对应的品牌桌上，客户不能乱坐。

（3）热场视频《欢乐喜剧人》

（4）开场舞《社会摇》

（5）感恩环节

2～5 名员工感恩自己的企业、感恩自己的老板，员工与老板拥抱（真情实感）。

（6）品牌、产品宣讲

十个品牌上场顺序为 3－4－3，每个品牌 6 分钟时间。品牌讲解完之后，10 分钟时间集中签单。在倒计时 2 分钟、1 分钟的时候有倒计时提醒，各品牌要把握控制好时间。

（7）下定礼品发放、联单礼品发放

单品牌订单当场发放礼品，联购最后由主持人引导从低到高依次发放。

12. 活动落地主持话术

在座的各品牌的亲朋好友，大家下午好！

欢迎您在百忙之中来参加由十大一线品牌举办的××家居联盟员工内购会，他们分别是：××瓷砖、××橱柜、××木门、××卫浴……让我们把掌声送给他们！掌声越热烈，今天的优惠力度越大！声音不够震撼，让我们来一个战鼓擂！我喊一二，大家鼓掌两次拍桌子两次。

温馨提示：

（1）请已经到场的亲朋好友，到签到处签到。巡店十个店面盖章的亲朋好友可以领取价值298元的挂烫机一台！

（2）在签到处扫描二维码进群，可以领红包，手气最佳者可以领取礼品一份！

（3）进入会场，请我们的会场工作人员指引大家坐到相应的座位上。我们为您准备了水果、冷餐等，请您享用！

凡是今天到场参与××家居联盟亲朋好友专享会的，您将有机会享受5大爆点优惠，分别是：

优惠一，巡店盖章送好礼：到××家居联盟品牌巡店十家即送价值298元品牌挂烫机！

优惠二，签到即下红包雨：抢红包赢好礼！

优惠三，不是低价不下单：××家居联盟员工内购会，比正常活动还要低！

优惠四，爆款不止一两个：××家居联盟各品牌现场提供限量特价产品！

优惠五，现场联单再送大礼：3联单送品牌洗衣机，5联单送32英寸液晶电视，7 联单送三开门冰箱，9 联单送 55 英寸液晶电视！

以上所有优惠全部仅限今日会场！

希望今天我们××家居联盟的亲朋好友们，能在此享受到实惠产品、优质产品、优质服务！

首先有请××品牌给大家带来舞蹈——《给我几秒钟》。

谢谢各位伙伴的精彩表演，下面让我们用最热烈的掌声有请我们的员工代表发表感言！他们是来自××品牌的×××、××品牌的×××。

员工内购会是感恩回馈我们员工的一次福利活动，我们省去了物料制作费、推广宣传费、桁架搭建费等，把这些节省下来的费用真正让利给我们在座的亲朋好友！大家说好不好？好就来点掌声！

接下来是我们各品牌的报价环节。首先上台报价的品牌是××，让我们战鼓擂起来。

讲解顺序：3-4-3。

1-3：××家居、××瓷砖、××橱柜；

4-7：××衣柜、××门窗、××集成吊顶、××卫浴；

8-10：××木门、××净水机、××墙纸。

豪门夜宴模式

模式二

◎ 活动模式简介

夜宴活动定位比较高雅，属于休闲、娱乐性质，一般会营造出轻松环境，采取冷餐会、酒会等形式。模式投入小、产出高、周期短、费用少、见效快、成交率高。

◎ 活动核心要点

重点锁定有意向、犹豫未下定的准客户，提高成交率。

◎ 活动操作流程阶段

1. 确定宴会时间

时机确定：有一些客户未消化、竞品有活动时、有小区交房、常规活动落地——3·15、五一劳动节、国庆节；

时段确定：5月—10月、星期六19点—21点、执行时段7～9天。

2. 设计策划

宴会格调：一般而言，夜宴定位比较高雅，属于休闲、娱乐性质，因此一般会营造出轻松的环境，以冷餐会、酒会等形式出现。

宴会主题策划：充分发掘夜宴内涵，例如：今夜你会不会来，魅力之夜——新品品鉴会，魅力夜宴、风光无限。

宴会客户目标设定，如表2－1所示。

表2－1　目标设定表

店面签约目标		店面邀约数量		信息源数量	
电话签约目标		电话邀约数量		信息源数量	
小区签约目标		小区邀约数量		信息源数量	

宴会菜单设计：与常规促销活动内容相似，采取团购、阶梯式优惠、必设项目——抽奖（礼从天降、掷飞镖）等形式。

活动促销方案举例：

“××之夜”团购活动方案

活动时间：2017年7月16日19点—21点

活动地点：××建材市场三楼××橱柜店

活动内容：进店有礼——当晚进店的客户每人赠送小礼品一份；

订单有礼——凡当晚签订预约单的客户，即可参加"交订金、掷飞镖、赢礼品"活动，多重大奖等您拿！

特供套餐：

橱柜：11888元/套【时尚××板，包括：3米地柜/台面＋1米吊柜＋E7C油烟机＋Q304灶台＋××PS321－TC水槽＋进口BLUM抽屉一套＋××碗盘拉篮一套】

衣柜：12888元/套【主卧＋次卧】

【主卧】2.4m×2.4m柜体/移门（风中百合）＋2抽屉＋1格子架＋1裤架＋3挂衣杆（782元＋782元＋1070元）

【次卧】1.8m×2.4m柜体/移门（艺术玻璃门）＋2抽屉＋4挂衣杆（462元＋704元＋704元＋562元）

书柜：5888元/套【书柜】（1.8×2.1×0.3）木框白玻＋木框百叶【书台】（6号电脑台）

注：特价套餐可参与"交订金、掷飞镖、赢礼品"活动，但不可同时参与其他优惠。（长度超出部分及电器、家居配件更换差价部分不再享受以下折扣优惠）

欢乐夏日购：

单订橱柜（不含电器），柜体（含台面）部分8.5折；

橱柜＋电器一起订，柜体（含台面）部分8.3折，电器9.3折；

单订衣柜移门，移门8.5折；

衣柜移门＋柜体一起订，整体8.3折，功能配件9.3折；

缤纷折上折：××橱柜、衣柜一起订购，折后全额再享受9.8折。

××家居集团有限公司

表2-2　宴会前期人员分工表

序号	事项	内容	负责人	成员
1	活动总指挥	整场活动执行督导		
2	活动策划	整场活动策划		
3	物料制作	相关物料开发与制作		
4	电话营销	负责电话邀约客户		

续表

序号	事项	内容	负责人	成员
5	店面邀约	负责店面邀约客户		
6	小区邀约	负责小区邀约客户		
7	送卡	负责上门给客户送卡		
8	冷餐采购	负责采购夜宴食品、饮料		

表 2 – 3　宴会前期时间控制表

时间	事项	备注
第1天	活动策划	负责活动全盘策划
第2天	活动策划	负责活动全盘策划
第3天	客户邀约与物料制作	对于感兴趣的客户继续跟进，不感兴趣或者直接回绝的客户发短信。电话、店面、小区同时邀约
第4天	客户邀约与物料制作	
第5天	客户邀约	
第6天	客户邀约	
第7天	电话确认	确定客户位置，方便上门送邀请函
第8天	送邀请函	由专人负责郑重送达
第9天	下午打电话	再次提醒客户活动举行时间

3. 请客阶段

电话邀约、短信邀约、送邀请函。

（1）电话邀约话术举例

接听电话的男士称为"某先生"，女士称为"某女士"
介绍地址：××建材市场三楼××店面

口径：

您好，我是××橱柜/衣柜的导购小×，我们前期给您发过短信，不知您是否收到？7月16日19：00—21：00品牌有一个闭店团购会，我们向××集团申请了特殊折扣和专供特价套餐。给您打电话想确认一下活动当天您能否过来，我们需要提前登记，并给您准备礼品……好的，那就欢迎到时光临！

针对前期已经做好的铺垫工作，对客户进行一对一通知，每个人分N个客户电话，利用3天的时间沟通完，每天沟通N/3个左右，保证每个人对客户能保持比较高的热情。

统一话术：

某女士（某先生），上午/下午好。（略停顿，待客户回答）不好意思，打扰您一小会儿，我是××厨柜的小王，您好。（略停顿，待客户回答）

已经交房（即将交房）客户：恭喜您添置新居！您家应该已经准备装修了吧？（您家应该马上要开始装修了吧？）

A. 客户答：是的。

客户顾问：装修选材料是一件很费神的事情，橱柜、衣柜等也需要。正好我们7月16日晚7点到9点有一个2小时闭店团购活动，相信您绝对可以在团购现场选到物超所值的产品。我给您大概介绍一下吧。（介绍活动内容，强调闭店、总部特批、仅限2小时、进店有礼等）

B. 客户答：还不急，下半年或者明年才会装。

客户顾问：嗯，装修房子是一个大投入的工作，确实是要精密筹划后才会装出效果。正好我们7月16日晚7点到9点有一个2小时闭店团购活动，到时您可以先到我们店面考察一下我们的产品和活动，毕竟房子迟早是要装修的。我给您大概介绍一下吧。（介绍活动内容，强调闭店、总部特批、仅限2小时、进店有礼等）

C. 客户答：现在正忙。

客户顾问：真是不好意思，打扰您了。您先忙，我再找一个时间给您打电话，为您介绍一下这次 2 小时闭店团购活动的内容。祝您工作顺利。

D. 客户直接挂电话。

客户顾问可以发一条短信，先致歉："无意中打扰到您，非常抱歉。只是想在您装修期间为您提供一个参考，多一个选择，多一份理性消费。××橱柜诚挚祝您生活美满如意，有家有爱有××"。以后每天发一条祝福短信，连发三天后再打电话。如果还不接电话，则直接以短信方式发活动吸引人的内容。

（2）短信邀约模板举例

①短信内容的统一；

短信一：温馨问候、祝福、关怀，告知我是谁，我的联系方式；短信二：介绍品牌；短信三：品牌卖点；短信四：告知活动。

4 条短信在 9 日、10 日发送完毕，以天为单位每天温馨提示。

②团购前两天密集关怀提示；

③团购当天的关怀提示（短信内容、监督实施负责人：各店店长）。

示例：

短信一：六月天娃娃脸，说变就变，望您外出时注意防暑避雨，祝您生活愉快！××小××敬上！电话：××××××

短信二：有家，有爱，有××！××为您打造完美家居，优良的产品品质、完善的售后服务让您的家庭每一天都充满爱的气息！××小××敬上！电话：××××××

短信三：时尚、环保、健康、科技，中国独家台下盆工厂一体成型，世界顶级五金件，世界领先的设计理念和风格，确保××每一件产品高品质！××小××敬上！电话：××××××

短信四：7·16 晚 7 点—9 点"××之夜"团购盛会，进店有礼，特供套餐限时抢购、折上有折，还有神秘大礼等你来拿。××小××期待您的光临！电话：××××××

（3）由专人负责上门送邀请卡

4. 执行阶段

宴会举行中人员分工：提前做好分工明细表，在动员会上再次强调讲解。

落地人员分工表，如表2-4、2-5所示。

表2-4 落地人员的分工表

序号	工作内容	具体事项	完成时间	责任人
1	邀请函、飞镖准备			
2	邀请函派送	派送到客户手中	12：00	
3	与市场对接	需要市场协助事宜沟通对接		
4	市场主入口、橱柜店入口（2个展架），礼品区、飞镖区X展架	热烈欢迎参加"××之夜"闭店团购的各位客户	18：30	
5	迎宾/送宾	在一楼大门口、三楼观光电梯口（绶带）	18：00—20：00	
6	礼品准备、堆头摆放			
7	进店礼品发放、登记	进店的客户登记，登记完毕后每一位客户发一份礼品	18：00	
8	橱柜、衣柜分区团购指示牌			
9	现场接待	3家店面所有导购、设计师	17：00	
10	现场主持	现场致辞	19：00	

序号	工作内容	具体事项	完成时间	责任人
11	现场收订金和发礼品			
12	掷飞镖	维护掷飞镖规则		
13	现场拍照	接待、预约成交、赠送礼品、拿礼品出门		
14	食品现场维护			
15	宣布活动方案	佩戴胸花		
16	统一话术	短信、电话、活动现场话术		
17	总协调	监督、落实每一项流程		

宴会场地布置：点心水果饮料摆放；电脑音箱音乐准备；签到位置安排；洽谈区域资料摆放；爆款准备红布惊爆价贴等，如表2-5所示。

气氛营造方式：水果、冷餐、糕点、饮料、投影、礼花、条幅等。

开宴前的检查：检查人员是否就位；检查水果、饮料、红酒、糕点师等是否就位。

表2-5 活动物料检查表

物料项目	物料明细	负责人	到位时间	备注
品牌优惠KT板、爆炸贴	用于优惠政策宣布环节		下午5点前	
签到处	1张条桌及桌布		下午5点前	
收银处	前台检查POS机，多备刷卡纸		下午5点前	
抽奖处	2张条桌及桌布礼品摆放		下午5点前	
冷餐区食品	糕点、水果、饮料、纸巾若干		下午6点前采买、清洗、摆位完毕	
签到表	《夜宴客户签到表及礼品登记表》		下午5点前	
其他常规物料	双面胶、透明胶、剪刀、签到笔、垃圾袋等		下午5点前	

5. 落地实施

活动落地流程——迎宾、宴会现场接洽、暖场小游戏、活动宣讲、签单、抽奖、送客。

活动流程：

（1）18：30—19：00　滚动播出××形象广告篇（店面笔记本在前台播放）。

（2）19：00—19：05　主持人开场白。

19：05—19：10　××集团襄阳商场总负责人××总致辞。

××总部代表宣布闭店团购方案。

主持人宣布活动规则和注意事项。

请大家注意安全并保管好随身物品。

今晚的优惠活动是针对到场的所有客户，仅限2个小时。机不可失，失不再来！

预约交订金的客户凭收款单可以到掷飞镖区域掷飞镖，根据掷中的区域，客户可以获得相应的礼品。

掷飞镖后，工作人员会带客户到领礼品处领取礼品，领取的礼品可以直接带走。

交了订金的客户，需要量房做方案请及时联系我们。

主持人宣布团购开始。

签单话术：

我今天不订，过几天来订（等装修开工再订）还能不能享受这个活动？

【应对话术】您好，××先生，是这样的，这次活动是我们××集团总部给予的支持，不是商家自己搞的。集团的代表统计今天在现场交订金的客户，并上报总部，过了今天以后就没有这个机会了。您的房子迟早都要装修，今天优惠力度这么大，为什么不考虑订下来呢？您看已经有这么多客户交订金，要不我帮您办个手续预约一下，您看怎么样？

我不要你们的礼品，到时候你直接给我冲货款行吗？

【应对话术】真不好意思，我们的赠品都是在优惠的基础上由总部额外赠送给您的。赠品确实没办法抵换折扣，这一点请您谅解。毕竟您最关注的是选购一套称心如意的橱柜/衣柜，赠品只是起到锦上添花的作用。

6. 后续工作

客户信息整理：归类分析已签单客户、未签单客户、答应来而未来客户、未能邀请到的客户。

活动总结：从策划到落地执行深入分析整场活动，从亮点和不足两方面进行总结；对活动当中表现优异的个人和店面团体进行表彰。

服务跟进：及时回访跟进。

单店4321体系模式

模式三

◎ 活动模式简介

单店 4321 执行体系是围绕门店客流量、客单值、成交率三大核心，实现单店业绩倍增的精准门店盈利执行系统。通过打造高绩效的门店，引导经销商在当地同行业中做到店面最大、氛围最好、产品展示最好、门店团队状态最好、店面服务最好，从而增加行业中门店的竞争力，如图 3－1 所示。

每周4天量房

每个店2个以上的团队，每天每人2个意向客户

每周3天集中销售日

每月1次大型会议营销

图 3－1　4321 模式

◎ 活动核心要点

4——每周 4 天量房。

周一到周四发现新客户、客户跟进、免费量房并出具效果图。

3——每周 3 天集中销售日。

周五到周日将周一到周四量房客户邀请到店内看效果图并成交。

2——每个店 2 个以上团队，每人每天新发掘 2 个意向客户。

1——每月针对没有成交的已量房客户进行一次会议营销。

◎ 活动所需主要文件

（1）销售日承诺卡

（2）激励规划表

（3）红五星学习表

（4）老客户管理表

（5）老客户营销话术

（6）标杆客户档案表

（7）年度经营分解表

（8）月、周目标控制表

（9）薪酬体系表

（10）绩效考核表

（11）每日工作安排表

（12）会议管理表

（13）晨夕会流程表

（14）电话营销跟进表

（15）进店客户分析表

（16）感谢信

（17）客户服务质量监督卡

（18）售前、售中、售后标准表

（19）离店短信工具

（20）店面关键绩效 KPI 分析表

1.4321 执行体系的实现

团队激励系统：

4321 体系每个店面最低配置 8 人以上的销售团队，最少分为两个队。最佳配置为每店 12 人、两个队。如表 3 - 1 所示。

表 3 - 1　主动营销日行动承诺卡

主动营销日行动承诺卡		
我承诺：	我今天一定要完成　　元目标	
我承诺：	今天	找到　　个有效客户联系方式
我承诺：	今天	开发　　个意向客户
我承诺：	今天	我一定要与　　个老客户沟通
我承诺：	今天	我要接待　　个客户
我承诺：	今天	上门为　　个客户服务
我承诺：	今天	达不到愿意接受　　　惩罚
周行动承诺卡		
我承诺：	本周	带　　个客户进店
我承诺：	本周	完成　　单主动营销销售任务
我承诺：	本周	达不到愿意接受　　　惩罚

一整套销售激励系统，如表 3 - 2 所示。

表 3 - 2　员工激励规划表

员工激励规划表					
激励项目	周期	类别	激励方式	激励标准和关键点	激励成果
赞美	每天	个人	语言上表扬和赞美员工	表现突出的员工，要赞美得具体真实	员工心情舒畅，工作积极性增加

续表

员工激励规划表					
激励项目	周期	类别	激励方式	激励标准和关键点	激励成果
红五星	每天	个人	完成承诺可抽奖，未完成需要处罚	使用《日行动承诺卡》承诺的具体化，与关键业绩挂钩	让员目标明确，为承诺负责，完成承诺的员可以即时激励（抽奖或扎气球）
贺卡激励	每周	个人	贺卡上亲笔书写对最佳员工的感谢和赞美	每周只选一个综合评价最高的员工，由老板亲自写，内容具体不含糊	
最佳店面/团队	每月	团队	资金/团队旅游/加分等	通过业绩完成情况和综合表现来打分，业绩占75%	激发专卖店之间良性竞争
签单高手	每月	个人	奖金/加分等	完成率最高的员工和完成金额最大的员工，不重复计算	在相对公平的环境下快速提高成交率
大单奖	每月	个人	大单额外提成	对于单一客户单值超过标准的员工以及配套销售的员工进行奖励	提高客单值，建立配套销售的理念
年度最佳店面/团队	每年	团队	奖金/团队旅游等	销售业绩完成好，团队氛围好的店面	打造团队合作氛围，实现团队和谐共赢
年度优秀个人	每年	个人	奖金/晋级发展	业绩完成好或者是在红五星中积分高的人员	打造标杆
新品奖励	即时	个人	新品提成等	完成新品越多，奖励提成越多，和常规提成不冲突	加快新品进入市场的速度，引导员工的销售方向
促销奖励	即时	个人	奖金或者荣誉称号	根据每次促销方案进行奖励，奖金可以提前发放并采用对赌方式	让员工的状态达到巅峰

专卖店团队 PK 机制——养猪计划：

养猪计划：是指将相互 PK 的团队提出的一定金额的 PK 奖励金以及在 PK 机制执行中所涉及的奖惩金，存放在猪形存钱罐中进行存养，待 PK 结束后由胜利方取得金猪。

红五星学习系统，如表 3-3 所示。

表 3-3　红五星学习系统

红五星学习系统				
序号	形式	内容	负责人	奖励
1	晨会抽奖应答	产品知识 20 问	店长	一个笑脸
2		品牌知识 20 问	店长	一个笑脸
3		客户异议应对	店长	两个笑脸
4		情景应对	店长	两个笑脸
5		装修风格及家居常识	店长	两个笑脸

红五星激励系统：完成相应内容即可奖励笑脸，5 个笑脸扎一次气球；每周五例会结束的时候扎气球，气球中放 20~1000 元的礼品或现金券。

促销 PK 机制：保底—冲刺—挑战。

4321 执行体系龙虎榜：实时公布团队执行情况，用展板展示出来，实时业绩通过微信战报方式进行，对突出的个人及团队应做到及时激励。

电话营销衔接流程：通过小区渠道直接或间接获取电话资源，由店长或专人进行保存，在活动开始前按时间节点陆续向已获得电话的客户进行电话邀约。有意向被邀约的客户应重点跟进，在活动前 3 天开始陆续向意向客户发送活动短信，以邮件、邮递等方式发送邀请函。

客户跟进系统：跟进系统，如表 3-4 所示。

每天每人发掘的 2 个新客户跟进实现方法。

表 3 - 4　客户情况

客户：	地址：	柜子数量：	预算单值：
客户特征：			
跟踪情况：			

老客户管理系统——老客户：老客户管理系统，如表 3 - 5 所示。

A 类客户：消费 8 万元以上的客户。

搬家送盆景、圣诞节贺卡、生日祝福短信、一年两次来店免费抽奖、一年一次上门维护、一季度一次短信问候。

B 类客户：消费 3 万元以上的客户。

圣诞节贺卡、生日祝福短信、一年两次来店免费抽奖、一年一次上门维护、两月一次短信问候。

C 类客户：消费 3 万元以下的客户。

圣诞祝福短信、每月一次短信问候、每年三次免费抽奖、一年一次电话回访。

D 类客户：所有有过沟通但选择其他品牌的客户。

每年四次短信问候。

表 3 - 5　门店老客户管理表

门店老客户管理表								
客户级别	客户回访记录	积分	客户转单	上门服务	生日礼物	答谢会或礼品	专项活动（抽奖财富交流活动	客户俱乐部
钻石客户								
金牌客户								
银牌客户								

考核绩效工资中要把老客户服务指标作为日常岗位工资考核项目，包括老客户重复购买、亲友卡的使用与会员制的建立、老客户服务行动。

老客户营销话术，如表3-6所示。

表3-6　老客户营销话术内容表

	目的	话术内容
回访	确认和自我介绍	您好！请问您是××先生＼女士吗？我是×××的小李啊，打扰您1分钟
	销售确认	您是×月×日在××专卖店购买了×××价值××元的产品，是吗
	了解客户需求	最近使用还好吗？（如客户回答"很好"。）您的亲戚朋友最近有人装修吗？如果有的话，带着您的购买底单可以享受老客户亲友特惠礼品，您看方便帮我介绍几个吗
	改善工作	您觉得我们局域网在为您服务过程中，还有哪些需要改进和完善的地方
	优惠告知	我们现在举办一个老客户答谢活动，想邀请您参与

标杆客户的建立和利用：

标杆客户的标准，如表3-7所示。

某小区第一个客户。

社区内有话语权的人。

样板间客户。

某小区重点户型客户。

标杆客户服务标准：

一级标杆客户——签订样板间协议。

二级标杆客户——完美服务旅程让其成为销售体验区。

三级标杆客户——给予政策确定本小区定点体验服务。

表 3 – 7　标杆客户档案表

×××标杆客户档案表						
客户姓名	电话	地址	客户级别	客户服务记录	业务负责人	销售策略

标杆客户精准促销：

每天精准打电话 20 ~ 30 个，确保目标客户 10 ~ 15 个。

周一到周四电话邀约，确保目标客户达到 40 人左右。

周五邀约目标客户进行标杆客户样板房参观，到店进行选购，现场签单。

店面"五觉"系统打造参照标准：

视觉：店内形象、客户见证及评语、品牌利好消息及文化墙展示。

听觉：品牌宣传广告片、音乐广播系统。

嗅觉：布置鲜花、绿色植物、喷洒香水。

味觉：店内应配备冰箱、消毒柜，存放咖啡、饮料、陶瓷白色茶杯。

触觉：讲解展示，让客户身临其境。

3 天集中销售日实现方法：

制订本周优惠方案（A4 纸加盖店面公章）；

邀请已经量过房并出了效果图的客户到店；

店面准备点心、水果和饮料；

带顾客看效果图并修改效果图；

介绍优惠政策成交。

【注意事项】：

4321 执行前期顾客不多的情况下，4 天客户跟进量房改成 6 天。集中销售日邀请老客户到店参与免费抽奖，对老客户进行跟进的同时，增加现场新客户口碑和店内火爆氛围。

2.4321 执行工具

（1）年度经营指标分解表，如表3-8所示

表3-8 年度经营指标分解表

年度经营指标分解表				
类别	第一季度	第二季度	第三季度	第四季度
订单额（万元）				
回款额（万元）				
毛利率（%）				
销售结构比例				
团队建设目标（完成任务的员工比例，个人业绩增长的员工比例，团队活动等）				
营销活动绩效（投入产出比，同比增长率等）				
费用同比变化系数				

（2）月度目标控制表，如表3-9所示

表3-9 月度目标控制表

月度目标控制表												
	1月	2月	3月	4月	5月	6月	7月	8月	9月	10月	11月	12月
目标分解												
实际完成												
完成率												

续表

月度目标控制表												
	1 月	2 月	3 月	4 月	5 月	6 月	7 月	8 月	9 月	10 月	11 月	12 月
累计完成额												
累计完成率												

（3）周目标控制表，如表 3 – 10 所示

表 3 – 10 周目标控制表

周目标控制表				
	第一周	第二周	第三周	第四周
目标分解				
实际完成				
完成率				
累计完成额				
累计完成率				

（4）薪酬体系，如表 3 – 11 所示

表 3 – 11 销售人员具体薪酬结构表

销售人员具体薪酬结构								
职位	基础工资				成果工资			
	级别	基本工资（元）	岗位综合补贴（元）	绩效考核（元）	合计（元）	销售提成	奖罚	开发奖	合计
店长/主管	五星	1100	1200	700	3000	1. 店长享受该店总销售额 5‰ 的提成 2. 业务主管享受部门总销售额 6‰ 的提成			
	四星	1100	900	600	2600				
	三星	1100	800	500	2400				

续表

职位	基础工资				成果工资			
职位	级别	基本工资（元）	岗位综合补贴（元）	绩效考核（元）	合计（元）	销售提成	奖罚	开发奖	合计

职位	级别	基本工资（元）	岗位综合补贴（元）	绩效考核（元）	合计（元）	销售提成	奖罚	开发奖	合计
店长助理	五星	1100	700	500	2300	1. 促销产品提成1% 2. 除促销产品外，正价产品销售提成1.5% 3. 在店面成交，店员只收取服务费，服务费为5‰ 4. 业务单不计入店面业绩			
店长助理	四星	1100	600	400	2100				
店长助理	三星	1100	500	300	1900				
店长助理	代理	1100	400	200	1700				
店员	五星	1100	500	400	2000	5. 全体销售人员必须按照公司规定折扣销售方可获得以上点位提成，若低于公司规定折扣销售，且未获得公司领导批准，则相关销售单提成全部取消			
店员	四星	1100	300	300	1700				
店员	三星	1100	200	200	1500				
店员	见习	1100	700		1800				
设计师	五星	1100	800	400	2300	与店员销售提成点位一致			
设计师	四星	1100	600	300	2000				
设计师	三星	1100	500	200	1800				
设计师	见习	1100	700		1800				

销售人员具体薪酬结构

（5）店长绩效考核，如表 3－12 所示

表 3－12　店长的绩效考核表

部门		岗位名称	店长			
直接上级						
关键绩效		考核内容		结果 （100 分）	考核 占比	得 分
		1. 整个店面销售额任务完成率：承担整个店面月度销售额任务，按照任务完成率进行打分			30%	
		2. 新员工销售额任务完成率：店长需承担新员工传、帮、带工作，新员工销售额任务完成率需达到 60% 以上方可得分（若当月无新人，此项考核直接计入第一项）			30%	
		3. 货品订购及配送准确率：店面一个月出现一次错误，此项扣 30 分；一个月出现 3 次及 3 次以上错误，此项不得分			20%	
		4. 店面客户管理：完成当月客户转单任务			20%	

（6）家居顾问绩效考核，如表 3－13 所示

表 3－13　家居顾问的考核表

部门		岗位名称	导购			
直接上级						
关键绩效		考核内容		结果 （100 分）	考核 占比	得 分
		1. 销售额任务完成率，按照任务完成率进行打分				
		2. 日行动承诺卡完成率天数达到 85%				
		3. 每周一次邀约客户到店任务量				
		4. 老客户回访任务及转单任务量				

（7）日常管理——每日工作安排表，如表 3-14 所示

表 3-14　每日工作安排表

工作内容	时间节点	参与人员	落地成果	负责人/协助人
晨会	8：30—8：45	所有人	士气的提升	店长/店员
打扫卫生	8：45—9：00	导购员	卫生清洁程度	店长/店员
迎宾	9：00—17：00	导购员	引导客人进店	店长/店员
店面销售	9：30—11：00 11：30—12：00	店员	销售额、客单值、成交单数	店长/店员
电话营销	11：00—11：30	店员	打电话给老客户、意向客户的数量	店长/店员
午餐及休息	12：00—12：30	所有人	/	/
产品知识培训及演练	12：30—14：00	店员	现场演练及考试	店长/店员
店面销售	14：00—16：00 16：30—17：00	店员	销售额、客单值、成交单数	店长/店员
电话营销	16：00—16：30	店员	打电话给老客户、意向客户的数量	店长/店员
夕会	17：00—17：30	所有人	总结经验	店长/店员

①日常管理行为规范

会议管理，如表 3-15 所示。

表 3-15　会议类型及内容表

分类	时间	地点	会议主要内容
晨会	15～30 分钟	店面	激励导购，检查导购仪容仪表、日学习 20 分钟；日工作目标承诺
夕会	15～30 分钟	店面	每人当天工作情况总结；日承诺结果兑现；每一个客户服务情况分析
周例会	40～60 分钟	店面	周销售情况总结；每人工作点评；销售经验分享；客户邀约

分类	时间	地点	会议主要内容
月例会	90~120 分钟	会议室	月度公司整体销售情况总结；月度先进个人表彰；月度销售任务分配；月度培训

晨会流程，如表 3 – 16 所示。

表 3 – 16　晨会流程表

项目	具体描述
团队士气激励	主持人：各位××的伙伴们，大家早上好！ 团队：好，很好，非常好！YES！（鼓掌，双手伸出大拇指） 主持人：今天感觉怎么样？ 团队：非常棒！（击掌默契） 主持人：我们是最优秀的销售团队，我们的做事风格是（重复两遍）： 认真、快、坚守承诺，决不找借口；认真、快、坚守承诺，决不找借口
互动游戏或舞蹈	游戏：拍七令，大胃王，逃贫抓财富 舞蹈：抓钱舞，快乐崇拜，你是我的花朵
总结分享	1. 店长：检查仪容仪表； 2. 店长：现在汇报昨日成交金额最大、客单值最大、单数最多的店员； 3. 店长：好，昨天第一名是××，我们对××表示祝贺。××请出列，××所有成员：你最强！ 店长：××！ 所有成员：你最棒！（掌声鼓励） 红五星奖励——双色球摸奖 4. 店长：各部门回顾昨天工作表现（每天 20：00 前，各自拍摄《日志本》微信公告，如果没有填写，扣一个红星，《日志本》每周上交一次）。 A. 店长工作日志本 B. 导购工作日志本 C. 家装业务工作日志本 D. 小区业务工作日志本 5. 店长：各部门案例分享，总结经验教训 6. 店长：日行动承诺 7. 店长：今天工作安排

续表

项目	具体描述
团队士气展示	我们坚信：团队的荣誉高于一切，我们是专业的团队，我们是敬业的团队，我们是高效的团队 我们口号是：杀掉惰性，杀杀杀；快速行动，快快快；坚决服从，冲冲冲，YES

夕会流程，如表 3 – 17 所示。

表 3 – 17　夕会流程表

项目	具体描述
问好	1. 主持人：各位家人，大家下午好！ 团队：好，很好，非常好，YES
	2. 主持人：今天感觉怎么样？ 团队：非常棒
客户跟进检核	检核每个人的客户跟进表，并针对完成情况进行深度分析，找出问题，找到解决思路和方法
日行动承诺卡检核	检核日行动承诺卡的各项指标完成情况，并且兑现奖罚
会议结束	今天会议到此结束，散会。请大家继续工作，或者准备明日计划

②电话短信营销

初步筛选；

分类 ABCD，添加微信；

朋友圈微信营销结合短信营销；

问候、祝福、温馨提示类，经典笑话，养生常识，国内资讯。

电话营销，如表 3 – 18 所示。

表3-18 电话营销跟进表

年 月 日电话营销跟进表									
目标：完成：完成率：% A类（ ）个占比 % B类：（ ）个占比 %									
序号	姓名	性别	电话	楼盘名称	楼栋号	客户类型（A/B/C）	备注（简单描述原因及沟通过程	是否需要公司短信	跟进人
1									
2									
3									
4									
5									

（8）海军陆战队——临促

客户成交率工具：进店客户分析表，如表3-19所示。

表3-19 进店客户分析表

进店客户分析表						
日期			星期		天气	
姓名		性别		年龄段		电话	
身高		其他外形体貌特征		随行人员			
详细地址				小区定位			
进店位置			进店时间		逗留时间		
进店三句话						
顾客意向产品和风格						
顾客最关注问题						
装修进度和预算						
顾客未成交原因						
顾客离店的情景						
分类		A. 意向大　　B. 有意向　　C. 无意向				
接待人员（日期）						

（9）感谢信

感谢信

尊敬的客户：

您好！

首先感谢您在百忙之中抽空配合我们的调研，您的意见就是我们品牌发展的方向，我们品牌的发展离不开您的指导和关心。为了感谢您为我们品牌的发展提出宝贵的意见，我们将抽出50名客户成为我们品牌的消费者"智囊团"，并由公司总部授权，届时由×××给出神秘礼品一份。

此致

敬礼！

广州×××家居有限公司

年　　月　　日

姓名		性别	
电话		微信	
小区		地址	
备注			

客户服务质量监督卡

尊敬的顾客：

您好！感谢您百忙之中抽出时间配合我们的调研，您的意见就是我们发展的方向，我们品牌的发展离不开您的指导和关心。为了感谢您对我们品牌发展提出的意见，我们将抽取50位幸运者成为我们品牌发展的群众"智囊团"，届时我们总部将邮寄神秘礼物，同时这50位智囊团成员也将享受总部给予的优惠特权。

此致

敬礼！

广州×××家居有限公司

年　　月　　日

①您听过××的品牌吗?

□听过　　□有印象　　□从没听过

②您对我们的产品不满意的地方有哪些?

□款式　　□功能　　□材料　　□价格　　□其他

③您在买产品之前会从哪些渠道了解和查询相关资讯?

□从不了解　　□互联网　　□朋友介绍　　□自逛卖场,导购介绍　　□其他

④您觉得我们还应该为您提供哪些服务?

□专业咨询　□免费送货　□节日礼包　□针对产品选购的专业指导　□其他

⑤您觉得我们局域网有哪些需要改进?

□形象　□服务　□主动性　□专业度　□产品知识　□家装知识　□其他

姓名:　　　　　　　　电话:　　　　　　　　邮箱:

联系地址:

(10) 售前服务——新贴心 3 + 2

售前服务,如表 3 - 20 所示。

表 3 - 20　售前服务项目及内容表

服务项目	服务操作内容
电话及短信	跟踪及挖掘需求
提前进行家装风格效果图设计	为消费者在交房前一周提供家装风格效果图设计
免费上门测量	电话预约,上门进行专业的红外线精准测量
免费的实景效果图	实景户型 3D 效果图,体验最真实的家
免费接送,参观实景样板房	设计期间专车接送参观实景样板房,放心消费

(11) 售中服务

现场提供冷热饮品、点心等;

提供午餐;

免费平面效果图设计;

免费3D效果图设计，完整报价服务；

提供老花镜、镜布；

现场家装解决方案；

贴心式照顾服务。

（12）售后服务——无忧5+1

售后服务内容，如表3-21所示。

表3-21　售后服务内容表

流程	服务内容
免费送货	市区内免费送货，市区外一公里5元
免费上楼	提供免费的上楼搬运服务
免费安装	专业着装，穿鞋套进门，报工号，进行产品确认
免费清理	安装完后专员现场做质检，维护保养专业知识讲解，填写满意度调查表，拍照片
免费维保	免费提供安装后上门维保服务3次
短信及贺卡	每年短信3~5次，大客户节假日快递贺卡

售后服务——免费测试甲醛。

（13）离店短信工具发送

①未成交客户离店短信；（离店5~10分钟导购发送）

情况一：客户要对比、考虑一下。

参考模板：尊敬的××，非常感谢您在百忙之中光临××品牌店，很荣幸能接待您。如果您在选购产品上遇到难题，请直接与我联系，我非常乐意给您提供选购咨询与家装搭配知识讲解，如果有您喜欢的产品，我们公司将会免费提供家装设计效果图服务，欢迎您再次光临。××导购××敬上

情况二：因为价格原因离店。

参考模板：尊敬的××您好，货比三家才能买到最好的产品，但是选择好产品不仅要看服务的便利性、专业性和产品品质，更要看品牌的实力。×××将给您最好的品质和服务，相信您能选择到性价比最好的产品。×××导购××敬上

情况三：因款式、风格离店。

参考模板：尊敬的××您好，看到的风格和家里的实际装扮还是有一定差别的，家装的整体风格协调才是最重要的。对您来说，符合您家里的情况也是很重要的。相信我们多年从事专业家装设计的设计师一定能够设计出非常符合您心意的整体家装效果，也能够把您家装扮得漂漂亮亮的。欢迎再次来到我们×××。×××导购××敬上

②已成交客户离店短信。（离店 5～10 分钟导购发送）

参考模板：尊敬的××您好！非常感谢您选择××，因为您的选择我们得以快速发展，您是我们事业发展的核心，带给您性价比最好的产品和优质的售后服务是我们的义务和责任，因为您对我们品牌的不断认可，让我们更加坚信"只要为我们的消费者想得更多一点，我们终将会得到您的认可和尊重"。我们公司全体成员在此向您致以最崇高的敬意和最深的祝福，同时我们将用"温心、贴心、舒心"继续为您做好后续的服务工作。

参考模板：尊敬的××您好！非常感谢您对××的信任，同时也恭喜您选择了我们××产品，我们将会一直为您提供最优质的服务，以后有任何需要，都可以随时和我们联系。再次祝您阖家幸福，万事如意！

（14）店面关键绩效 KPI，如表 3 - 22 所示

表 3 - 22　店面关键绩效 KPI 分析表

店面关键绩效 KPI 分析表				
项目		数量	原因分析	相关责任人
信息分析	客户数量			
	留下电话数量			
	深度接触数量			
	成交数量			
	成交率			
	平均客单价			

店面关键绩效 KPI 分析表				
项目		数量	原因分析	相关责任人
销售业绩	总销量			
	月销售指标完成率			
	主销产品占比			
	形象产品占比			
	促销产品占比			
渠道分析	门店销量			
	主动营销渠道销量　家装渠道			
	小区渠道			
	其他渠道			
	促销销量			
	工程销量			
服务分析	上门测量次数			
	免费设计服务数量			
	老客户回访数量			
	老客户转介绍数量			
利润分析	毛利润			
	毛利率			
	净利润			

3. 一月一次会销流程

在目前这种竞争形势下，提供免费量房、免费设计已经成为抢占市场最好的方法。再搭配我们的会议营销，将很快实现业绩的快速提升。下面简单介绍一下免费量房到最终成交的流程。

会销活动的模式：上门免费量房（此环节至关重要）—确定平面

三维图—邀请业主进店看产品并确定定制方案—初步草图报价—售卡或邀请函—邀约客户进酒店集中爆破—通过播放或讲解家装甲醛的危害，告诉业主哪类人群、哪些地方需要特别防范甲醛—煮板实验（视情况而定，也可以变为滴水实验）—情感互动—总裁公布价格—成交—抽奖—颁发礼品—结束。

新店开业模式

模式四

◎ 活动模式简介

（1）确立专卖店的公众形象，赢得各大媒体的关注
（2）通过开业活动聚集人气，展现品牌的形象，提高知名度
（3）通过开业活动，加强专卖店在当地的影响，推动销售工作
（4）通过独特的活动形式吸引公众与媒体视线，提高传播效果

◎ 活动核心要点

人气要旺，客户量要大！要在当地打响品牌知名度，宣传推广要高举高打！销量要大，精准客户要多！

◎ 开业七步骤

（1）成立开业工作小组
（2）市场分析
（3）方案制订
（4）前期准备
（5）活动宣传
（6）执行控制
（7）活动总结

1. 成立开业工作小组

（1）小组设立组长一名、副组长若干名，负责全程组织、指挥、控制、协调。

（2）明确小组成员各自的岗位职责与工作内容。

（3）临时工作小组要对各项具体工作细分并量化，分解到人，各负其责，并公布奖惩等激励机制。

2. 市场分析

市场分析，如表 4-1 所示。

表 4-1　市场分析表

城市布局		
空置房情况	区域 1 面积：　　户数：　　建成时间：　　空置原因： 区域 2 面积：　　户数：　　建成时间：　　空置原因： 区域 3 面积：　　户数：　　建成时间：　　空置原因：	
商业设施分布情况（主要是大商场、餐饮、建材、家电）	集中区域 1：　　　　描述： 集中区域 2：　　　　描述： 集中区域 3：　　　　描述：	
居住的分布情况	集中区域 1：　　　　描述： 集中区域 2：　　　　描述： 集中区域 3：　　　　描述：	
近期政府规划	描述：	

城市消费者特征	
人口数量	城市户口：_____万人　　农村户口：_____万人 常住人口：_____万人　　流动人口：_____万人 如果城市出现几个较明显的人口集中区域，请调查 1 ~ 2 个最集中的区域
人口年龄构成	20 ~ 30 岁：_____%　　　30 ~ 40 岁：_____% 40 ~ 50 岁：_____%　　　50 岁以上：_____%
人均居住条件	人均居住面积：_____平方米/人
家庭收入	人均工资：_____元/月　平均收入：_____元/年
消费水平	人均消费水平：_____元/年
在当地及周边城市消费 实力	□高档　　　□中等　　　□中等偏上　　　□中等偏下 □低档
家具购买习惯	自定制：_____%　　　　　本地购买：_____% 外地购买：_____%
经销商情况调查	
资金情况	□借贷　　　□自备　　　□独资　　　□合资，股东人数
社会公共关系	□很好　　　□良好　　　□一般　　　□较差
经营手段及方式	
现有品牌及从业经历	
优劣势分析	
商圈情况调查（针对候选店址）	
口岸情况	□城郊　　　　□大家具城内　　　　□店中店 □独立店
店面地形	□单面临街　　　□两面临街　　　□三面临街 □十字路口　　　□丁字路口　　　□商城主入口 □商城次入口　　　□商场居中

商圈情况调查（针对候选店址）	
交通状况	途经公交线路：_____个 公交站：_____个
车流量	节假日：_____辆/天 非节假日：_____辆/天
人流量	节假日：_____人/天 非节假日：_____人/天
每日高峰期： 　　时至　　时	10～12时：　　人次/分钟：　　　年龄段： 15～18时：　　人次/分钟：　　　年龄段： 19～22时：　　人次/分钟：　　　年龄段：
住宅区（可另附纸详细说明）	现有住宅区　数量：___个　户数：_____户 入住情况：_____ 建筑面积：_____平方米 小区平均销售价格：_____元/平方米 开发中的住宅区　数量：___个　　户数：___户 建筑面积：_____平方米 小区平均销售价格：_____元/平方米
购物场所	商场：__　　家　　超市：_____家 （请附营业时间、营业面积、人流量等详细资料）
娱乐场所	娱乐场所：_____家 （请附营业时间、营业面积、人流量等详细资料）
餐饮店	餐饮店：_____家 （请附营业时间、营业面积、人流量等详细资料）
机关单位	机关单位：_____个（请附具体名称）
家居饰品类商场（请另附纸详细说明）	名称、开业时间、主营范围、估计客流量、家饰区面积、主要家用家饰公司介绍、距离候选店址的距离：　　米
竞争对手（请另附纸详细说明）	名称、开业时间、产品种类及特点、面积、年营业额、知名品牌店数量、价格、质量、口碑、估计客流量、广告位、距离候选店址　　米
业务经理意见	
分公司总经理意见	

续表

商圈情况调查（针对候选店址）	
专卖店建设科或专卖店项目科意见	
营销副总经理意见	
营销总经理意见	

3. 方案制订

（1）开业时间

选择标准：销售旺季，周末、节假日，有大型楼盘交楼或多个楼盘开盘。

开业活动时间段：大中城市 1～2 天，小城市可适当延长至 1 周。

（2）场地选择

选择标准：店面门口、店内（大店）、建材城门口。

备注说明：要预留停车位。

（3）开业主题

要点：简洁明了、突出活动内容；新颖、易记；主题的字数 20 个字以内。例如：××厨柜××旗舰店 5·1 盛大开业，五重惊喜等您拿。

促销内容：要考虑促销力度、促销优势（与竞品相比）、特价商品。

促销力度：价格要保持比平时低 10%～20%。活动的力度要适中，不宜过低或过高。过低没有吸引力，目标客户不会参加；过高将会导致后期价格体系的紊乱与促销成本的加大。

阶梯优惠：优惠要有阶梯性，要针对不同消费能力和消费习惯的消费者设置不同程度的优惠。

连环促销：在扩大橱柜销售的同时，带动电器、配件、衣柜的销售。

竞品比较：要参照主要竞品的促销内容，不能与之相同或力度相差太大。

特价商品：要设置特价商品，但要控制数量（或购买时间）。

老客户优惠：要有针对老客户的赠送或优惠活动，吸引老客户到场增加人气。

费用预算：将活动过程中涉及的支出全部列出，做到心中有数，如表 4－2 所示。

表 4－2　费用预算表

项目		费用预算（元）
劳务红包	领导嘉宾及记者红包	200～500 元/人
	主持人、演员劳务费	100～300 元/人
	其他	临促、礼仪小姐费用
现场布置	搭台、红地毯	150 元/㎡
	彩虹门（柱）、气球	200 元/个
	花篮、礼花	100 元/个
	其他	礼花、礼炮费用
广告宣传	电视、广播广告	3000～5000 元/月
	报纸、杂志等平面广告	3000～5000 元/次
	户外等其他广告	1.5 万～3 万元/月
餐饮住宿	宴会餐饮	300～500 元/桌
	宾馆住宿	150～300 元/间
促销礼品	略	20 元/套
其他	不可预见费用	抽奖奖品等
总计		2 万～8 万元

4. 前期准备

开业待办事项顺序表，如表 4 - 3 所示。

表 4 - 3　开业待办事项顺序表

序号	责任人/组	具体说明（将所有工作分为卖场工作、招聘培训、广告宣传、小区推广、后勤保障 5 个组，每个组要有专人负责以下相关事宜）	开始时间	完成时间
1	卖场工作	申请与开业有关的各类相关证件资料	开业前 45 天	开业前 15 天
2		制作场地草图	开业前 45 天	开业前 44 天
3		与公司衔接设计方案并确认	开业前 43 天	开业前 35 天
4		确定需要订购的产品、饰品、装修材料（包括部分形象物品）	开业前 35 天	开业前 20 天
5		确认到货时间，并跟踪运输	开业前 20 天	开业前 10 天
6		招标，与装修公司签订合同	开业前 45 天	开业前 35 天
7		开始装修，并跟踪装修进度及监督质量	开业前 35 天	开业前 8 天
8		确认到货物品是否齐全，若有不齐全的，要及时与公司沟通	开业前 10 天	开业前 10 天
9		确定产品定价，为每一个样式的家具及装饰品准备价目单、打折价目单等	开业前 20 天	开业前 15 天
10		制作标价牌（包括惊爆价、特价等价格标识）	开业前 5 天	开业前 3 天
11		卖场上样，摆场	开业前 8 天	开业前 3 天
12		调场，包括：灯光、饰品、开业所需的气球/地贴/POP/礼品/赠饮水等	开业前 3 天	开业前 0 天

序号	责任人/组	具体说明（将所有工作分为卖场工作、招聘培训、广告宣传、小区推广、后勤保障 5 个组，每个组要有专人负责以下相关事宜）	开始时间	完成时间
13	卖场工作	确定开业音乐，并制订开业期间的播音内容	开业前 3 天	开业前 1 天
14		调试卖场电压，检查线路安全	开业前 1 天	开业前－开业后 3 天
15		准备发电机和 1～2 名电工，以防开业时出现电压不足或停电的情况	开业前 1 天	开业前－开业后 3 天
16		准备避雨遮阳的器具，如汇艺园红木雨伞、帐篷等	开业前 1 天	开业前－开业后 3 天
17		安排礼品和赠品的搬运、摆放、看护、登记	开业前 1 天	开业前－开业后 3 天
18	招募培训	招募店长、导购、安装、收银、会计、仓管等人员	开业前 45 天	开业前 30 天
19		开始面试、确定人员，一般建议确定的人员最好是后续实际需要人员的 1.5～2 倍	开业前 45 天	开业前 30 天
20		开始培训（包括导购、安装、店长）有关激励、心态、产品方面的专业知识，销售技巧，实战参与等	开业前 30 天	开业前 3 天
21		针对小区推广做礼仪、说话技巧等方面的培训	开业前 30 天	开业前 25 天
22		制订开业导购员激励奖励办法及政策	开业前 5 天	开业前 3 天
23		做开业人员士气激励培训，公布开业销售奖励政策	开业前 3 天	开业前 1 天
24		促销活动内容详细解说，并确定人员的分工与协作具体事项	开业前 3 天	开业前 1 天

续表

序号	责任人/组	具体说明（将所有工作分为卖场工作、招聘培训、广告宣传、小区推广、后勤保障5个组，每个组要有专人负责以下相关事宜）	开始时间	完成时间
25		确定开业庆典方式	开业前35天	开业前30天
26		制订市场推广的策略，确定广告、店外推广时间表及广告物料类型	开业前35天	开业前30天
27		广告设计：电视（开业、角标）/车体（三轮车、出租车、公交车、宣传车）/户外（喷绘、广告牌、条幅）/报纸（正版、夹报）/条幅（跨街、小区、乡镇、卖场）开业舞台背景/气拱门/升空飘/X展架/吊旗/DM单/邀请函/交款须知/赠品发放处/地贴/纸巾等其他广告物料	开业前30天	开业前25天
28		与公司品牌部联络，确定设计是否符合公司要求	开业前30天	开业前23天
29		确定后开始安排制作，同时联系相关发布媒介的工作	开业前23天	开业前20天
30	广告宣传	确定嘉宾人选，联系相关事宜	开业前30天	开业前15天
31		发布车体、户外、电视、横幅广告	开业前30天	开业前－开业后N天
32		编辑群发短信内容，主要突出开业时间、地点、惊爆活动（如果要避免竞争对手破坏，惊爆活动可在开业前发）	开业前30天	开业前15天
33		发送群发短信，一般选在周末，分三次，分别在开业前15天、试营业前1天、开业前1天	开业前15天	开业前1天
34		联系演出公司和礼仪公司，要当地最好的	开业前30天	开业前5天
35		确定宣传队伍的服装及形象，包括开业所有工作人员的服装	开业前30天	开业前15天
36		组织开业前的相关排练工作，与主持人的沟通等	开业前2天	开业前1天

序号	责任人/组	具体说明（将所有工作分为卖场工作、招聘培训、广告宣传、小区推广、后勤保障 5 个组，每个组要有专人负责以下相关事宜）	开始时间	完成时间
37	调研推广	收集有关汇艺园的品牌知名度、美誉度、消费习惯、目标小区资料等	开业前 40 天	开业前 35 天
38		制订开业目标（应该制订冲刺目标和理想目标），并将目标分解到人	开业前 40 天	开业前 30 天
39		开始收集准顾客资料（表格），一般以即将交房或正在装修的小区为目标开展宣传工作，发放 DM 单	开业前 30 天	开业前 3 天
40		整理潜在客户档案	开业前 30 天	开业前 3 天
41		电话沟通预约发放邀请函（礼品券、现金券等）	开业前 10 天	开业前 3 天
42		电话、短信或发放邀请函邀请潜在顾客在开业时间光临	开业前 3 天	开业前 1 天
43		再次以路演或短信、电话、发放邀请函等方式发送开业相关信息，为开业人气做好充分准备	开业前 2 天	开业前－开业后 1 天
44	后勤保障	制订开业促销方案	开业前 40 天	开业前 30 天
45		确定开业促销的抽奖物品、礼品数量及种类，采购入库	开业前 30 天	开业前 5 天
46		选购或租用开业其他物料，如：卷尺、计算器、账本、销售单、气拱门、花篮、鲜花、礼炮、冷烟礼花、彩旗、氢气球、绿色植物盆栽、礼品、赠品、胸花等	开业前 15 天	开业前 5 天
47		安排卖场人员及嘉宾等人的食宿	开业前 15 天	开业前 3 天
48		再次确认促销活动产品、物资、现金的充裕		
49		处理相关财务问题	开业前 45 天	开业前－开业后 3 天

5. 活动宣传

广告工作时间表，如表4-4所示。

表4-4　广告时间表

序号	项目	数量/时间	前30天	前23天	前20天	前19天	前18天	前17天	前16天	前15天	前14天	前13天	前12天	前11天	前10天	前9天	前7天	前6天	前5天	前4天	前3天	前2天	前1天	开业当天	开业第二天	备注
1	电视短片	12～22天	制作时间	发布											或发布									发布完毕	根据当地电视台情况来定，收视率不高可以不做，可加大其他广告力度
2	电视滚动字幕	12～22天	制作时间	发布											或发布									发布完毕	当地收视率最高的频道做
3	电视角标	12～22天	制作时间	发布											或发布									发布完毕	当地收视率最高的频道做

续表

序号	项目	数量/时间	前30天	前23天	前20天	前19天	前18天	前17天	前16天	前15天	前14天	前13天	前12天	前11天	前10天	前9天	前7天	前6天	前5天	前4天	前3天	前2天	前1天	开业当天	开业第二天	备注
4	宣传车	7+2天														开始									完毕	详见路线图
5	三轮车/出租车	12～22天	制作时间	发布											或发布										发布完毕	
6	短信	5万～30万条	开业前二个星期六/星期天，开业前一天																							短信发放视当地的习惯和情况来定
7	小区宣传	近期交房装修的所有小区	开始	收集潜在客户资料												设点收集客户资料	电话预约发放邀请函			短信通知				完毕	根据当地习惯注意每天时间段的选择

续表

序号	项目	数量/时间	前30天	前23天	前20天	前19天	前18天	前17天	前16天	前15天	前14天	前13天	前12天	前11天	前10天	前9天	前7天	前6天	前5天	前4天	前3天	前2天	前1天	开业当天	开业第二天	备注
8	餐巾纸	10万~20万份				制作		开始发放，每天持续发放，星期六/星期天多发，其他时间少发																	保留3000份，抽奖用	
9	户外广告	12~22天			制作																			发布		所有形象广告喷绘换成开业广告
10	立面展架	10~12天																			制作	开始			完毕	斜面：1.5×3米，超市/商场/宾馆/影楼/建材城
11	条幅	100~300条																				制作	发布		完毕	含城内和乡镇

6. 执行控制

（1）活动执行前编制《活动执行流程》，明确各环节工作人员的工作内容，确保活动有序进行。

（2）所有现场布置、节目、表演等，都是为了营造活动现场喜庆气氛，吸引、聚集人气，促进和实现销售，扩大和提升品牌影响力。

（3）如果开业规模较大、活动环节较多，事先应与礼仪公司充分沟通，可适当邀请若干保安或当地城管治安人员维护现场秩序，防止意外情况发生，确保活动有序进行。

（4）如果开业规模较大，且经销商各方面条件允许，可邀请当地电视台进行现场拍摄和报道，或邀请当地主流报纸的家居版或经济版记者采访报道，商场适当给予劳务费。

（5）对可重复使用物料进行回收，如帐篷、气拱门、升空飘、X展架等。

（6）活动开始前，应做好相关领导、嘉宾、记者的接待工作以及礼品宣传物料的发放工作。活动结束后，邀请主要领导、嘉宾及媒体记者用餐。

（7）为增加活动气势，充分展示商场的实力和影响力，可邀请周边区域的经销商或供应商与会捧场，赠送花篮等。

（8）如果商场店内有咖啡或小甜食等品尝活动，应保持商场和样品清洁。同时，视情况有效控制顾客或观众入内流量，防止橱柜样品、配件、饰品破坏或丢失。

（9）对于开业当天发生的意外情况，商场应启动紧急预案。对突发事件处理要由专人负责，遵循及时性原则，大事化小、小事化了的原则，控制事态的发展，以免影响开业庆典活动的进行。

（10）现场布置：

①店面布置

• 布置要领：营造喜庆的气氛，突出大品牌的定位，视觉冲击强。

●店外：条幅、充气拱门、气球拱门。

●店内：X展架（入门处、休息区）、吊旗、气球、样柜装扮（如店长推荐、畅销品、新品上市）、活动宣传资料（每套样品均摆放）、音乐（喜庆或流行）、礼品堆头、人员站位。

活动现场布置：主要方式有舞台背景板、拱门气柱、过街拱门、横幅、条幅、刀旗、花篮、礼仪小姐、易拉宝、X展架、空飘气球。

气氛营造：音乐、嘉宾剪彩、领导讲话、鞭炮、彩纸、礼炮、鸽子放飞、气球放飞等。

②促销抽奖

●如果开业设置了抽奖、砸金蛋、义卖、秒杀等环节，除在宣传单页、展架、易拉宝中注明外，现场还应再次宣布抽奖、砸奖规则。

●为节约成本，中将率应控制在10%左右。顾客中奖后（现场兑奖），邀请其登台领奖，并发表获奖感言，提高和鼓动现场观众的参与积极性。

●抽奖过程中，注意保证活动的有序性、严密性、公证性。条件允许可邀请1~2名公证人员，显示活动的权威性与公正性。

③派发礼品

●开业前应预估派发礼品数量，开业过程中控制礼品派发节奏，有效利用礼品调动现场气氛，防止"断流"和哄抢现象。

●礼品应尽量符合当地习惯及喜好，并针对不同场合（店内、店外）、不同对象（大人、小孩），派发不同礼品，做到有的放矢，合理利用。

●可以是印有公司标识的礼品，商场可考虑更多形式，争取以最小的投入取得最大的回报。

④文艺表演

●目的：吸引过往人群注意，聚集人气，制造火爆氛围。

●根据风俗习惯、人群喜好，安排当地消费者喜闻乐见的特色节目表演，其他常规性节目尽量做到富有吸引力。

●以下列举仅供商场参考、选用。乐队表演、模特秀表演、歌舞表演、街舞表演、健美操表演、舞狮表演、地方特色表演等。

（11）物料准备与布置清单，如表4-5所示。

表4-5　物料准备清单表

项目	详细说明	参考物料数量及价格
舞台	舞台一般要求长8米、背景高5米、舞台面到地面高1米、舞台面宽度4米； 开业的几天都不能撤舞台，左右两侧各摆放4~6只升空飘； 台下一字排开花篮，露出舞台正面，舞台上摆放鲜花； 在舞台眉板的中心位置标注本次促销主题大字； 舞台侧放三角架1个，标注：汇艺园红木家具——汇古今文化精粹 聚家具珍藏极品	华表柱：租用每天200元/对，5对 升空飘氢气球：200元/只，6只 鲜盆花：5元/盆，20盆 背景喷绘：500元
演出队伍	①表演队伍：请当地最好的演出公司，最好市级2场、一般3场； ②主持人：包含讲解公司情况/活动内容/抽奖/大宗订单/歌舞等； ③舞狮、武术队、腰鼓队表演	喜庆锣鼓：500元/场，1场 演出音像：300元/场，1场 礼仪小姐：100元/人，一般10位左右
开业祝福条幅	游汇艺园红木预祝×××专卖店开业成功 ②仙游汇艺园红木预祝×××专卖店开业成功 ③汇艺园红木×××分公司预祝×××专卖店开业成功！（现有四川＼北京＼东北＼陕西＼云南＼贵州＼新疆＼湖北＼河南＼重庆＼山西＼山东＼江苏＼浙江＼江西＼安徽＼甘肃＼湖南＼广西＼福建，如有新增，请与当地分公司联系） ④汇艺园红木项目部预祝×××专卖店开业成功 ⑤当地祝贺单位等	上述条幅各一条，大小长度请各店根据店外悬挂位置决定
气拱门	放置在卖场的正门，设本次促销主题大字	1个，100元/天
气球	扎成彩圈，调节卖场气氛	
地贴	在专卖店或专卖店入口处及各楼层入口	
X展架	6~10套，放置在卖场（①介绍活动内容；②调节卖场气氛）	
绿色植物	在卖场内装饰，凸显生活环境	

续表

项目	详细说明	参考物料数量及价格
场内温度	开业期间，有空调的，要提前2~3个小时打开；没有空调的，热天要准备大电扇，冬天准备采暖炉、电热器	
录像	开业庆典、卖场内购买等录像，制作成VCD，可以在后期卖场播放	200元/碟
其他物料	庆典物料：揭幕绸布、鸽子、升空小气球、红鞭炮、礼炮、彩炮、剪彩花、贵宾花…… 开业物料：手提袋、大雨伞、小雨伞、扑克牌、钥匙扣、居家手册、纸杯……	开业物料由公司提供，价格请咨询专卖店建设科

（12）开业前1天的时间安排。

①8：00—16：00所有人员完成专卖店摆场，并按照开业分组计划完成分组；

②9：00—10：30（也可选择16：00左右及第二天8：00左右）向所有录入的新老客户发送短信，强调明天开业信息及优惠让利力度；

③16：00—17：00清场，开始通过广播告知顾客以下信息："为了更好地准备明天的开业，为顾客提供好的产品与服务，今天的营业结束时间为17：00。给您带来的不便，敬请谅解"，敦促导购人员在16：50前尽快签单或由其对所有场内消费者进行劝导离场；

④17：00—18：00卖场形象的最后整理；

完成所有产品，包括内外的地毯式检查。确认安装完毕，零件完好、表面清洁。

检查所有饰品的摆放位置，确认完好、整洁。在所有餐桌、茶几上放置纯净水、糖果，供顾客免费食用。摆放花篮等物料。

检查所有产品的型号、标价是否准确，标价签的位置是否一致标准。标价签建议用透明胶布粘贴在产品的右上方，价格宜打印不宜手写。

现场分区签单/交款/抽奖全过程实地演练。参加促销的销售队伍与导购员全部到位，熟悉场地与促销具体信息，掌握开业日程安排及管控细节。销售人员每人完成订单的规范填制检验考核。收银人员完成收银区域、收银器材、收银单据的检查。音效/视频人员检查物料/设备运行。电工检查电源、线路，确保万无一失。

进行清洁打扫。

⑤18：00—19：00 晚餐时间；

⑥19：00—20：30 激励培训（宾馆或专卖店）全体人员参加激励培训，此培训非常重要，直接决定促销的成败，需要所有人员全心投入。

培训过程中的流程及要点：

须统一传播口径：所有人员需要对促销 DM 内容全面熟悉掌握。特别需要对消费者可能提出的微调要求，做明确的了解；

确认分组：将所有导购人员进行分组确认。为形成奋勇争先的良好竞争氛围，建议将所有导购员分为 2 个组，进行团队 PK；

公布营业目标：目标包括总体营业基本目标、总体营业最高目标、个人基本营业目标、个人最高营业目标；

公布激励政策：团队奖团队中每个成员都有份；个人奖所有导购人员共同参与评选，不再以分组进行评选；

公开承诺：分组进行组员公开承诺。签订承诺书，宣誓承诺誓言，并录像进行取证。承诺现场，严肃、庄重，承诺人须表明未达到目标任务的处罚内容；

发放销售工具：每人配发计算器、订货板、笔、卷尺、订单、DM单（夹于订货板内，便于查询）。

7. 活动总结

开业庆典活动总结与效果评估报告，如表4-6所示。

表4-6 开业庆典活动总结与效果评估报告表

序号	实施阶段	项目名称	结果	原因分析	备注说明
1	活动效果	目标达成率			
		广告效果			
		活动效果			
		客流量			
		现场气氛			
2	准备阶段	人员分工			
		物料准备			
		广告投放			
		现场布置			
3	实施阶段	流程控制			
		人员配合程度			
		突发事项处理			
		疏漏环节			
4	其他方面				
5	经验总结	成功之处			
		不足之处			

附：××四川商场实战案例

（1）活动领导机构

活动总指挥：×××　营销（全盘）

活动总策划：×××

活动总执行：×××、×××、×××

（2）活动定位

①活动定位：

见证成都××开业盛典，12年来一个行业巨人的成长历程；

见证成都××作为西部业绩最高、一级商场成长最快的过程，问鼎四川建材圈；

见证史无前例的终极让利，拉开了2014年成都××开业钜献促销活动的序幕；

见证××如何从家具建材混乱的促销活动中脱颖而出，树立霸主的品牌地位；

接下来，就是见证年度底价的时刻！

②现场描述：

11月1日成都站，近500人亲临现场，四店开业，八店同庆。

见证大成都荣耀，××橱柜风暴来袭，新店起航，开业盛惠。

××橱柜风暴来袭，6款橱柜工厂底价直销，产品引爆全场。几十款厨房用品、电器套餐超低价劲爆全场。

明星品质，邀您见证橱柜航母成长历程，见证企业荣耀。

1名2888元免单、2款电器套餐、100多个××顶级厨房用品。

2014年橱柜行业顶级的工艺演示、橱柜行业首个台面工艺演示。

③活动目的：

实现增长：实现2014年年度60%增长目标，打响年底火红11月。

飞跃突破：借鉴成功经验，完成自我品牌形象的蜕变，迈向世界的舞台。

塑造形象：四店开业，八店同庆，塑造终端明星品牌形象。

脱颖而出：从市场联盟混战中脱颖而出，树立品牌霸主地位。

（3）活动总体规划

①活动主题：

新店起航　开业盛惠。

四店开业，八店同庆，没什么比开业更优惠。

②活动时间：2014 年 11 月 1 日。

③活动地点：成都。

④主办单位：××家居集团股份有限公司。

⑤活动结构：新品上市＋现场团购＋现场拍卖＋终极抽奖。

⑥参与商场：成都 8 店同庆。

表 4-7　活动各项工作推进表

事项	日期	10/16	10/17	10/18	10/19	10/20	10/21	10/22	10/23	10/24	10/25	10/26	10/27	10/28	10/29	10/30	10/31	11/1
	星　期	四	五	六	日	一	二	三	四	五	六	日	一	二	三	四	五	六
方案制订及目标分解	1. 活动方案的制订																	
	2. 活动目标单数的确定																	
	3. 活动目标单数的分解																	
	4. 奖惩机制的确定																	
动员培训	1. 人员心态、话术 2. 动员大会																	
物料制作	1. 单页、增值卡、礼品卡的设计制作																	

续表

事项	日期	10/16	10/17	10/18	10/19	10/20	10/21	10/22	10/23	10/24	10/25	10/26	10/27	10/28	10/29	10/30	10/31	11/1
	星 期	四	五	六	日	一	二	三	四	五	六	日	一	二	三	四	五	六
物料制作	2. 户外、橱窗、X展架、吊旗、地贴																	
	3. 抽奖礼品的采购、现场冷餐等																	
	4. 签到处、礼品领取处、收银处																	
广告投放	1. 单页投放 2. 户外广告																	
客户邀约	1. 店面售卡（店面电话营销）																	
	2. 小区推广/家装推广																	
	3. 确定到场户数																	
气氛营造	活动现场氛围的营造																	
现场控制	活动流程的严格把控																	
活动总结表彰	活动总结及奖励，对后期客户的跟进																	

（4）经销商系统执行机构设置

①活动执行组织架构——制订明确的执行组织架构；

②例会制度；

每日以门店为单位，店长组织每日会议督导巡查，提交每日预约汇报、每日预约过程要解决的问题至共享平台——"新店起航 开业盛惠"微信群，由行政文员统计每天数据。

各店每天召开集中会议，公布预约情况，提交问题并解决问题。早会9：30—10：00；晚会17：40—18：00。

③监督机制。神秘顾客考核表，如表4-8所示（由公司指派专人巡查）（冯、王）。

表4-8　神秘顾客考核表

考核日期：	店面名称：	总分
考核项目		
进门接待语	□5分（极差）□10分（勉强）□15分（还好）□20分（非常棒）	
店面物料摆放情况	□5分（极差）□10分（勉强）□15分（还好）□20分（非常棒）	
促销内容熟悉情况	□5分（极差）□10分（勉强）□15分（还好）□20分（非常棒）	
活动内容答疑满意度	□5分（极差）□10分（勉强）□15分（还好）□20分（非常棒）	
注：神秘顾客提交录音内容，以此作为证据。		

④考核机制，如表4-9所示。

• 团队建设

根据研究分析市场，制订预约策略，建设针对性的执行团队。按实际情况可分为：门店组、电话组、小区组、网络组、安装组、家装组、行政组等。

表4-9　团队建设考核表

组别	客户信息			预约卡/邀请函			签单数量		
	保底值	冲刺值	挑战值	保底值	冲刺值	挑战值	保底值	冲刺值	挑战值
门店组1									
门店组2									
门店组3									
门店组4									
门店组5									
门店组6									
门店组7									
门店组8									
电话组1									
电话组2									
网络组									
小区组									
售后预约组									
家装组									
安装组									

● 门店客户预约任务，如表4－10所示。

表4－10　门店客户预约任务考核表

门店	客户信息			预约卡/邀请函			签单数量		
	保底值	冲刺值	挑战值	保底值	冲刺值	挑战值	保底值	冲刺值	挑战值
××店									
××店									

⑤开业活动对导购激励。

成都11·1开业活动目标及激励方案

● 订单目标及分解

总任务：橱柜保底200单、冲刺250单、挑战300单。

店面目标及分解激励，如表4－11所示。

表4－11　店面目标及分解激励表

店面	项目		单数	合计
富森店	保底	橱柜	48	
	冲刺	橱柜		
成红店	保底	橱柜	36	
	冲刺	橱柜		
成双店	保底	橱柜	36	
	冲刺	橱柜		
成金店	保底	橱柜	24	
	冲刺	橱柜		
居然店	保底	橱柜	20	
	冲刺	橱柜		
博美店	保底	橱柜	12	
	冲刺	橱柜		
美橱店	保底	橱柜	12	
	冲刺	橱柜		
百利玛店	保底	橱柜	12	
	冲刺	橱柜		

备注：各店长将任务分解到各导购和设计个人

各店奖励：

各店在完成保底任务基础上，奖励签单完成率的店500元；

各店每超保底目标一单，奖励50元/单；每少一单，男士20个俯卧撑，女士20个上下蹲。

个人奖励：

奖励个人冠军：500元；亚军：300元；季军：100元（现场订单奖）；

1~3单：20元/单（完成保底任务的200单基础上）；

4~7单：30元/单（完成保底任务的200单基础上）；

8~10单：50元/单（完成保底任务的200单基础上）。

团队奖励：

保底任务（橱柜）：200单

整个团队完成保底任务200单，奖励卖卡团队2000元，签单团队4000元！

目标任务（橱柜）：250单

整个团队完成目标任务250单，奖励卖卡团队3000元，签单团队5000元！

挑战任务（橱柜）：300单

整个团队完成目标任务300单，奖励卖卡团队5000元，签单团队10000元！

• 增值卡目标及分解，如表4-12所示。

总任务：橱柜保底400张，冲刺450张。

表4-12 增值卡目标及分解表

店面		项目	卡数	合计
富森店	保底	橱柜	54	
	冲刺	橱柜		
成红店	保底	橱柜	36	
	冲刺	橱柜		

店面	项目		卡数	合计
成双店	保底	橱柜	36	
	冲刺	橱柜		
成金店	保底	橱柜	20	
	冲刺	橱柜		
居然店	保底	橱柜	15	
	冲刺	橱柜		
博美店	保底	橱柜	8	
	冲刺	橱柜		
美橱店	保底	橱柜	12	
	冲刺	橱柜		
百利玛店	保底	橱柜	8	
	冲刺	橱柜		
小区（4人）	保底	橱柜	4 卡/人 共 16 卡	
	冲刺	橱柜		
家装 9 人	保底	橱柜	2 卡/人 共 18 卡	
	冲刺	橱柜		
平面 1 人	保底	橱柜	1 卡	
	冲刺	橱柜		
网销 2 人	保底	橱柜	1 卡/人 共 2 卡	
	冲刺	橱柜		
行政 7 人	保底	橱柜	1 卡/人 共 7 卡	
	冲刺	橱柜		
安装 1 组 21 人	保底	橱柜	1 卡/人 共 21 卡	
	冲刺	橱柜		
安装 2 组 16 人	保底	橱柜	1 卡/人 共 16 卡	
	冲刺	橱柜		
电话营销组 8 人	保底	橱柜	150 卡	
	冲刺	橱柜		

• 售卡激励政策

每个店售卡，如果活动期间客户下订单，售卡金额100元中的30元归导购所有。

电话营销组售卡成功，每张卡30元归电话营销人员，20元归送卡售卡人员。

部门或店面卖卡：奖励部门冠军：500元；亚军：300元；季军：100元（备注：需在完成部门卖卡保底数上，根据完成率排名）。

成都商场所有人员先由本人把卡买回去（且不能退还），然后通过自己的渠道将卡销售出去，如果未完成售卡目标，售卡金额由本人承担（备注：切勿出现假卡，一经查实，按××集团股份有限公司制度严格处理，并且每张假卡处以500元的罚款）。

未完成售卡任务的小组，男士10个俯卧撑/张卡，女士10个下蹲/张卡。

负激励时间段，每个阶段、每个店售卡任务如下：

阶段一：10月17日—10月24日，富森任务27张，成红任务18张，成双任务18张，成金任务10张，居然任务8张，博美任务4张，美橱任务6张，百利玛任务4张；小区8张；家装9张；平面1张；网销1张；行政4张；安装1组11张；安装2组8张；电话营销组80张。

阶段二：10月25日—10月31日，富森任务27张，成红任务18张，成双任务18张，成金任务10张，居然任务8张，博美任务4张，美橱任务6张，百利玛任务4张；小区8张；家装9张；平面1张；网销1张；行政4张；安装1组11张；安装2组8张；电话营销组70张。

• 业绩归属及提成分配

在活动期间（10月17日—11月1日），以现场订单为准，业绩归属各门店。电话营销组除外，电话营销人员打出的卡和订单的人平分业绩，个人业绩平分，总业绩也平分；

业务部门电话营销人员卖出的卡签单后，给予业务部电话营销人员每单100元的电话补助，总业绩归签单店面所有。

××家居集团股份有限公司
成都商场
2014年10月17日

● 任务分解工具包

① 分组任务推进计划，如表 4 - 13 所示。

表 4 - 13　分组任务推进计划表

门店	负责人	组员	任务	第一周 10·17—10·24	第二周 10·25—10·31
富森					
成红					
成双					
成金					
居然					
博美					
美橱					
百利玛					
电话组1					
电话组2					
网络组					
小区组					
售后组					
家装组					

② 商场个人任务推进计划，如表 4 - 14 所示。

表 4 - 14　商场个人任务推进计划表

组别	姓名	团队任务	个人任务	17	18	19	20	21	22	23	24	25	……
电话 营销组													
小区组													

续表

组别	姓名	团队任务	个人任务	17	18	19	20	21	22	23	24	25	……
网络组													
安装组													
售后服务组													
家装组													
行政组													
富森													
成红													
成双													
成金													
居然													
博美													
美橱													
百利玛													

③业务部（组）责任状：

新店起航　开业盛惠

促销活动责任状

立状部门（组）：　　　　　　　　立状人＿＿＿＿＿＿＿

为全面完成本次促销活动签单任务，兹承诺以下：

1. 准客户信息收集：

本部门（组）承诺在 10 月 31 日 17：00 前完成准客户信息收集户数＿＿＿＿户。若未完成既定征集数量，每少 1 户，相应责任人按 50 元/户标准缴纳罚金；若提交信息有虚假，按 500 元/条缴纳罚金。（准客户有效信息：预约期内已缴纳 100 元预约金，并确定购买意向产品的客户信息。）

2. 邀请函及预售卡派发数量：

本部门（组）销售增值卡＿＿＿＿张。

3. 签单单数：

本部门（组）在活动当天完成签单单数＿＿＿＿单，并承诺所有订单信息不弄虚作假，一经查实有造假，相应责任人按 500 元/单缴纳罚金。

4. 指标分解：

姓名	准客户信息征集数	邀请函及预售卡派发数量	签单单数	承诺人签名

责任人签名：

二〇一四年十月十七日

---

④统一鼓励机制：不是一个人的战斗，督导每天群发微信或者通过 QQ 群发布预约情况，鼓舞斗志。不同时期发布不同内容。

短信范例：

亲！感谢在一线奋勇拼杀的战友们！×月×日战报：总预约客户××户。超额完成任务的是：××组，××单；还需加油的是××组，离任务仅差×个，所有战斗小组都充分相信×组的潜能，你们不是一个人孤独地战斗，亲们都为你加油！

（6）终端促销政策

①见证开业超值预约奇迹：预交 100 元抵 768 元；

预交 100 元 = 价值 168 元 ×× 铁质炒锅 + 价值 300 元 ×× 橱柜代金券和 300 元净水器代金券。（说明：在门店预交 100 元定金获得增值卡，方可领取橱柜和净水代金券。11 月 1 日活动当天凭此卡可获取价值 168 元的 ×× 铁质炒锅。）

②见证开业提前订单礼品：交订金、送大礼；

活动期间（10 月 17 日—10 月 31 日）订橱柜，并且缴纳订金 1000 元，到达活动现场，即可领取由 ×× 集团总部直接发放的价值 2180 元的 ×× 大礼包一个（随货送达）。

③见证开业钜惠特供奇迹：全场抄底，直降 50%；

活动当天，全场疯狂让利，部分电器套餐和厨房用品最高让利达 50%。

④见证开业现场厂价奇迹：冰点诱惑；

新店起航 开业盛惠巨献风暴：6 款橱柜工厂底价直销，产品引爆全场。几十款厨房用品、电器套餐超低价劲爆全场。

⑤见证开业终极砸奖奇迹：金蛋砸砸砸，爆爆爆。

凡活动当天选定橱柜的客户，最低交纳 5000 元定金，5000 元砸金蛋一次，10000 元砸金蛋三次（三次封顶）。交得越多，礼品越多，中奖率 100%。

奖项设置：①价值 2888 元免单大奖；②调味拉篮；③挂件；④×× 早春餐具；⑤×× 菜板；⑥×× 铁质炒锅；⑦×× 工具三件套；⑧×× 刀具；⑨×× 炊具 6 件套；⑩×× 围裙；⑪×× 垃圾桶。

（7）客户预约途径

专卖店预订流程：

第一步：意向用户缴纳 100 元购买增值卡。

（承诺：凭此卡能在活动现场领取价值 168 元的 ×× 铁质炒锅）

友情提示："关于增值卡不满意可退的这条，商场以预约金已经上缴总部为由，才可以享受此次活动，所以增值卡不可退，但可以领取价值 168 元的 ×× 铁质炒锅。"

第二步：邀约登记（登记表），如表 4－15 所示。

表 4 – 15　邀约登记表

序号	所属商场	客户姓名	联系方式	新房详细地址	意向板材	心理价位	尺寸	预订日期	预订方式（订单/已作预算/只登记）	登记人

（8）电话营销（预计 10 人在成都办公室以总部名义开展电话营销，锻炼商场电话营销能力）。

电话营销是向目标客户以打电话或发短信的方式传递活动信息。利用《电话营销跟踪明细表》（如表 4 – 16 所示）对客户进行跟踪，并将内容详细记录，经过分析分成 3 类客户：A 类为本次意向客户；B 类为下次意向客户；C 类为无效客户。最终建立信息库，如表 4 – 17 所示，便于下次活动的营销。（具体见《成都开业活动话术》）

表 4 – 16　电话营销跟踪明细表

时间	所属区域	客户姓名	地址	电话	邀约人	买卡	送卡	备注

表 4-17 电话营销登记表

电话营销登记表				
商场	姓名	所在店面		日期
小区	电话数量	意向购买数量	意向送卡数量	需方短信数量

（9）预约期门店布置

①海报：传播活动内容及品牌形象，张贴于店门口、店内通道、洽谈区、收银处；

②吊旗：正反面突出本次活动主题及品牌 LOGO，在商场及卖场主通道悬挂；对终端销售具有刺激作用，一旦进入卖场，其气势和作用将非常明显；

③X 展架：内容为本次活动的优惠卖点，主要放置于商场门口和主干道，重复摆放；

④堆头：立体形象地展示活动内容，吸引消费者眼球；

⑤胸贴：统一销售人员形象，展示品牌形象；

⑥窗贴：尽可能多地利用广告展示位，全方位立体传递活动信息；

⑦出街资料复印：报纸广告投放软文及硬广要求报社加印或自行复印；

⑧横幅：门头统一悬挂活动横幅。

（10）广告宣传策略

①广告投放计划：小区广告、商场广告；

②其他传播方式：微信、QQ 群等。

（11）现场执行分组及职责分工，如表4-18所示。

表4-18 现场执行分工表

序号	组别	职责定位	负责人
1	统筹组	统筹管理整个活动，把控进度，监督各小组工作情况	×××
2	策划组	活动全案策划、平面设计	×××
3	推广组	网络推广、微信推广、小区推广	×××
4	布展组	联系场地搭建、产品展示，督促施工布置进度	×××
5	物料组	布展物料到位、礼品到位、产品到位、茶歇到位	×××
6	现场组	现场活动进程监控、应急事务处理、停车指挥、摄影、摄像、礼仪、司仪等	×××
7	保安组	保卫嘉宾人身安全、现场秩序维护、展品看护	×××
8	礼品组	礼品管理，现场发放礼品管理	×××
9	导购组	引导客户购买产品、讲解活动内容、答疑解惑	×××
10	签单组	统一签单形式和流程	×××
11	收银组	准备收银必备的器具，规范收款流程	×××
12	导演组	活动流程、节目表演、抽奖环节的策划、控制	×××

（12）现场活动流程安排，如表4-19所示。

表4-19 活动流程安排及人员分工表

活动流程及人员分工						
序号	时间	流程事项	细则	责任人	目的和意义	评估和建议
1	11：00之前	现场布置及物料准备	各项工作安排到位，最迟在13：00结束		确保活动现场的氛围	
2	11：00—12：00	调节音响、电脑、投影	带电脑、投影仪、暖场音乐、宣传片		确保各项工作顺利开展	

续表

序号	时间	流程事项	细则	责任人	目的和意义	评估和建议
			活动流程及人员分工			
3	13：30	播放宣传片暖场	橱柜、净水器		宣传品牌影响力及企业文化	
4	13：30—14：30	签到及礼品袋发放	1. 客户到现场出示邀请函/贵宾卡/短信，工作人员把客户信息登记到表格上 2. 告知活动结束后，16：30凭贵宾卡、邀请函、短信领取礼品 3. 没有函/卡的登记补办（补贵宾卡的话没有礼品，但是订单可以特别申请） 4. 所有进场客户发放一个环保资料袋		1. 确定到场户数，方便后期做数据分析；2. 让客户了解礼品发放时间	
5	13：35—14：30	暖场	1. 主持人欢迎入场来宾，并介绍活动订购流程，突出活动力度大 2. 导购人员上台跳抓钱舞（初步定在14：00，根据现场情况定）		1. 渲染现场氛围；2. 告知活动流程	
6	14：30—16：30	活动正式开始	1. 主持人宣布活动开始，跟客户寒暄后，介绍活动规则及注意事项 2. 活动倒计时开始	主持人	1. 渲染氛围；2. 倒计时让客户有紧张感	
7	14：35—14：40	发彩票红包	主持人发送红包，渲染气氛	主持人	1. 渲染氛围；2. 调动气氛	
8	14：40—14：45	老客户上台	老客户视频及老客户感言	×××	1. 树立口碑；2. 让新客户觉得××用得放心	
9	14：45—14：55	厂家经理上台互动	问候、互动、秒杀拍卖，上生日蛋糕、祝生日歌		1. 渲染气氛；2. 让客户感到我们××是有爱的企业	

			活动流程及人员分工			
序号	时间	流程事项	细则	责任人	目的和意义	评估和建议
10	14：55—15：10	厂家领导讲解及放价	客户吃蛋糕，老总讲××优势，紧接着报价（报价之后起激昂音乐，氛围达到高潮）		1. 告知活动内容；2. 全年最低，让客户感到强大的落差感	
11	15：10—16：30	签单时间	1. 主持人循环介绍活动政策2. 通报客户签单抽奖情况，催单	主持人	渲染气氛，催单	
12	同上	抽奖	客户订单及抽奖流程客户选购产品—导购讲解—填写收据【告知客户交5000元可抽奖一次，10000元抽奖3次（3次封顶）百分百中奖，多交多得】—客户交钱—客户拿订单找主持人抽奖（看金额数量报抽奖次数），抽奖时主持人会报相应中奖奖品，奖品发放登记者迅速登记，客户抽完奖后拿订单找奖品发放登记者时，迅速补记上姓名及订单号，并在订单上盖章，抽几次盖几个，如果客户要补缴钱继续抽奖，则需要重新开具一张收据，凭新的收据来抽奖。发放的奖品不能随身带走的，在订单上写上随货送至××，发放情况要与奖品发放登记表对得上，并让客户在奖品发放登记表上签字确认	主持人	循环催单，报奖励，渲染紧张的订单氛围	
13	16：30	活动结束	主持人宣布活动结束，客户返程			

（13）预约期注意事项

①活动现场只需交纳各品类橱柜的定金，尾款由客户至××专卖店交纳；

②知会客户本次活动是由××总部操盘的，产品清单、产品价格只有活动当天厂家才会公布，但是价格由成都建材协会办全程监督，全年保价；

③紧密关注竞争对手动态，如有拦截行动，马上通知负责人；

④注意保密，尤其在物料制作过程中，要求制作公司制作完后，立刻删除源文件；

⑤出发前告知客户，由于现场人多，为安全起见，尽可能不要带儿童到现场；

⑥活动现场提供冷餐。

（14）费用预算，如表4-20所示。

表4-20　活动费用预算表

序列号	项目	明细	备注	预算金额
1	广告投放	小区广告	××目前推广的小区所有的广告位	
2		建材市场广告	建材市场的广告位	
3		网络	建材家居网络	
4	物料	所有物料	营销中心统一制作下发物料	
5	会场	会场费用	会场租赁、现场工人、临促费用等	
6	电话营销	电话营销	短信、电话、人员饮食等费用	
7	礼品	门票礼品	现场奖品、门票礼品等	
8	主持人	主持人费用		
费用				

联盟爆破模式

模式五

◎ 活动模式简介

多品牌、多品类，资源共享，成本共担，造势推广，铺天盖地，集中爆破，声势如虹。

◎ 活动核心要点

团结一致，心往一处想，力往一处使！声势要大、客户要多！落地氛围要到位！爆单要快准狠！

◎ 活动所需文件

（1）商家基本信息表
（2）联盟分工表
（3）联盟公约
（4）公众目标承诺书
（5）门店氛围物料表

1. 洽谈环节

活动主题：活动形式、主题、时间、地点、参与品牌、促销保价政策等。

单页内容确认：联盟参与品牌、品牌 LOGO、品牌地址及电话、落地时间、地点。

邀请卡确定：邀请卡的售价、售卡礼、售卡优惠。

礼品确定：巡店礼、集章礼、联购礼、抽奖礼、提前签到礼、提前下单礼等。

2. 第一次老板会

联盟公约的签订；

商家老板及员工通讯录、建立联盟管理群；

联盟组织分工明细；

各环节物料确认（单页及邀请卡、启动会、门店布置、活动宣传、落地现场、总结会）；

活动目标确定；

资源信息汇总梳理（楼盘资源、业主资源、异业资源、卖场资源）；

广告资源汇总梳理；

活动项目进度安排；

员工奖励政策确定（售卡、签单、带单）；

落地被砍的预约；

启动会的沟通（启动会时间、地点、物料准备、参与人员、积分、奖励方案、对赌等）。

3. 启动大会

　　启动会物料：签到表、桌牌、品牌旗、条幅、马甲、积分 KT 板、笔、本、水、目标承诺书（军令状）、投影、音响、话筒、口哨、手拍、桌椅、培训课件等。

　　启动会主要内容：破冰、团队打造、团建、状态激发、活动内容讲解、奖惩机制讲解、活动内容及话术过关演练、目标分解、签订军令状。

4. 过程督导

　　（1）晨会，如表 5 – 1 所示

表 5 – 1　晨会内容表

项目	内容
1. 列队、问好	1. 集合、稍息、立正、向右看齐、向前看、跨列 2. 点名 3. 问好 大团队的家人们，大家早上好 好、很好、非常好，我们最好！耶（士气不高可重复）
2. 互动游戏	游戏：桃花朵朵开、松鼠与大树、逢七过 舞蹈：抓钱舞、社会摇、成吉思汗、小苹果
3. 工作总结	1. 总结前一天的工作状态，解决前一天发现的问题 2. 公布前一天的带单成绩及各品牌完成情况
4. 奖惩兑现	1. 兑现奖励（荣誉感、仪式感） 2. 前一天未完成任务的惩罚
5. 作业检查	抽查各家产品卖点、优惠方案等学习情况
6. 员工分享	分享心得体会、感悟、带单技巧等

续表

项目	内容
7. 团队激励	初期几天正激励为主，后期正负激励适当穿插
8. 喊口号	不苦不累，青春无味；不拼不搏，人生白活 没有完美的个人，只有完美的团队 全力以赴，没有借口，坚决服从
9. 解散	三声鼓掌，一声加油

（2）巡店流程

①巡店注意事项

巡店之前整理自己的着装、仪容，穿着正装。

注意自己的言行举止，见面主动问好，坐椅子或沙发只坐前面2/3，上身微向前倾，手肘不得撑在大腿上托住下巴。

第一次巡店时，主动向老板、店长、导购递出自己的名片，递名片时双手递出，正面朝上，且让对方看到自己的名字是端正的。

提出店面问题要简洁明了，直击要害。不便于直接提出来的问题，应当事先做好铺垫。

针对不同的交谈对象（老板、店长、导购），要有不同的谈论方法，谈论内容有针对性。

交流时不得随意打断对方。

巡店结束后一定要道别后方可离开。

②巡店流程

进店后如果店面所有人员聚在一起，首先按照先老板后店长后导购的顺序打招呼。

如果巡店的过程当中恰巧遇到有业主或是老板脱不开身的情况，督导应视情况机智应对。

进店打完招呼后先不要找地方坐下，应当先仔细查看一下店面的情况，包括店面卫生、店面氛围、样品摆放、人员状态、活动问题、销售签单情况等。

仔细巡查一周后，找一个不影响店面正常运营的位置和店里的人员交流，并拿出笔记本记录交谈内容。

巡店中面对不同的交谈对象，要有针对性。

● 面对老板：

当地建材市场的现状、自己品牌在当地的现状、竞争对手在当地的现状；

店面现有的管理方案、薪资方案、遇到的问题；

对大团队的理解和看法；

对督导的要求和建议。

● 面对店长：

终端布置技巧；

团队管理方法；

目标的制定及任务的分配。

● 面对导购：

销售中遇到的最大障碍；

如何有效地杀单、带单；

如何转变自己的思维；

如何得到自己想要的薪水。

（3）电话推广

电话机、客户资料、电话营销话术、客户资料登记表、笔、笔记本、了解客户邀约情况、解决客户邀约过程中的问题。

（4）户外推广

小区推广话术、客户资料登记表、笔、笔记本、了解客户拜访情况、解决客户拜访过程中的问题。

（5）微信等自媒体推广

朋友圈文字＋链接的推广、小区业主微信群、QQ群的推广。

（6）爆街宣传

根据活动具体时间制定爆街宣传时间，并安排负责老板提前准备好音响、服装、手举牌或者大旗，提前规划好路线及时间。

（7）阶段总结

本阶段的总体情况总结、数据分析、奖惩兑现、工作调整。为下阶段鼓舞士气，中期可安排组织一次拓展或聚餐。

（8）微信群互动

在活动大群进行互动，分享及交流。

5. 落地前准备事项

物料采购组开始采购活动当天需要的物料，满章礼、巡店礼、签到礼、金蛋、金蛋礼、联购礼、抽奖礼、小手拍等活动落地物料。

安排协调酒店、桁架公司到会场，分场地，量尺寸，并把尺寸交于设计部开始设计并制作物料（各家背景喷绘、收银区、金单区、红包墙、KT 板、砍价 KT 板等）。

各品牌老板开始准备砍价方案、特价产品，并协调厂家经理预约活动当天来现场砍价，如果需要砍价师，要提早和策划公司预约。

每一家提供一个活动落地当天的工作人员，项目组人员进行分工，责任到人。协调各家提供收银人员。

意向客户在活动前一天进行统一邀约。

工作人员详细分组，并进行培训，活动现场严格按照培训内容工作；安排收银人员培训；协调监督布展，并安排工作人员布展公共区域；安排各品牌和砍价会沟通方案。

6. 落地爆破

各品牌邀约自己的客户，提前签到有礼，提高客户签到率。

晨会员工动员，状态激发。

会场布展及各个区域在 10 点前全部准备完毕，各岗位人员就位。

协调砍价师，保证活动顺利进行。

解决台下各种突发事件。

登记好各项需要登记的工作（如：联购、抽奖等）。

活动结束后保证有秩序撤场。项目总监和联盟会计一起核对单数。

用最快的速度将单子录入系统，并且做数据分析，包括：签到率、带单、签单等，利用 ERP 系统进行数据分析。

活动现场所需表格：收银员话术、抓单话术、签到表、联购统计表、金蛋统计表、红包统计表、收银统计表、收据领取统计表、抽奖统计表、礼品登记表、红包文档、人员分工表、物料清单、执行书。

7. 活动总结

召开老板会议，分单子，把我们分析出来的数据交给联盟，并商讨表彰大会召开的事情。

召开活动总结会，奖惩落实执行。

对活动数据优劣点进行详细分析。

8. 表格文档

（1）商家基本信息表，如表 5 - 2 所示。

表 5 - 2　前期对接商家基本信息表

前期对接商家基本信息							
序号	参与品牌	经销商姓名	经销商电话	店面电话	店面地址	品牌 LO-GO 源文件	活动特价款确定
1							
2							

（2）联盟分工表，如表 5 - 3 所示。

表 5 - 3　联盟分工表

老板分工				
工作内容	负责人	电话	内容	备注
小区公关组			前期：确定重点小区、小区广告入驻、小区客户资料收集（进行深度合作）； 中后期：负责监督小区推广工作落实	
广宣组			前期：确定本次活动广告投放方式（报纸广告、电视插播、电视飘字、广播、公交、飞艇等），确定宣传车辆数量及尺寸、临促、车载音响，确定沿街宣传组宣传路线、人员及所需物料；中后期：负责监督落实以上各类宣传	
送卡组			前期：对活动内容熟悉掌握，做好前期准备（车辆、客户资料统计表、邀请函、文件夹、笔等）； 中后期：负责派送电话营销人员电话出卡，并再次给客户讲解本次活动的详细内容	
后勤保障组			宣传物料：统一服装、音响、桌凳、帐篷、U盘、笔记本、笔、公章，确定短信平台、电话，联系会场礼仪公司和调音师；会场物料：POS机（确保纸够用）、插线板、验钞机、收银员笔、POS机收银用订书机（确保订书针够用）、2个抽奖箱、卖卡礼品、抽奖礼品、空气清新剂	

老板分工				
工作内容	负责人	电话	内容	备注
物料制作及投放组			宣传物料：第三方做好所有模板后，该组负责广告收集、制作、安装及监督维护；会场物料：各家背景喷绘（提前6天制作完毕）	督促各商家及时上报商标、地址、电话以及门店内外广告物料尺寸并安排制作到位，督促各户外推广组及时上报户外各类物料并及时制作完毕
电话、短信营销组			根据第三方要求和说辞进行电话和短信营销	针对当天买卡客户进行电话跟踪；针对所收集到的客户资料进行电话营销；活动当天电话邀约重点客户

（3）联盟公约

品牌联盟公约

为促进本次活动顺利进行，将市场最大化运作，让参与商家以最少的投入，实现利润最大化，特制订本联盟公约。

①参与联盟品牌：

②公选：

选举_____为本联盟的会长，选举_____为本联盟会计。

③公约内容：

A. 活动自策划之日开始，按第三方通知时间举行会议，任何品牌不得以任何理由不参与会议。凡一次迟到10分钟以内的处罚老板100元，迟到10~30分钟的处罚200元，迟到超过30分钟的处罚300元；

缺席者一次性处罚 500 元；开会期间手机铃声响或者接打电话的处罚 50 元/次；分配任务在规定时间内未完成的处罚 200 元；请假需至少提前两小时，且经联盟会长或第三方执行经理同意后才能生效，同时必须派替代人员（至少是店长或者店面经理）参与会议（请假不派人参与会议的，扣除积分 200 分/次并处罚 200 元，派人替代扣除 100 分/次并处罚 100 元），不交罚款者自动离开本联盟（备注：罚款必须现场交纳）。

B. 积分管理制度：销售大礼包 20 分/个；签到客户 30 分/户；自签单 100 分/单；带单 200 分/单；第三方项目组拥有额外加减分权力，积分制度最终解释权归第三方所有。

C. 活动一经启动，所有品牌老板及员工在任何时间、任何地点必须传递正能量，如有传递负能量者或不团结现象，一次性扣除所在连队积分 100 分，并处罚老板 100 元。

D. 活动推广期间，第三方项目组与联盟会长拥有最高管理权，如有异议，私下沟通解决；如当面顶撞不服从管理，扣除连队积分 1000 分，并处罚老板 1000 元。

E. 活动推广期间，每天销售目标_____个大礼包，未完成任务的品牌处罚俯卧撑__ 个（女老板深蹲____个），罚款____ 元；发现客户信息造假或售假卡者，一次性处罚老板 1000 元/个，并扣除所在连队积分 1000 分/个。举报假卡，奖励举报人 500 元/个。

F. 各品牌联盟间必须保证绝对的团结，品牌与品牌之间不允许相互诋毁、相互拆台，如对其他品牌有异议，须在联盟会议上提出，大家共同解决，不允许存在私心，不允许在联盟内部拉帮结派，如老板之间当面发生冲突，各处罚 1000 元。

G. 为了本次活动的宣传到位，每个品牌须抽调_____人以上参与本次活动的宣传任务，活动期间不允许请假，不得更换人员，违反者 200 元罚款/人次；本次活动工作人员统一培训、统一口径、统一安排、统一上下班时间，晨会迟到 100 元/人次。

H. 资源共享，信息共享。各品牌老板须各尽所能，利用各方面的关系（户外广告、媒体、客户信息等资源），确保本次活动顺利实施。

I. 为确保本次活动的真实性，各品牌区域经理必须到场，如实在到不了场，可找其他地区同品牌语言表达表力强的经销商代替区域经理；各门店价格要严格控制，特价及折扣不得低于砍价价格（注：厂家经理必须有砍价和上台经验）。

J. 希望大家自觉遵守本公约，品牌联盟对品牌有一定的筛选，如不利于本品牌联盟工作进行的，我们将排除一些品牌，同时增加新的品牌。

K. 所有处罚金纳入联盟奖金池，用于联盟聚餐或奖励优秀员工及老板。

L. 本着公平、公正、公开的原则，活动落地后以数据为结果，凡是签到率低于平均值的品牌罚款 2000 元（超 60% 的可免于处罚）；带单倒数后三名的分别罚款 500 元、1000 元、1500 元，用于奖励带单前三名。

M. 各品牌商家签字后视为自动认可本公约。

联盟商家签字：

年　　　月　　　日

（4）公众目标承诺书

公众目标承诺书

我_____在此做出公众承诺：

在 2017 年＿月＿日到 2017 年＿月＿＿日内，完成销售邀请卡数量目标＿＿＿个，完成客户签单＿＿＿单，如果完成签单目标，老板将奖励我＿＿＿＿＿元；如果没有完成签单目标，我自愿接受惩罚＿＿＿＿＿元，并处罚自己_____！

我_____势必达成目标！！！势必达成！！！势必达成！！！

承诺人：

电话：

承诺日期：2017 年　　　月　　　日

兑现日期：2017 年　　　月　　　日

（5）门店氛围物料表，如表5-4所示。

表5-4　门店氛围物料表

		物料	数量（至少）	布置要求		完成时间	
门店布置	店内布置	店内地贴	6	进店口及通铺贴	必做		
		吊旗	30个/100㎡	均匀覆盖过道上空	必做		
		产品缓带	8	特价主推产品装饰	必做		
		礼品堆头	1	进店布置	必做		
		单页造型	5	过道门柱及空白地方	必做		
		气球	20	吊顶边沿组合摆放	必做		
		广告衫	2	店内人员全部穿戴	必做		
		特价签	待定	特价签	必做		
		X展架	1	进店口	必做		
		海报	1	进店口	选做		
		签单墙	1	空白处	必做		
		军令状	1	每天能看到地方	必做		
	店外布置	门头条幅	1	活动内容	必做		
		地面喷绘	1	活动内容	必做		
		橱窗贴	1	活动内容	必做		
		市场导引地贴	2	市场入口到店面指引	选做		
		音响	1	活动内容	必做		
		X展架	1	活动内容	选做		
		礼品堆头	1	店外方块礼品堆头	选做		
		异型门	1	详见参考图片	必做		

大团队天天签单模式

模式六

◎ 活动模式简介

联盟的形式、联盟公司化、重在联单、带单、可多次落地、一般活动周期为 21 天的时间。

◎ 活动核心要点

（1）客户量

（2）重巡店

（3）重联单带单

（4）联盟品牌之间熟悉默契度要高

（5）可常态化

◎ 活动所需文件

（1）大团队概述

（2）大团队系统与传统联盟的区别

（3）大团队组织架构

（4）大团队 21 天流程

（5）大团队打造机制

（6）带单机制考核

（7）大团队督导分工与职责

（8）大团队系统奖惩制度细则

（9）店长会议流程及内容

（10）执行督导着装要求

（11）两天一夜培训流程

（12）两天一夜培训物料准备

（13）早会流程

（14）巡店流程

（15）老板会流程

（16）大团队系统执行机制老板确认书

（17）督导每日工作流程

（18）点对点品牌带单确认书

（19）品牌被带单统计表

（20）品牌带单被带单网络图

（21）带单统计表

（22）品牌每日进店客户备案表

（23）阶段工作总结

（24）进店客户分析表

（25）老板通讯录

（26）全员通讯录

（27）任务完成统计表

（28）小区资源汇总表

1. 大团队概述

（1）通过两天一夜的技能及心智类系统培训，改变团队陈旧思想观念，树立正确、统一的服务标准，制定规范化的销售流程，合理布局每一天的工作时段，完善每个工作细节。通过建立科学的激励及考核机制，让各品牌老板和员工自发地努力工作。

（2）通过21天的店面管理和监督执行，将两天一夜培训理论和门店日常工作相结合，打造团队新理念，并通过21天的早会、夕会、周会，将带单奖惩机制及30套店面管理工作落实到实处。

（3）21天的店面管理及督导执行期间，团队所有品牌及成员必须无条件服从大团队的管理，店面管理工作、销售体系自由运用，门店自检系统建立，资源及营销成本利用最大化。

（4）通过21天的执行，让团队所有成员养成良好习惯，由内而外改变，提升内力，深挖每个客户资源，完成带单任务，成为"我为人人，人人为我"受益者，成交量的增加自然水到渠成。

2. 大团队与普通联盟的区别

表6-1　大团队与普通联盟的区别表

差别	大团队	传统联盟
1	品牌长期合作，可持续发展	活动结束，联盟重组，再活动再重组
2	将各家的资源进行科学的共享，资源利用最大化	买市场上大家都能获得的资源，盲目撒网

差别	大团队	传统联盟
3	人员不分品牌，团队作战	个体卖卡、单兵作战
4	成本低、投入少、回报高	投入高、回报不可预估
5	责任带单、有带必还、积极性高	人情带单、积极性低
6	不体现联盟，无单页、不宣传，杀单于无形	一提联盟，业主想到的就是合伙蒙骗、欺诈
7	销售培训、终端打造、监督执行、习惯养成、人员素质整体显著提升	只进行打压式卖卡
8	帮老板解决找人难、留不住人的难题	持续性高强施压，人员流失严重
9	培养店长、解放老板	老板参与各个环节——物料、酒店对接、游街、卖卡、送卡，员工完不成任务，老板受罚

3. 大团队组织架构

表6-2 大团队组织架构表

大团队组织架构					
职务	品牌	姓名	电话	职责	备注
会长				负责大团队的一切事宜，对外公关、对内团结等	
执行会长				负责纪律、制度的执行	
财务				负责大团队公费的管理，做好各项支出的预算，并列好各项收入、支出费用清单	

大团队组织架构					
职务	品牌	姓名	电话	职责	备注
组织委员				负责活跃大团队的氛围、调动员工积极性，适时组织员工进行集体拓展活动	
物料组长				负责每次大团队集体活动所需的物料采购、收集	
采购				负责联盟必需的所有物品、礼品、服装的统一采购、管理	
纪律督察				不定期巡视各品牌布置、运作规范，发现问题拍照留底通报	

4. 大团队打造流程

表 6 – 3　大团队 21 天流程表

大团队 21 天流程		
时间	内容	备注
两天一夜培训前三天	对接培训老师，了解培训大致内容及安排，列物料清单	
两天一夜培训前三天	对接商家，统计培训人数，提前预订场地，准备培训所需物料	
培训前一天	抵达当地，和会长敲定时间，组织所有老板举行老板碰头会	
培训前一天	到培训现场最后确定场地布置及物料是否到位，设备是否正常运行等	

大团队 21 天流程			
时间		内容	备注
两天一夜培训		详见两天一夜培训流程 注意：第二天下午的培训会结束之后，由主训举行大团队说明会，然后所有老板现场签署大团队打造公约，并全部缴纳纪律保证金	
第一阶段	1 ~ 7 天	1. 第一天将所有门店巡查一遍（检查卫生） 2. 每日执行"日常工作流程表" 3. 中途组织召开一次老板会，商定第一阶段结束后的拓展或联谊活动方案	
第二阶段	8 ~ 14 天	1. 第 8 天晚上组织全员的阶段性总结会（详见阶段性总结会流程） 2. 每日执行"日常工作流程表" 3. 中途再组织召开一次老板会，商定第二阶段结束后的拓展或联谊活动方案	
第三阶段	15 ~ 21 天	1. 第 15 天晚上组织全员的阶段性总结会（详见阶段性总结会流程） 2. 每日执行"日常工作流程表"	
第 22 天		核对、统计所有数据	
第 22 天		1. 全员总结大会，尽量扬长避短，多展示好的成果，期待和商家下一次的合作 2. 向公司汇报总体成果 3. 向公司报告回公司的时间，如有特殊情况，应当及时向公司备案	

5. 大团队打造机制

为促进本次大团队打造顺利进行，将市场资源最大化运作，让参与商家能以最少投入，实现利润最大化，特制定本公约。

参与大团队打造的品牌，搭建本次团队的组织架构，如表 6 - 4 所示，选举负责人、财务主管，并分配任务、责任到人。

表6-4　团队组织架构表

品牌	负责人	电话	店长	品牌人数

公约内容

早会考核。时间：_____；地点_____：各品牌轮流坐庄；要求：最好全员参与（至少配备2人，老板除外），迟到乐捐100元，旷会乐捐200元，迟到30分钟以上按旷会处理，特殊情况除外。

午会考核。各品牌产品知识相互学习以及各品牌人员相互熟悉，第二天晨会上由第三方对导购进行考核，考核不通过的导购乐捐50元。

店长会考核：时间：_____；地点：_____；内容：店长技能培训、终端打造、客户信息表跟进、疑难问题解答、工作总结。

为保证大团队公约的严肃性，对参与品牌有约束力，各品牌必须缴纳带单保证金6000元（12单×500元）。

为保证本次大团队打造的圆满成功，参与本次大团队的所有品牌的工作人员，必须统一培训、统一安排、统一上下班时间。

会议期间手机铃响、接打电话、未经允许随意交流、随意走动等行为，处以罚款 100 元。

为确保不出现虚假繁荣，做事如做人，如出现假单，处罚该品牌 1000 元，情节严重者踢出大团队，且保证金不退。

各品牌间必须保证绝对的团结，品牌与品牌之间严禁相互诋毁、相互拆台，如对其他品牌有异议，须在老板会上提出，大家共同解决，不允许存在私心，如有违反，对该品牌罚款 1000 元。

为本次大团队打造能顺利进行，各品牌需做好保密工作，不得向外界泄露任何有关本次大团队的信息（包括团队运作模式、签带单数据、新小区业主资料、各类话术等），凡对外泄露商业机密者处以 1000 元罚款，情节严重者直接开除处理。

6. 带单机制考核

带单品牌为：A 品牌被带单品牌为 B 品牌。

21 天执行期间每个品牌须完成个带单。

带单责任及任务认定：

A 品牌带客户到 B 品牌，B 品牌须记录好 A 品牌每天带来的客户信息以及批次。

A 品牌带到 B 品牌的客户，如在 B 品牌成单并且最低消费满 2000 元以上，即可认定为 A 品牌完成一次带单任务。

A 品牌给 B 品牌带来的且 B 品牌认定为有需求的客户，如未成交，须告知 A 品牌，找出原因，相互配合，从而更好地达到成单效果。

A 品牌带单者须每天回访带单客户，询问逛店详情，找出未成单的原因，以便后期 B 品牌有效改进（此条可以起到相互监督的作用）。

A 品牌给 B 品牌带来的客户，且在 B 品牌门店内成单（或缴纳定金），A 品牌须在第二天对此客户进行电话回访，询问对 B 品牌是否满意。

如 A 品牌给 B 品牌带成一单后，B 品牌须在当天与 A 品牌带单者对接订单信息，B 品牌须及时录入信息（被带单统计表），第二天晨会 A 品牌须将带单信息与 B 品牌订单信息交由第三方核实，A 品牌带单人员方可获得 B 品牌提供的奖励，奖励金额为元。

大团队内每成功产生一次带单，被带单品牌向执行方支付 100 元/单的管理费，费用当天结算到位。

如 A 品牌为 B 品牌多次带单，但还单周期满后（交定金日期起算三个月），B 品牌给 A 品牌带单数少于 A 品牌给 B 品牌带单数，则两家的带单按照交定金日期的先后顺序依次相抵。未抵消的订单，B 品牌须向 A 品牌交出总订单值的十个百分点或 500 元（两者取大）作为 A 品牌为 B 品牌服务的佣金。

21 天执行周期结束后，统计带单综合情况进行评比，奖励执行过程中个人第一名 1000 元，第二名 500 元，第三名 300 元（如果存在并列情况，取前三名共享奖金池的 1800 元）。

7. 大团队督导分工与职责

表 6–5　大团队督导分工与职责表

大团队督导分工与职责	
主训	1. 负责与各品牌老板的沟通，解答老板的疑问 2. 制订大团队打造方案 3. 主持早会，宣布每日目标，激励员工 4. 全局数据分析，并根据大团队发展的态势，及时调整方案 5. 主持店长会，进行店长培训 6. 巡店，发现、解决每家门店存在的问题以及带单中存在的问题 7. 主持阶段性总结会，制订阶段性目标及任务

大团队督导分工与职责	
首席助理	1. 全力配合主训的各项工作 2. 早会整队、点名、领舞，配合主训开展早会游戏项目 3. 监督纪律执行，做好罚款记录 4. 店长会点名，收集各门店的签单、带单数据及带客户逛店数据 5. 监督检查各品牌任务、目标完成情况 6. 做好每次会议的记录 7. 数据初步整理分析 8. 中期拓展、联谊等活动的对接
学员助理	1. 全力配合主训的各项工作 2. 各类表格数据信息的录入 3. 记录每次早晚会及店长会的内容，并以文字的形式发布到微信群里 4. 活跃大团队的氛围 5. 检查品牌员工相互学习的情况 6. 向每个品牌传达重要通知
执行老师应当互帮互助、相互尊重、相互协调，分配好各项工作，每个人发挥自己的特长，相互学习，共同进步，把工作效率提升到最高，为了共同的目标全力以赴	

8. 大团队系统奖惩制度细则

总　则

为加强团队管理，明确奖惩的依据、程序和内容，使奖惩公平、公正、公开，更好地规范员工的行为，维护正常的工作秩序，鼓励和鞭策团队全体成员奋发向上，获得更好的成绩，根据实际情况，特制定本奖惩制度。

本团队提倡奖惩制度与规范化管理相结合的方式，以规范的考核为依据。针对成员对团队的贡献大小，采用不同的奖励方式；对违反团队规章制度，给团队造成损失和不良影响的成员，给予相应的处罚。

奖　励

奖励范围：

严格遵守大团队打造的各项管理制度、条例、公约、规定。

态度端正，积极响应第三方执行老师的号召，服从安排。

工作认真负责、兢兢业业，保质保量完成任务、目标，且成绩突出。

提出有利于大团队打造的建议并被采纳。

团结互助，乐于助人。

其他有利于大团队打造的正能量行为。

奖励内容：

遵章守纪、态度端正、团结互助等正能量的行为给予口头奖励和适当的物质奖励。

完成每日（阶段）目标且成绩突出者，依据每考核阶段考核方式的不同，给予相应的物质奖励。

其他为大团队做出贡献或传递正能量的行为，酌情给予奖励。

处　罚

处罚范围：

违反大团队制度、条例、公约、规定。

各类团队活动、聚会、会议等迟到或旷会。

不能完成阶段内规定的目标。

懒散懈怠，消极怠工。

破坏大团队的团结。

伪造签单、带单数据、邀约业主数据等作假行为。

以任何形式泄露商业机密。

未按规定要求着装。

其他违背大团队打造原则的行为。

处罚内容：

大团队打造期间，所有约定时间的集体活动或会议等，迟到处以罚款 100 元/次，旷到处以罚款 200 元/次（迟到半小时按旷到处理）。

懒散懈怠，消极怠工（以第三方评判为主），罚款 200 元。

以任何形式破坏大团队团结者，视情节轻重，罚款 500～1000 元；如造成恶劣影响，将其所在品牌踢出大团队，且纪律保证金不退。

向外界泄露商业机密（包括但不限于团队运作模式、签带单数据、楼盘信息、业主资料、各类话术等仅限于大团队内部交流的文件或资料）者，罚款 1000 元；情节严重者，将其所在品牌踢出大团队且纪律保证金不退。

未按规定要求着装，罚款 50 元/次。

伪造数据，罚款 1000 元/次，并辅以体罚。（男士 200 个俯卧撑，女士 200 个深蹲）。

每日（阶段性）任务未完成者，依据不同的考核方式处以相应的体罚或经济处罚。

其他有悖于大团队打造的言行，依据情节的严重性及造成的影响酌情处理。

9. 店长会议流程及内容

店长会场地。

能容纳 20～30 人开会的办公室。

店长会需要准备的物料，如表 6-6 所示。

表 6-6　店长会需要准备的物料表

物料	说明
白板	不小于 1.5 米×1 米
白板笔	黑色、红色两种
磁性白板擦	
投影仪	
幕布	
桌椅	

店长会流程

提前准备好当天要用的 PPT、数据分析表等资料。店长会开始之前，收集当天的被带单统计表、被带单客户进店统计表等表格。

点名。

店长培训。

互动交流。

店长代表分享收获、感想、心得体会。

培训内容总结

店长会阶梯式推进：

（1）讲解店长的职责；如何制订目标，分配任务；如何提高员工的积极性；如何管理我们的团队；如何监督、检查、考核员工；如何进行门店布置；如何进行表格化管理；如何进行数据分析；如何迎宾接待；如何杀单；如何提高带单效率；如何有效地跟客户沟通；面对传统联盟活动如何拦截等。

（2）导购带着店面运行或带单中的问题，结合第一阶段培训的内容，在督导的带领下，对所提到的问题进行分析、解决。

（3）为了 21 天之后整个大团队能够继续走下去，自觉地将店长会常态化，店长会模拟第三方不在场的情形，让店长主持并进行数据分析，第三方更多的是旁听，然后进行补充并提出建议。

10. 执行督导着装要求

服装仪容决定他人对你第一印象的好坏，得体的穿着打扮使你容易博得好感与信赖。

（1）着装

西服着装：穿着正式商务套装，同行督导老师应该统一服装。

衬衫：

①最好选择白色的长袖衬衫，尽量选择纯色衬衫；

②有领扣的衬衫只适合于较随意的场合；

③衬衫袖口应露出西装外约 1～2 厘米；衬衫衣领应高出西装衣领 0.5～1 厘米。

领带：

①系领带时，衬衫的纽扣必须全部系上；

②领带的颜色应该比衬衫的颜色深一些；

③打好的领带长度应该刚好到皮带扣上；

④如果西装和衬衫看上去比较平淡，可以系一条有图案的领带，但切勿太过花哨。

颜色及配饰：

①全身衣着的颜色加起来应保持在三种以内；

②穿西装裤时要系上皮带，皮带要选择质量好的，颜色要与衣服相配；

③皮带扣的金属颜色可以是金色或者银色的；

④其他金属配饰，比如手表、袖扣等，应该与皮带颜色一致；

⑤男士应该至少有两双质量好的皮鞋，皮鞋的颜色要与皮带一致；

⑥正式的场合最好穿系带的皮鞋；

⑦皮鞋的鞋跟和鞋底不能是橡胶质地的，最好是皮质地或木质地的；

⑧袜子的颜色可以选择与皮鞋同色或接近的颜色。公文包的颜色应该和身上其他皮具保持一致。

（2）仪容

头部：头发不可留得太长且脏乱，梳理时要当心掉落的头发和头皮屑粘附在衣服上；胡须需要天天剃刮。

双手：指甲要经常修剪保养。留意袖扣的洁净。

脚部：皮鞋要经常保持光亮，弄脏的地方要随时擦拭干净。

（3）其他

避免用味道浓烈的香水；经常挺直背脊，保持端正姿势；每天早上出门时检查自己的服装仪容。

11. 两天一夜培训流程

（1）前期对接

督导老师必须事先和培训老师对接好培训时间、内容、需要准备的物料以及需要督导配合的内容，并提前两天和商家对接，对接的内容包括：参与培训的人员数量、会场要求、会场布置（桌椅、氛围）、物料准备、培训期间餐食安排、培训老师食宿安排等。

（2）培训流程

第一天：8：30—10：00 团队组建、队列整合，每个人做自我介绍，以独特的方式让别人最快记住你，各品牌介绍产品卖点和特点；10：30—12：00 什么是大团队、大团队打造的意义；13：30—15：00 拓展 PK、互动；15：30—17：00 终端打造课程；18：00—19：30 驱除心魔；19：30—21：00 感恩。

第二天：8：30—10：00 拓展 PK、互动；10：30—12：00 带单技巧、杀单技能培训；13：30—15：30 拓展 PK、互动，总结每个团队两天的表现，奖励最佳团队；15：45—17：00 大团队打造说明会、带还单机制、考核机制、宣读大团队打造公约并让老板现场签字。

培训过程中执行老师一定要全力配合培训老师，在拓展游戏筛选的过程中要选择能够体现团队精神，且需要团队协同作战完成的游戏，比如：众志成城、蛟龙出海、密码破译。每轮游戏结束后要配合培训老师进行总结，并挑选导购代表进行总结发言。挑选拓展游戏过后还要根据培训场地进行筛选，在场地条件不允许的情况下，尽量避免危险系数较高的拓展。

12. 两天一夜启动会物料准备

表 6 - 7　两天一夜启动会物料准备表

两天一夜启动会物料准备		
物料	数量	备注
白板	1	1.5 米 ×1 米
白板笔	6	4 黑 2 红
磁性白板檫	1	
投影仪	1	
幕布	1	
翻页笔	1	
音箱	1	
麦克风	2	
矿泉水、点心、水果		
笔记本、笔		
不同颜色的彩旗		
黑色记号笔		和彩旗数量相同
横幅	主席台	×××× 大团队打造启动大会
	会场两侧	
	会场后方	预祝 ××× 圆满成功
统一服装		

13. 早会流程

表6-8　早会流程表

项目	内容
1. 列队、问好	1. 集合、稍息、立正、向右看齐、向前看、跨列 2. 点名 3. 问好 大团队的家人们，大家早上好 好、很好、非常好，我们最好！耶（士气不高可重复）
2. 互动游戏	游戏：桃花朵朵开、松鼠与大树、逢七过 舞蹈：抓钱舞、社会摇、成吉思汗、小苹果
3. 工作总结	1. 总结前一天的工作状态、解决前一天发现的问题 2. 公布前一天的带单成绩及各品牌完成情况
4. 奖惩兑现	1. 兑现带单奖 2. 前一天未完成任务的惩罚
5. 作业检查	抽查各家产品卖点、优惠方案等学习情况
6. 员工分享	分享心得体会、感悟、带单技巧等
7. 团队激励	初期几天正激励为主，后期正负激励适当穿插
8. 喊口号	不苦不累，青春无味；不拼不搏，人生白活 没有完美的个人，只有完美的团队 全力以赴，没有借口，坚决服从
9. 解散	三鼓掌

14. 巡店流程

（1）巡店注意事项

巡店之前整理自己的着装、仪容，穿着正装。

注意自己的言行举止，见面主动问好，坐椅子或沙发只坐前面2/3，上身微先前倾，手肘不得撑在大腿上托住下巴。

第一次巡店时，主动向老板、店长、导购递出自己的名片，递名片时双手递出，正面朝上，且让对方看到自己的名字是端正的。

提出店面问题要简洁明了，直击要害。不便于直接提出来的问题，应当事先做好铺垫。

针对不同的交谈对象（老板、店长、导购），要有不同的谈论方法，谈论内容要有针对性。

交流时不得随意打断对方。

巡店结束后一定要道别后方可离开。

（2）巡店执行流程

进店后如果店面所有人员聚在一起，按照先老板、店长后导购的顺序打招呼。

如果巡店的过程中恰巧遇到有客人或是老板忙的情况，督导应视情况机智应对。

进店打完招呼后先不要找地方坐下，应当先仔细查看一下店面的情况，包括店面卫生、店面氛围、样品摆放、人员状态、活动问题、销售签单情况等。

仔细巡查一周后，找一个不影响店面正常运营的位置和店里的人员交流，并拿出笔记本记录交谈内容。

巡店中面对不同的交谈对象，要有针对性。

①面对老板：

当地建材市场的现状、自己品牌在当地的现状、竞争对手在当地的现状；

店面现有的管理方案、薪资方案、遇到的问题；

对大团队的理解和看法；

对督导的要求和建议。

②面对店长：

终端布置技巧；

团队管理方法；

目标的制订及任务的分配。

③面对导购：

销售中遇到的最大的障碍；

如何有效地杀单、带单；

如何转变自己的思维；

如何得到自己想要的薪水。

15. 老板会流程

（1）老板见面会

①认识所有参会大团队的品牌老板；

②了解参与大团队的所有品牌，以及该品牌目前在本地的市场占有率、市场推广方式等；

③重点阐述什么是大团队打造；

④重点介绍大团队打造能帮助老板们解决什么问题（降低营销成本，协助终端打造，解放老板，解决找人难题、留人难题、育人难题），与传统联盟相比大团队有什么优势（联盟可持续发展、提高单值、资源最大化、导购全能化等）；

⑤解读大团队打造机制、带还单机制、考核机制、奖惩机制等。

（2）执行过程中的老板会

由于大团队打造的最终目的是要解放老板，所以执行过程中不要求老板定期开老板会，但为了老板们更好地理解大团队打造和帮助员工更快地转变思维、进入状态，第一阶段的执行要老板们参与进来。

执行过程中遇到拓展等项目需要老板们讨论出资、出方案等事宜，或是中途执行方案需要大的调整变动，或其他需要老板研究决定的事项时，再另行通知组织召开老板会。

16. 大团队系统执行机制老板确认书

带单品牌为：A 品牌　　　被带单品牌为：B 品牌

活动期间每个品牌须完成 30 个带单任务，被带品类不低于 12 个，完成 10～11 个品类扣 1000 元，完成 7～9 个品类扣 2000 元，完成 4～6 个品类扣 3000 元，完成 1～3 个品类扣 4000 元。

带单考核：业主消费金额不低于 2000 元，缴纳定金不低于 1000 元。

带单责任及任务认定：

A 品牌带客户到 B 品牌，须 B 品牌确认客户是否有需求后，方可承认此客户为有效客户。B 品牌须记录好 A 品牌每天带来的客户信息。

A 品牌带到 B 品牌的客户，如在 B 品牌成单并且最低消费满 2000 元以上，即可认定为 A 品牌完成一次带单任务。

A 品牌给 B 品牌带来的且 B 品牌认定为有需求的客户，如未成交，须告知 A 品牌，找出原因，相互配合，从而更好地达到成单效果。

A 品牌带单者须每天回访带单客户，询问逛店详情，找出未成单的原因，以便后期 B 品牌有效改进（此条可以起到相互监督的作用）。

A 品牌给 B 品牌带来的客户，且在 B 品牌门店内成单（或缴纳定金），A 品牌须在第二天对此客户进行电话回访，询问对 B 品牌是否满意。

完成带单任务，A 品牌从联盟任务保证金里拿走 200 元任务费用，并且 B 品牌每天需拿出现金奖励（100 元/单）

A 品牌给 B 品牌带单成功后，B 品牌须在当天与 A 品牌带单者对接下单信息，B 品牌须及时录入信息（带单成功信息），当天 A 品牌须将带单信息与 B 品牌订单信息交由第三方核实，方可获得 B 品牌提供的奖励。

活动结束后，统计带单综合情况进行评比，带单未完成，带单保证金不予退还，奖励活动过程中品牌第一名保证金余额的 40%，第二名保证金余额的 30%，第三名保证金余额的 20%，第四名保证金余额的10%。（如全部完成基本带单任务，每个品牌需缴纳 500 元奖励带单最多的前 4 名）

点对点带单与还单：周一至周四所产生的还单如在周六周日还没有还，被带单品牌给予带单品牌 100 元，分三个周期。

判定带单成功：谁带算谁的（谁带来下单算谁的）

不按规定执行或顶撞执行老师的品牌员工罚款 1000 元，老板罚款3000 元

早会、夕会、老板会，迟到早退，老板扣 300 元，员工扣 200 元，吸烟、电话响、未经允许发短信或微信、接打电话扣 100 元。会议无故缺席扣 500 元（会议开始 15 分钟后算旷会），特殊情况须会议开始前30 分钟报备，按迟到处理。

A 品牌若从 B 品牌挖人，则 A 品牌须支付 B 品牌培养费。店长：10000元/人；副店长 5000 元/人；设计师 5000 元/人；导购及业务员 3000 元/人。

各品牌负责人签字：

17. 督导每日工作流程

表 6-9　督导每日工作流程表

时间段	工作内容	备注
7：30—8：00	早会	
8：00—8：10	将早会内容以文本形式发到微信群	
8：00—8：30	与参与早会的老板或导购交流	
8：30—11：00	巡店	

续表

时间段	工作内容	备注
12：00—13：00	巡视各品牌学习情况	
13：30—17：00	巡店	
18：00—19：00	店长会或各门店夕会	
19：00—19：10	将店长会内容以文本形式发到店长微信群	
	将当天带单数据统计发到全员群	
20：00—21：00	微信上进行全员互动（一定要做好）	
21：00—21：15	向公司领导汇报当天工作内容（数据、事项、体会）	

18. 点对点品牌带单确认书

表6-10　点对点品牌带单确认书

根据大团队打造的制度要求，满足商家与商家、品牌与品牌之间带单与还单的公正，特此作为协议依据。（带单品牌：A品牌　被带单品牌：B品牌）			
带单品牌		业主姓名	
带单人员		业主电话	
被带单品牌		装修地址	
订单金额		交订日期	
备　注			

（1）A品牌为B品牌成功带单后，须由B品牌负责人签署本协议，并交由A品牌负责人保管，作为日后还单以及处罚的依据。

（2）若A品牌为B品牌多次带单，但还单周期满后（交定金日期起算三个月），B品牌给A品牌带单数少于A品牌给B品牌带单数，则两家的带单按照交订日期的先后顺序依次相抵，未抵消订单，B品牌须向A品牌交出总订单的十个百分点或500元（两者取大），作为A品牌为 B 品牌服务的佣金。

被带单品牌负责人：

确认书日期：

19. 品牌被带单统计表

表 6 - 11　品牌被带单统计表

品牌被带单统计表							
序号	业主姓名	联系方式	装修地址	带单品牌	带单人员	接待人员	备注
1							
2							

20. 品牌带单被带单网络图

表 6 - 12　品牌带单被带单网络图表

品牌带单被带单网络图															
品牌	1	2	3	4	5	6	7	8	9	10	11	12	13	14	15	带单合计
1																
2																
3																
4																
5																

续表

品牌带单被带单网络图															
品牌	1	2	3	4	5	6	7	8	9	10	11	12	13	14	15	带单合计
6															
7															
8															
9															
10															
11															
12															
13															
14															
15															
被带单合计															

21. 带单统计表

表 6-13　带单统计表

带单统计表								
序号	业主姓名	联系方式	装修地址	带单品牌	带单人员	被带单品牌	带单日期	备注
1								
2								

22. 品牌每日进店客户备案表

表 6 – 14　品牌每日进店客户备案表

品牌每日进店客户备案表							
序号	业主姓名	联系方式	装修地址	装修进度	意向产品	客户来源	备注
1							
2							

23. 阶段工作总结表

表 6 – 15　阶段工作总结表

第_____阶段工作总结 本阶段为_____月_____日—_____月_____日		
内容	计划目标	实际达成
本阶段接待客户量		
本阶段回访客户量		
本阶段出访客户量		
本阶段挖掘新客户量		
本阶段给其他品牌带去的客户数		
本阶段给其他品牌的带单数		
本阶段到其他品牌门店的学习次数		

续表

第_____阶段工作总结		
本阶段为_____月_____日—_____月_____日		
内容	计划目标	实际达成
本阶段因单日任务未完成受罚次数		

本周工作总结：
我本阶段带客户到其他品牌共次，目标达成率   %
本阶段累计完成带单单，占本店本阶段任务量的   %

阶段自评：

总结人：

24. 进店客户分析表

表6-16　进店客户分析表

进店客户分析表						
日期			星期		天气	
姓名		电话		地址		
性别		年龄段		座驾	职业类别	
身高		其他外形体貌特征			随行人员	
装修进度：			小区定位			

续表

进店客户分析表					
进店位置		进店时间		逗留时间	
进店三句话					
顾客意向产品和风格					
顾客最关注问题					
装修进度和预算					
顾客未成交原因					
顾客离店的情景					
分　类	A. 意向大　　B. 有意向　　C. 无意向				
后续跟进计划					
接待人员（日期）					

25. 老板通讯录

表 6－17　老板通讯录表

老板通讯录				
序号	品牌	姓名	联系方式	备注
1				
2				

26. 全员通讯录

表 6-18　全员通讯录表

序号	品牌	姓名	联系方式	职务	备注
1					
2					

27. 任务完成情况统计表

表 6-19　任务完成情况统计表

任务完成情况统计表																										
序号	品牌	总目标	每天任务完成情况																						已完成	完成率
			1	2	3	4	5	6	7	8	9	10	11	12	13	14	15	16	17	18	19	20	21		
1																										
2																										
3																										

			任务完成情况统计表																							
序号	品牌	总目标	每天任务完成情况																						已完成	完成率
			1	2	3	4	5	6	7	8	9	10	11	12	13	14	15	16	17	18	19	20	21		
4																									
5																									
6																									
7																									
8																									
9																									
10																									
11																									
12																									
13																									
14																									
15																									
合计																									

28. 小区汇总表

表 6－20　小区汇总表

小区汇总表									
小区名称	地址	交房时间	交房数量	装修比例	已签客户量	楼盘售价	装修档次（高中低）	属性	面积

商场大促模式

模式七

◎ 活动模式简介

商场主导、商户参与，商场更重人气、商户更重销量。

◎ 活动核心要点

商场负责高举高打，造势要到位；商户负责精准推广锁客。要协调好商场与商户之间、商户与商户之间的关系，这很重要。

◎ 活动所需文件

经典案例：《×天来了》营销执行手册

（1）活动概况

①活动背景

②活动目的

③活动策略

④活动主题

⑤营销节奏

⑥主线活动

⑦活动要求

⑧参与区域

⑨注意事项

（2）"×天来了"活动前期筹备

①团队架构

②活动招商政策

③时间推进节奏

④成立分项项目组

⑤场地筹备

⑥物料准备

（3）"×天来了"活动中期执行

①项目启动会

②经销商筹备

③展厅布置标准

④活动蓄客要求

⑤客户登记、跟踪、维护的标准

⑥活动宣传

⑦《大牌之夜手册》售卖标准

⑧明访巡查与暗访取证的说明

⑨活动话术讲解的标准

⑩活动数据传送与分析标准

（4）"×天来了"活动现场执行

①召开现场讨论会

②物料制作和现场分工

③活动流程

④现场维护

⑤客户引导

⑥舞台落地注意事项

（5）传播策略及媒体投放排期

①传播策略

②集团企划排期

③商场的媒体排期要求

（6）活动考核

①商总考核办法

②品牌经销商考核办法

③品牌营业员考核办法

④团购公司考核办法

（7）商场奖励办法

（8）应急预案

①媒体部分

②安全预案

③商场公关预案

④活动备案

（9）附件：商场氛围效果图（略）

1. 活动概况

（1）活动背景

自 2014 年以来，经济增长速度放缓，居民消费大幅下降，房地产交易量减少，受宏观经济因素影响，家具建材行业内的品牌无不感受到市场的"寒意"。3 月作为中国农历新年后的第一个月，是开春之战，尤为重要。一场成功的活动，不仅可以彰显团队的士气，抢占市场份额，还可以强化品牌口碑，奠定行业地位，为品牌开春助力。

在这样的一个时间节点，集团打造了"×天来了"这一行业内开春狂欢节，为品牌提供了一个大舞台，为消费者提供优惠的产品和优质的服务，并逐步取得了骄人的业绩，2013 年实现销售目标 18 亿元，2014 年实现销售目标 25 亿元，2015 年力争突破 40 亿元的销售目标。

为达成目标，集团整合多方资源，大投入、大产出，分别在央视、卫视、分众传媒、腾讯网等高端媒体上进行广泛的传播，做到目标客户全覆盖，为活动保驾护航；同时，集团还整合了 30 家行业一线品牌、第三方团购执行公司、当地优势蓄客渠道等资源，为活动蓄客，确保活动顺利进行。

（2）活动目的

品牌提升：与强者携手，运用媒体与终端对参与活动的品牌进行重墨宣传，提升参与品牌的实力和品牌形象。

销售跃升：运用 3 月份及×天来了的时间节点，以销售为第一目标，引爆全年消费点。

渠道建设：协助 VIP 战盟品牌，做好品牌渠道和经销商能力建设工作。

（3）活动策略

a. 造势策略：在 3 月开春黄金消费节点，整合行业一线品牌，一起发声，通过影响力，将更多家居行业品牌打造成消费者品牌。同时通过多方资源整合，将"×天来了"活动打造成家居业的"双十一"。

b. 蓄客策略：联合各品类一线品牌及第三方知名团购公司，进行精准蓄客，在3月27日18：00—22：00，开展"大牌之夜"活动，提前锁定精准顾客，从而有效打击竞争对手。

（4）整体活动主题

主题：×天来了

主力活动主题：大牌之夜

（5）营销节奏

活动分为三大部分：活动筹备期、活动执行期、活动落地期。

活动筹备期：1月15日—3月9日

活动执行期：3月10日—3月29日

活动落地期：3月27日18：00—22：00（大牌之夜）

3月28日—3月29日（全天）

（6）主线活动

①活动一：大牌大变身，交100变2000

顾客预交100元，可获得一份《大牌之夜手册》，即享多重好礼：

好礼一：购买《大牌之夜手册》即可领取礼品1份。

好礼二：3月27日，凭《大牌之夜手册》签到，即可领取价值×××元精美礼品1份。

好礼三：凭《大牌之夜手册》购买产品，即可参加抽金条大奖。（三轮抽奖，抽奖时间：20：00、21：00、22：00）

好礼四：购买《大牌之夜手册》，可获30大品牌总价值2000元的折后抵用券。

商场操作备注：本条促销内容主要目的是锁定日常流水客户信息，发展为意向客户群体，并促使品牌间相互带单联动；购买《大牌之夜手册》100元，其中20元作为营销员售卡奖励，20元作为当天签到礼品费用，60元作为售卖《大牌之夜手册》礼品采购费用（各商场自行采购）；落地当晚免费抽奖目的在于持续性保持现场人气，建议每轮抽取10个名额（电子屏幕形式抽奖），礼品分3个等级（5个低价礼品/3个一般礼品/2个稍微高价礼品，各商场向商户征集或统一自行采购）；每户地址、每张订单满 2000 元，方可使用抵用券一张，不重叠使用（费用由经销商承担）；各商场也可根据各地市场情况制定相应的蓄客售卡政策。

②活动二：大牌专享价独享千万爆款

顾客凭《大牌之夜手册》，可购买工厂直供的全场特价爆款产品，仅限大牌之夜活动，价格为全年最低。

商场操作备注：本条促销内容主要目的是推出丰富的超值特供单品及套餐，便于客户选择；30 大品牌的超值单品或实惠套餐由品牌工厂总部提供给经销商。

③活动三：大牌送红包狂送千个红包

大牌之夜购买任意品牌产品，单笔交款满 3000 元，下单即可参与红包抢不停活动（现场设置红包墙，抓取红包），最高可获 500 元，100% 中奖，限前 1000 名。

商场操作备注：本条促销内容主要目的是渲染现场气氛，推动精准客户快速下单；每户地址、每张订单仅限抢红包 1 次（费用由集团统一承担）；红包墙必须告知客户 10 元、20 元、50 元、100 元、500 元各多少数量，同时现场做好中奖登记工作；后期如退单，需扣回等额红包费用；红包建议分配方案，金额共计 2 万元，商场可以根据实际情况调整：10 元 750 个、20 元 200 个、50 元 30 个、100 元 20 个、500 元 10 个。

④活动四：大牌大补贴底价补贴 18%

大牌之夜购买任意品牌产品，交齐全款后，即可在成交价基础上，最高再享 18% 的直降补贴（补贴由集团、商场、经销商共同承担）。

商场操作备注：所有产品（海报爆款产品除外）统一参加补贴活动，现场直降从货款中扣除；补贴金额以实付金额为核算基准；补缴尾款、换单等不参加补贴活动；18% 的补贴由集团、商场、经销商分别承担，承担比例以实际情况协商为准；经销商与商场补贴比例为 1:2，承担上限由商场确定；本条促销内容主要目的在于过程收款，降低退单率，形成聚团效应；具体补贴百分比和上限，商场可根据实际情况进行调整后，报集团招商中心报备（集团最高承担 4000 元/个品牌的补贴费用）。

⑤活动五：大牌有金喜，喜赢羊年金条

大牌之夜下单顾客，满 2000 元即可获得抽奖券一张，可累积。凭抽奖券，有机会赢取羊年纪念版金条一根，并可参加全场奖项抽取。

特等奖：羊年纪念金条一根 2 名

一等奖：名牌 32 英寸液晶电视 3 名

二等奖：名牌洗衣机 5 名

三等奖：名牌吸尘器 20 名

商场操作备注：以上奖品由集团采购中心统一采购，并派送至商场（费用由集团承担）；客户抽奖流程分解：客户选定产品➜下单➜收银台付款➜根据实付金额发放抽奖券（2000 元一张，上不封顶）➜客户将正副联全部带走（多重奖券增加客户参与程度）➜客户将副券投至抽奖箱➜抽奖；抽奖建议方案如下：20：00 抽取三等奖（名牌吸尘器）➜21：00 抽取二等奖（洗衣机）➜22：00 抽取一等奖（液晶电视）＋特等奖（羊年珍藏金条）。

（7）活动要求

a."×天来了"——活动是针对开春的年度大促，关系着上半年的销售业绩和开春的销售节奏，乘势而上，打响开年之战。

b. 关于"红包""金条""补贴"等关键词，各地应做好充分的预案及报批，不能出现任何形式的工商处罚与负面报道。

（8）参与区域、商场名单

（9）注意事项

a. 全国各区域商场不能有任何形式的负面通报、处罚。为避免媒体负面曝光，在营销活动层面，严禁任何形式的价格不实欺诈，确保符合《价格法》《广告法》的相关规定。否则，按公司相关规定处罚并取消年度评奖资格。

b. 加强服务传播，以实际案例及服务标准化建立打动消费者，同时坚持以环保、信赖、专业为主题的公益活动，避免任何形式的负面曝光。

c. 充分整合区域、商场的线上媒介、线下品牌厂商及异业资源，抢占市场先机，让活动效果最大化，扩大自身的市场份额。

d. 在集团统一视觉及氛围营造要求下，开展物料设计和布展（具体 VI 标准以集团下发的 VI 操作手册 PPT 为准）。

2. "×天来了" 活动前期筹备

（1）团队架构，如图7-1所示

项目组名称	架构
总部项目组	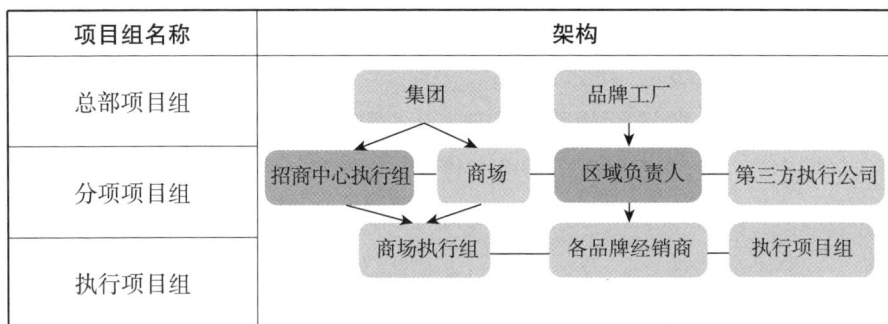
分项项目组	
执行项目组	

图7-1 联合工作组组织架构图

①总部项目组：集团企划管理中心、招商管理中心与参加活动品牌工厂共同成立总部办公中心，统一协助指导全国活动落地执行；

②分项项目组：总部、商场、第三方执行公司、品牌区域负责人形成项目组，共同管理品牌经销商落地执行；

③执行项目组：在集团项目组长的指导下，商场执行人员、品牌经销商、第三方执行公司项目负责人组成执行项目组，按活动节奏，完成物料布置、启动会议、蓄客、宣传以及活动落地等执行任务；

④职责说明。

总部：品牌整合、内部动员、全国媒体宣传、绩效管理、人员调动；

品牌工厂总部：费用支持、产品支持、经销商培训及动员、经销商绩效管理、媒体资源支持；

商场：场地支持、广告到位、人员配合、媒体宣传、协助蓄客；

品牌经销商：态度积极、人员投入、终端布置、精准营销、逼单技巧；

执行团队：人员专业、积极互动、营业员管理、蓄客跟踪、绩效管理。

（2）活动招商政策

①活动招商流程介绍

第一轮：各商场具体落地15大品类的30个品牌，由集团与品牌工厂洽谈后统一安排到位（各商场具体落地品牌明细以集团下发邮件为准）。

第二轮：经过第一轮集团洽谈，如有个别商场15大品类缺失的，可从集团联合营销品牌清单内挑选品牌，并动员相应品牌经销商积极参与活动，将最终确定参加活动的经销商上报集团招商中心，集团将从品牌工厂联合营销费用中划拨费用参与活动。

第三轮：经过第二轮商场配合招商后，如果还存在个别商场15大品类缺失情况，商场可从商户中进行招商，每个品牌收费不少于3万元，费用统一由经销商交至商场财管部，集团财管中心会根据实际参加品牌情况检查款项到位情况。商场在招商过程中不能出现品类重叠现象，具体确认品牌后，需第一时间上报集团招商中心并将款项交到商场财务部，方可参加活动。

备注：集团指定落地的商场，如发现具体落地品牌的品类重复或参加活动的品牌未在集团报备，集团将会取消商场参与活动的资格。

②活动收费模式

品牌工厂：集团指定的品牌由集团财务中心统一从联合费用中扣除活动费用，各商场单独招商的品牌3万元/家。

要求：集团指定品牌的活动费用，工厂不能分摊给经销商（如有个别工厂向经销商收缴销售目标保证金，需提前报备集团招商中心），同时需提供一款特价品及超值套餐；全国品牌工厂自有媒体资源用于宣传；指定项目组成员全程跟进。

品牌经销商：每家商场1万~2万元保证金（商场可根据实际情况进行调整）。

要求：此费用为活动保证金，在活动期间，开单数量及工厂提货额达到目标后可全额返还；需主推工厂安排提供特价品及超值套餐；积极配合团购公司开展蓄客工作，运用经销商自有媒体资源宣传并指定项目组成员跟进。

备注：经销商销售指标以品牌工厂及总部设定的为准，但不能低于以下指标，团购公司团队需全程做好监管。本次活动参与品牌整体销售目标：2014 年"×天来了"销售额×2.0 倍；参与活动品牌 3 月 27 日—29 日期间订单数目标：2014 年"×天来了"订单×2.0 倍；本次参与活动的品牌在活动期间工厂提货量：2014 年"×天来了"提货量×2.0 倍；2014 年新开商场，考核经销商指标为投入产出比不低于 1∶10（3×10＝30 万，单个品牌销售额不低于 30 万元）。

（3）时间推进节奏，如表 7 - 1 所示

表 7 - 1 活动推进节奏表

时期	时间	项目内容	备注
活动筹备期	1 月 26 日	方案下发	
	1 月 28 日	成立活动分项项目组	集团项目组成员、商场、第三方执行公司项目负责人、品牌区域负责人
	1 月 30 日	品牌申报和确认	
	2 月 15 日前	第一次经销商动员会	讲解活动，让经销商做好准备，制订激励措施
	3 月 10 日前	商场氛围物料制作和安装	
	3 月 10 日前	重点小区规划，资源整合，客户信息收集	
活动执行期	3 月 10 日	第三方团购执行团队入驻	人员需经集团考核筛选
	3 月 11 日	第二次经销商动员会	
	3 月 12 日	员工动员会，店面蓄客	经销商一定要在场
	3 月 12 日	店面布置	
	3 月 12 日	小区组和电销组培训启动	
	3 月 12 日 - 3 月 29 日	媒体资源上线发布	
	3 月 13 日 - 3 月 27 日	店长、小区组、电销组晨夕会	
	3 月 18 日	第一次阶段总结会	分为老板总结会、员工总结会
	3 月 25 日	第二次阶段总结会	分为老板总结会、员工总结会
	3 月 13 日 - 3 月 29 日	数据统计	
	3 月 13 日 - 3 月 29 日	督导	

时期	时间	项目内容	备注
活动落地期	3月26日	搭建	
	3月26日	现场彩排	
	3月27日	活动现场排查	
	3月27日－3月29日	活动爆破	
活动总结	3月30日	数据录入及分析	
	3月31日	总结大会	
	3月31日	第三方执行公司撤离	

（4）成立分项项目组

分项项目组：总部、商场、第三方执行公司、品牌区域负责人形成项目组，共同管理品牌经销商落地执行；

集团项目负责人：负责整个活动节奏的把控和监督，协调各方资源为活动所用，并且协调各方关系，调动积极性，促进活动推进；

商场：全面配合集团负责人工作，完成物料布置，整合当地小区资源、媒体资源等，为活动蓄客做全面的准备，协调经销商的关系，调动经销商的积极性；

第三方执行公司：根据集团的规划，配合商场全力开展各项蓄客工作，完成蓄客目标，为活动做积极的准备；

品牌区域负责人：调动经销商的积极性，配合集团负责人的工作，完成活动的蓄客目标。

（相关立项表格详见附件，项目组分工总控表、项目组任务分工表）

（5）场地筹备

①确认活动落地商场场地资源：商场需要配合第三方执行团队做好活动场地信息统计工作，如活动场地的照片及具体尺寸。若遇到场地不规则、场地位置不好等问题，需及时与商场、招商管理中心协调解决；

②舞台测量：执行团队安排专业人员到现场测量场地尺寸；

③确认舞台搭建方案：根据80家商场空间、人流、天气以及商场

要求，执行团队因地制宜设计舞台、场地搭建方案；

④提供场地搭建效果图：执行团队与商场沟通确认场地效果图，若有问题，双方协商解决，确定最终方案；

⑤场地搭建：在商场活动落地前一天，执行团队完成活动现场场地搭建。

（6）物料准备

①集团完成平面宣传物料的设计：主要包括主画面的设计、宣传单页、团购手册、地贴、横幅、吊旗等平面设计初稿，并将完成的物料设计初稿下发至各商场统一制作执行；

②商场物料准备。

根据集团设计的效果图完成各项物料制作，3月10日前完成对外发布。

3月10日前，完成商场的氛围布置（可提前在2月初将商场氛围布置完毕），店面布置在3月12日前完成（店面吊旗、地贴、海报、展架在3月初制作完成）。

提前完成小区推广、车贴、活动宣传车等外围资源的布置。

3. "×天来了"活动中期执行

（1）项目启动会

一个良好的启动会是活动成功的基础，因此启动会要经过缜密的筹备，尽可能地调动经销商和员工的积极性，为活动做好蓄客准备。

启动会场馆：酒店会议室或商场多功能会议室（尽量要将会议室布置得有氛围）

道具：授旗、白纸、投影仪、白板笔、不同版本的PPT等。

①经销商老板启动会

召开时间：3月11日下午

主讲人：第三方执行公司负责人＋商场负责人

召开对象：各大品牌经销商老板

目的：使经销商老板了解活动，进行任务分解，并激发经销商的积极性，完成分配的任务。

②店长及员工启动会

召开时间：3月12日上午

主讲人：第三方执行公司负责人＋商场负责人

召开对象：各大品牌店长、店员

目的：使店长和店员了解活动内容，清晰了解售卡任务，熟悉销售话术、逼单话术等。

③电销和业务员培训会

召开时间：3月12日下午

主讲人：第三方执行公司负责人＋商场负责人

召开对象：各品牌抽调出来的电销人员、小区业务人员（中途不得更换）

目的：对电销人员和业务人员进行团建，激发积极性，并教授电销技巧和业务技巧，提升团队作战能力，分配任务目标，为蓄客做全力的冲刺。

（2）经销商筹备

①经销商老板和店长、店员等积极参加活动的启动培训会，在培训完成后，鼓励员工积极参与活动；

②提供电销人员/业务员、物料、logo及产品等相关信息，并明确具体提交时间，确保活动的顺利开展；

③经销商根据商场要求，积极完成店面布置工作；

④经销商提供所使用特价产品的型号、数量和价格；

⑤经销商提前完成活动中所使用特价产品和其他常规产品的备货。

（3）展厅布置标准

门头包装：主要物料有横幅、异形吊旗、门头KT板、花拱门、拱门等。

堆头氛围：独立立方体、叠加立方体、礼品堆头、三角立柱等。

地面氛围：门口大地贴。

橱窗氛围：玻璃贴海报、用单页制作个性图案等。

店内氛围：吊旗、海报、单页造型、红地毯、地贴等。

店内服务：店内准备茶水、饮料、水果，可体现活动参与品牌的高端性。

员工要求：活动期间店内员工需穿统一工作服，化淡妆，做好基本的服务礼仪。

目标激励：门店目标、个人目标及各项承诺打印成文装裱起来，挂于店内显眼处，意在激励员工，也可作为售卡感情武器。

（4）活动蓄客要求

每场次活动的蓄客要求总目标：单一商场整体蓄客不少于4000户，其中商场不少于2000户，参与活动的经销商精准蓄客不少于2000户，平均100户/品牌。

①媒体蓄客

全国及当地主流媒体渠道进行活动宣传，精准电话营销，商场蓄客不少于2000户。

- 央视、卫视进行为期20天TVC广告投放。
- 全国分众媒体投放。
- 通过各大门户家装知名论坛，进行活动话题炒作。
- 线上设立参与报名窗口。
- 家居门户网站热门位置投放，有效传播到精准消费者。
- QQ、微信等腾讯自媒体资源全覆盖。

②参与活动品牌经销商所有专卖店

- 参与活动品牌经销商所在城市的所有专卖店需采用多种方式为活动蓄客。
- 运用电话营销、短信邀约等方式对自身客户信息蓄客。
- 活动宣传期间，同时需参与商场DM投递、电话营销等工作。

③品牌及经销商配合

- 品牌及经销商需配合，提供最低折扣及特供产品回馈消费者，与商场及执行组共同实现销售目标。
- 经销商需对内部员工进行培训，并组建团队，对意向客户和重点小区进行跟进。

④参与活动商场

● 商场在重点小区以散发 DM 宣传单页及电话营销方式有效蓄客，有效抓取商场周边客源。

● 活动宣传期间，运用广播、报纸、电视、网络、户外等渠道全方位覆盖有效客户人群。

● 运用商场已成交顾客数据库，开展精准电话营销。

⑤数据库蓄客

● 以银行、房产、大企业为基础的短信、微信互动。

● 社交平台、团购平台、行业网站等的合作。

● 网媒蓄客、电台传播、纸媒爆发、终端露出的方式。

● 新交房、二手房活跃区域楼盘、二手房中介服务机构。

⑥活动蓄客的周期内对同城对手的消费者截流。

（5）客户登记、跟踪与维护的标准

①客户登记除记录其基础信息（姓名＋电话＋小区）外，还需记录形貌特征、意向产品、沟通结果，如表 7－2 所示；此表每店一份，由店长负责跟进每一位客户和每一位导购；

表 7－2　店面售卡客户信息跟进表

品牌名：				店面名称：		店长：		电话：					
序号	卡号	客户姓名	联系电话	小区名称	消费观念	对本品牌了解程度	客户购买意向品牌	购卡感谢短信	第一次跟进	中期问候短信	第二次跟进	后期提醒短信	跟进人	客户情况说明
1													
2													
3													
4													
5													
6													

②客户跟踪与维护。

● 温馨跟踪又叫作自我推销

早上上班给客户发一条情感信息，虽然我们做不到饱含激情，但也一定是发自内心的真挚问候。比如：昨晚我看了天气预报，今天杭州的气温10℃，张小姐您外出的时候注意保暖哦。另外，这几天杭州的天气也比较干，中午的时候可以喝点菊花茶，既保护嗓子又能降火，祝您今天有个好心情。杭州×××地板张×。

试问，如果你每天都能收到来自同一人这般温馨的问候，你的感受怎样？或许身为客户的你已不记得张×的样貌，但至少这段时间里你可能被他打动，记住了他。自我推销的目的是推销我们的"软件"，也就是我们的细心、责任心，让客户对销售给他产品的人产生安全感！

● 专业跟踪又叫作品牌推销

依然是短信的方式，在晚饭时间发送。装修对每户家庭来说都算件大事，也是饭桌上常聊的话题，专业短信的内容主要是品牌包装、名人煽情、案例煽情之类的。比如：张小姐，给我30秒的时间会让您更了解我们：慕思凯奇——全球健康睡眠的引领者、开创者，我们不忘使命始终致力于人类健康睡眠的研究和发展，目前全国已有1300余家专卖店，澳大利亚、中国台北、新加坡等国家和地区均有体验馆，很多企业家、明星名人选择慕思，并且对其有很高的评价，我们的目的是帮助您和家人选择到适合你们的健康寝具，打扰到您我感到很抱歉，但也衷心地祝福你们全家幸福、健康、快乐。杭州一楼慕思凯奇。

发这样一条短信的好处在于，不管这条短信是发给男主人还是女主人，在饭点上都有可能成为话题。

● 互动跟踪

如果以上客户有回信息的，恭喜你：这个客户潜意识里是愿意和你互动的，可以给他打电话，电话的内容很微妙，目的也很明确，就是邀约转化，也就是BC类客户转化为A类客户。

上次您在我们店里了解的关于家居节的活动还有最后×天就在××引爆啦，通过上次的了解，也感觉到您对我们的品牌非常的认可，我为您量身定做了几套适合您的方案，主要是关于预算和产品配置方面的，您看活动前您方便和先生一起过来吗？再看看需不需要修改。

（6）活动宣传

①集团宣传：集团统一概念、统一包装、统一宣传、统一行动，打造中国家居最有影响力的团购盛典！

②各地商场宣传。

• 活动蓄客期间，各地商场依据现有的商场内部资源、户外大牌、小区广告位、各渠道信息栏等资源展开全方位造势宣传。

• 各地商场在当地主流报纸、电台等媒体上进行活动宣传。

• 各活动经销商根据店面、客户信息等方式对活动进行宣传。

备注：具体宣传内容见159页媒体宣传部分

（7）大牌之夜手册售卖标准

100元=购卡礼品1份+签到礼品1份+2000元抵用券+免费抽奖券1张。

活动期间，顾客花100元购买一份《大牌之夜手册》，即可获赠30个品牌总计2000元的折后抵用券，同时可获得精美礼品一份；此外，凭《大牌之夜手册》签到，还可获得签到礼品1份、免费抽奖券一张。

100元售卡金额，20元用于奖励员工，20元用于签到礼品，60元用于采购购卡礼品。

备注：各商场需设定相应的售卡考核指标，确保达到预期蓄客目标（个别商场可根据实际情况，调整蓄客方式）。

（8）明访明查与暗访取证的说明

明查：参照"门店布展标准"对硬件区、软件区进行检查拍照，检查结果记录于评分表（分值比例详见附录）；对店长进行工作检查，例如：活动熟悉度、晨会、夕会的召开，店内客户资料的登记，未来一周的工作计划；对店员进行工作检查，例如：活动讲解，目标完成情况，售卡客户的回访跟踪，未来三天的工作计划。

集团招商中心及企划中心成立联合检查小组，100%检查落地城市商场执行情况，如表7-3所示。

表7-3　巡查考核内容表

巡查时间节点	巡查内容
第一轮	门店整体氛围、布展创意、导购解说、礼品储备、职责分工、内部激励
第二轮	第一轮内容＋进店客户登记与跟踪、客户进店互动体验的环节设计
第三轮	重点跟进有问题、被勒令整改的店面

暗访（主要以录音、单据为证）：活动内容不了解，讲解含糊或错误；对产品解说不精炼，讲解不恰当，时机把握不准确；进店15分钟直至离开，导购员只字不提活动或对活动轻描淡写；急于店内杀单，告知客户不去活动现场也可享受当日活动优惠。

（9）活动话术讲解的标准

①电销话术；（五个步骤）

●第一步骤：职责要求。

微笑，富有激情，拿着自己手写的话术开始工作！

●第二步骤：开场白＋自我介绍＋我的目的。

A. 针对小区客户：

a. 您好，我是销售经理，我叫程××，您可以称呼我小程。

b. 您好，我是××品牌的2号客服/经理/家装顾问，您可以称呼我小程。

c. 您好，我是××电视台的工作人员，我叫程××。

d. 您好，我是××品牌负责售后服务调查的客户经理，您可以称呼我小程

B. 针对意向客户（之前在门店留过电话）：

a. 您好，您是×××先生/女士吗？我是（××品牌）的导购、店长、家装顾问小程，还记得我吗？

b. 忘记了，哦，那您真是贵人多忘事呀！

c. 记得，之前您有在我们门店咨询过，那次您留下电话给我，让我在下次有活动的时候提醒您，您还记得吗？

C. 针对成交客户：

a. 您好，您是×××先生/女士吗？我是（××品牌）的导购、店长、家装顾问小程，还记得我吗？

b. 回访了解您的使用情况，顺便带来一则消息，"×天来了"于3月27日—3月29日在全国80个城市隆重举行，问问您是否还有需求。希望您帮忙带带客户，我压力很大，有30个客户邀约的任务，已经完成20个，剩下的10个求帮助。

● 第三步骤：引入活动。

A. 引入活动：今天给您打电话主要是带给您一个好消息，"×天来了"活动于3月27日在郑州隆重举行，当天80个城市会与我们同在，30大国内顶级一线品牌携手。

B. 了解客户需求：想了解一下您家装修到什么阶段了？还有什么品类的产品没有买？（了解客户需求，假设成立法）

C. 针对客户需求，介绍参与品牌：（我马上需要卫浴了）那真是太好了，卫浴行业××卫浴（品牌亮点）有活动。从前期到后期的装修材料我们都有，让您一个下午可以把家里所需的装修材料都订购齐全，方便您参考。

● 第四步骤：引入《大牌之夜手册》。

为了不给像您这样真正的业主造成不必要的麻烦，我们这次的活动是凭《大牌之夜手册》入场的。您看《大牌之夜手册》是送您家里方便接收还是工作单位方便接收，是否可以留一个地址给我呢？只要不影响您的隐私，工作单位或者街边，我给您送一份《大牌之夜手册》过来。当然《大牌之夜手册》是要花钱买的，但是您是否购买不用现在回答我，我觉得等我当面和您介绍清楚了，您再买是不是更好呢？

● 第五步骤：留下地址＋进行面谈。

在什么地方？×××路×××号×××小区×××幢×××单元×××号，好的，您怎么称呼？哦，好的，张先生，弓长张是吗？嗯，好的，那您什么时候在呢，现在就在吗？还是说晚上？我们现在有100多个送票小组在外送票，现在就可以给您送过来。上午是吗？上午几点？

10 点还是 10：30？嗯，好的，我知道了，10 点钟，在×××路×××号×××小区×××幢×××单元×××号，张先生接收，是吧？我们工作人员出发前会给您来电话的，请您一定要注意接听。祝您生活愉快！再见！

②门店话术。（进店客户八个步骤）

● 第一步骤：客户招待。

A. 要求：热情招呼，保持微笑，举止端正。您好！欢迎光临×××！

B. 引导客户入座：您逛了这么久累了吧，来里面坐会儿，不急吧！

C. 端茶倒水：这是我们店里最好的茶叶/咖啡，我泡杯茶（咖啡）您尝尝！

● 第二步骤：了解客户需求。

询问装修阶段，了解家装风格：您家装修到哪个阶段了？准备了解什么风格的产品呢？

● 第三步骤：介绍产品（针对需求，介绍指定产品）。

您的品位真好，眼光更好！我给您介绍一下您需要的这款产品。这款产品是我们店里卖得最好的，郑州好多像您这样有品位的业主都喜欢这个款式！

● 第四步骤：客户询价，赞美！

我看您的样子就知道您是很有档次的人，您这样的老板关注的是质量和服务，价格的话，我相信只要您喜欢肯定不是问题，您说对吗？

● 第五步骤：客户再次询价，介绍价格体系。

既然您选择我们这个品牌，肯定是做过一定了解的！我们是国内一线品牌，买东西都讲究性价比，一分价钱一分货，您说对吗？既然您喜欢我们的产品，价格不是问题！

● 第六步骤：活动介绍（活动规模、活动目的）。

3 月 27 日—29 日，"×天来了"活动将在郑州隆重举行。3 月 27 日当天，80 个城市与我们同在，30 大国内顶级一线品牌携手，价格肯定非常优惠。工厂承诺十倍返差价，您觉得便宜要买，您觉得贵了更要买，差价十倍返还给您。这个活动可以让我们以平时买二线、三线产品的价格，享受到一线品牌的产品以及服务。您要是平时买的话，价格肯定是有点高的，但是这次，工厂承诺价格全城超低！

● 第七步骤：售卡铺垫（参加活动的限制要求）。

3月27日—29日，"×天来了"活动将在郑州举办，因为场地有限，现场只邀请像您这样的 VIP 客户 1000 名，所以参加这个活动需要《大牌之夜手册》，我拿给您看一下！

● 第八步骤：介绍活动优势。

您购买了我们这本《大牌之夜手册》，可以享受 4 重礼；

好礼一：购买《大牌之夜手册》即可领取礼品 1 份；

好礼二：3月27日，凭《大牌之夜手册》签到，即可领取价值××元精美礼品 1 份；

好礼三：凭《大牌之夜手册》，购物满额即可参加抽金条大奖；

好礼四：购买《大牌之夜手册》，可获 30 大品牌总值 2000 元的折后抵用券。

（10）活动数据传送与分析标准

经销商：每日数据汇报给团购公司。

团购公司：每日汇总数据，制作数据报表，统一上传联合工作组。（按统一模板进行填写，表格模板以总部下发的为准）

集团联合工作组每天会对数据进行分析，并将各类数据信息第一时间发送给各品牌董事长及营销总监。

4. "×天来了"活动现场执行

（1）召开现场讨论会

①3月20日，分项项目组召开现场落地讨论会，集团招商中心与企划中心联合小组成员、商场企划负责人必须到现场，与团购公司讨论活动流程、特价产品、场地搭建等；

②同时现场就有待商榷的地方进行讨论，并对场地品牌摆放顺序和上台顺序进行分配。

（2）物料制作和现场分工

①根据活动流程和舞台分工需求，进行物料表制订，如表7－4所示，设定责任人和制作日期，定期跟进；

②对活动现场进行人员分工，确保各项工作均有人负责，保障活动顺利进行。

表7－4　现场分工表

现场分工表								
序号	组别	品牌	姓名	电话	项目组负责人	工作职责	所需物料	注意事项
第1组	物料管理							
第1组								
第1组								
第1组								
第2组	签到组							
第2组								
第2组								
第2组								
第2组								
第2组								
第2组								
第2组								
第2组								
第2组								
第3组								
第3组								

注：落地总控表、现场物料表、现场分工表等详见附件3

（3）活动流程，如表7-5所示

表7-5 活动流程表

时间	项目进程	具体步骤
18：00—18：30	凭《大牌之夜手册》入场，参与活动	凭证入场、领取礼品、领取签到抽奖券
18：30—18：40	主持人开场/开场舞	主持稿撰写、主持人提前对接
18：40—19：00	总裁报价（特价产品），播放工厂总裁录制视频	上台顺序提前拟定，特价产品信息提前收集
19：00—19：10	第一轮抽三等奖（10个名额）	大屏滚动抽出，提前预装抽奖软件
19：10—19：30	劲爆促销揭晓优惠（经销商上台公布政策）	
19：30—20：30	现场引导下单成交	主持人通过优惠政策、抽奖等信息宣传，进行逼单
20：00—20：10	第二轮抽三等奖（10个名额）	
20：30—20：35	串场表演	娱乐气氛
20：35—22：00	现场引导下单成交	主持人通过优惠政策、抽奖等信息宣传，进行逼单
21：00—21：10	下单顾客抽奖（三等奖＋二等奖）	
22：00—22：10	下单顾客抽奖（一等奖＋特等奖）	
22：10—22：15	奖品领取，介绍3·28—3·29活动定金转单	

备注：最终版本以集团在活动前下发的为准

（4）现场维护

①现场车流引导：提前安排工作人员对到现场的车流进行引导，避免造成现场拥堵；

②现场人群引导：安排工作人员对现场消费者进行有序引导，避免

拥挤、混乱的情况。

（5）客户引导

活动现场安排礼仪人员或促销人员对参加活动的消费者进行引导，将消费者指引到活动区域。

（6）舞台落地注意事项

①舞台搭建要根据集团下发的效果图进行，比例要协调，灯光到位，音响效果良好，各品牌背景板/展台搭建要整齐统一；

②舞台搭建"安全第一"，所有线路负荷均要符合相关规定，线路要防火隐藏，涉及路面的线路要用线路条进行固定；

③LED 显示屏建议比例（16∶9），活动前要提前试用，保证活动的显示效果；

④品牌展示背景板要平整，不能出现皱褶、破损等问题，后脚要用重物压制。

5. 传播策略及媒体投放排期

（1）传播策略

本次活动以"×天来了 OK GO"为主题，通过行业媒体的聚焦、活动专题的深入宣传、大众媒体的广泛传播，达到全方位的宣传，如图7－2 所示。

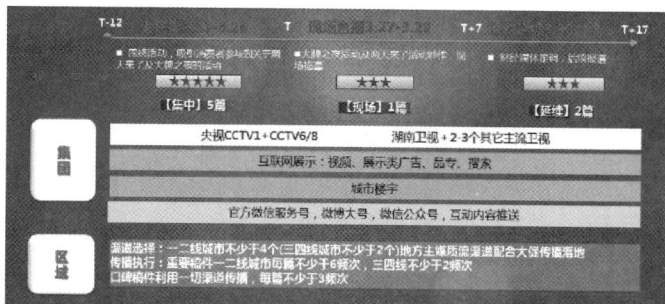

图 7－2　活动传播策略及媒体投放排期展示图

（2）集团企划排期

表 7 - 6　商场的媒体排期要求表

媒体	投入时间	达到效果
CCTV		在央视 VCR 的露出，覆盖目标人群 1.9 亿人，视频曝光 5 亿次，重金打造 "×天来了"主题宣传片，突出活动联合促销品牌
地方卫视		在卫视 VCR 的露出，覆盖目标人群 8000 万人，视频曝光 1.2 亿次
分众		覆盖人群 2000 万，活动曝光 3 亿次
腾讯		利用腾讯大数据为活动宣传和蓄客
自媒体		短信：不少于 500 万条 电话：不少于 50 万个 微博 KOL：曝光不少于 2000 万次 微信大号：发送不少于 20 个大号
门户网站		新闻发布 2000 篇次，广告投放覆盖网络受众 3 亿人，活动曝光 10 亿次，确保视频、网络新闻、网络广告有活动品牌信息
报媒		发布广告及新闻不少于 450 篇次，确保品牌活动信息露出
大数据		利用集团大数据为活动蓄客

（3）商场的媒体排期要求，如表 7 - 6、7 - 7 所示

表 7 - 7　媒体排期进度表

媒体排期进度表							
负责人：							
序号	媒体项目	媒体名称	投放日期	版面/时段	投放形式	完成进度	设计完稿日期
1	网络						
2							
3	报纸						
4							

注：媒体排期进度跟踪表详见附件 2

6. 活动考核

（1）商总考核办法

①本次活动集团将设立专项奖励制度并进行全国排名公布，各方面达到考核要求的商场最高可获得集团颁发的现金大奖（详见集团下发的联合营销考核办法）；

②车总会带队大小区总与商总召开启动会，相应商总需与集团签署销售指标及投入产出比承诺书，投入产出比不低于1:8，低于此目标的商场需花现金购买商品，将销售额补齐；

③本次活动结果计入集团年终商场业绩考核。

备注：各商场奖金由集团财务中心统一发放

（2）品牌经销商考核办法

①参加本次活动的品牌经销商需在3月10日前至商场财务部交2万元保证金（商场财务需以代收代付方式进行管理，不能作为收入直接入账），其中5000元作为纪律奖罚金，15000元作为蓄客保证金，被罚部分作为绩效发放；

②在执行过程中，品牌经销商无纪律违规情况发生，可全额退还5000元，如有个别罚款发生将从中扣除；

③在执行过程中，品牌经销商销售目标未达到三方（品牌工厂及经商场）设立目标的70%，将不退还15000元保证金；达到70%销售目标退还50%费用，达到80%销售目标退还60%费用，达到90%销售目标退还70%费用，达到100%以上退还100%费用。

④品牌经销商缴纳的2万元保证金根据以上规则结算后，在活动结束的10个工作日内至商场财务办理退款手续；

⑤个别商场可根据实际情况收取质保金，但必须达到确保经销商全力参与的效果。

（3）品牌营业员的考核办法，如表7-8所示

表7-8　品牌营业员考核表

考核	考核指标释义	奖励额度	承担方式
基础奖励	联购手册销售给消费者，给营业员的基础奖励	联购手册售价的20%	售卡所得费用承担
阶段团队奖励	阶段性奖励（团购公司制订标准，由商场＋经销商沟通监督完成发放）	9000元	集团拨款
最终优秀团队奖励	根据售卡量、订单量、到场率、贡献率（以总部提供考核办法为准）	3000元	集团拨款
		2000元	
		1000元	
额外奖励	所有罚款的收入，可全部用于奖励发放	以实际收入为准	实际
带单奖励	客户每下订一个品牌（规划内的15个品牌），销售员即可获得下订品牌经销商50元/单的奖励。每张卡封顶4个带单奖（200元封顶）	每张卡预估产生100～200元带单费用	经销商

（4）团购公司的考核办法，如表7-9所示

表7-9　团购公司的考核表

活动指标	具体考核指标	考核指标释义	要求	集团占比	商场占比
活动筹备期	项目组成立	1. 按集团人员要求成立项目组成员，并按期上交人员资料 2. 执行公司各项目组入驻至活动结束期间，人员不得随意更换、缺席、请假，如遇特殊情况需向集团各区域负责人报备 3. 根据集团要求完善小组组织架构	入驻前一周上交人员资料（包含：个人简历、照片、身份证）	6.0%	3.0%
	初次见面会	1. 入驻后立即组织完成参与品牌区域领导、老板参加内部动员动员会 2. 制订培训活动方案并落实执行奖励机制，调动经销商积极性	会议结束后次日将会议照片发送至集团各区域负责人处，照片包括现场物料氛围布置、参会人员、会议形式	3.0%	5.0%

续表

活动指标	具体考核指标	考核指标释义	要求	集团占比	商场占比
活动筹备期	推进计划	制订活动倒排计划表，并严格按计划表推进	初次见面会结束1天内上报，"工作进度计划时间推进表"内容作为集团执行人员检查重要依据	4.0%	4.0%
	启动大会	1. 组织经销商、全体参与人员启动大会，要求造势鼓舞士气，形式新颖、主题突出 2. 制订培训活动方案并落实执行奖励机制，调动全体参与人员积极性	会议结束后次日将会议照片发送至集团各区域负责人处，照片包括现场物料氛围布置、参会人员、会议形式	3.0%	5.0%
	蓄客团队	召集蓄客人员，建立电话营销、市场推广、门店蓄水、终端拦截等团队，并进行统一管理，培训参与人员并制订奖罚机制	除每天微信工作汇报外，完成团队建设后将各团队集体照片及培训现场照片发送至集团区域负责人处	3.0%	3.0%
活动执行期	氛围布置	执行公司负责落实跟进商场、参与品牌内外广告物料的到位	在集团规定时间内完成广告物料布置，并在规定时间内将物料清单及现场照片发送至集团区域负责人处	5.0%	5.0%
	集客蓄水	活动执行期间，执行公司必须每天向集团区域负责人报备当天的蓄客数据（包含：售卡数、邀请函数、意向顾客、电销A＋、A类客户数、各品牌售卡数、完成任务百分比、次日工作目标、计划）	集团区域负责人每天进行数据统计，未发汇报1次给予警告处分，2次以上该项考核评分全扣	5.0%	3.0%
	阶段性会议	活动中要定期组织经销商会议，分析当前存在的问题，找出解决方案、掌控进程、评估阶段效果，确保活动成功	执行期间会议不得低于5次，每次会议结束后向集团区域负责人发送会议纪要及现场照片	2.0%	2.0%

续表

活动指标	具体考核指标	考核指标释义	要求	集团占比	商场占比
活动执行期	关联销售	完成活动现场执行后的关联品牌的带单销售，并完成整个活动的销售任务	制作完善的联单登记表，活动结束后发至集团区域负责人处	2.0%	4.0%
	团队管理	1. 强化参与人员的活动知晓率、蓄客话术、销售话术、电话话术、拜访话术、回访话术等 2. 制订绩效考核制度，强化纪律性、比拼性、集团荣誉感	商场监督考核	2.0%	5.0%
活动落地期间	流程脚本	按照集团要求，执行公司制订活动当天的现场流程脚本并进行彩排	在活动落地前3天完成并发至集团区域负责人处报备	4.0%	4.0%
	现场场控	1. 按要求完成现场氛围布置、执行流程、互动流程、落地机制的执行 2. 处理应急突发事件、客诉等问题	活动过程中向集团区域微信群发送活动现场照片，活动结束后1天内将照片打包发送至集团区域负责人处	3.0%	3.0%
活动总结	奖励发放	活动结束后完成参与品牌的销售统计，按照既定的奖励方案落实奖励并对活动进行总结，召开总结会	活动结束后2天内上交总结报告、奖金发放表	3.0%	2.0%
	活动总结	完成活动的执行总结PPT	1. 各品牌情况总结 2. 执行情况总结 3. 活动整体总结	5.0%	2.0%
执行版块考核		1. 集团、商场针对执行板块按此表进行考核，各占50%的比重 2. 评分低于85%，该项绩效费用将不予付款 3. 评分达到85%以上，参与封顶2万元的绩效费用付款 4. 具体考核标准：2万元×分值百分比＝支付费用		50.0%	50.0%

综合评估_____

备注：此份表格由集团和商场共同进行评分，团购公司整体得分低于85分，将根据双方合同要求进行扣款。

附件 "×天来了" 制度条例

会议要求：不得迟到早退，无故缺席，接听电话。电话响扣200元/次，接电话扣200元/次，迟到早退扣200元/次，请假扣500元/次，无故缺席扣1000元/次。纳入员工奖励基金。

蓄客要求：根据团购公司制订的任务标准，保证完成任务，每个品牌的保底蓄客任务量为80户。未完成处100元/户的罚款。

执行要求：多方合作的过程中，皆以纸质文件的形式对接工作，一旦签字确认领取工作，未执行处500元/次的罚款。敷衍执行的，根据情节，团购公司有权处100~500元罚款。

推广要求：每个经销商务必完成10个推广车贴的粘贴任务，以照片为准。针对执行的结果，少1辆车处100元/辆的罚款。

平台要求：1. 建立 "大牌之夜·高管群" QQ群和微信群，主要成员有：商场、执行方、经销商老板，由执行方统一管理，其余成员积极配合；2. 建立 "大牌之夜·团队群" QQ群和微信群，主要成员有：商场、执行方、经销商老板、经销商员工，由执行方统一管理，其余成员积极配合。

数据要求：【及时性】各品牌经销商根据执行方的标准，完成每日蓄客数据、进店客户数据、订单客户数据等汇报工作，由执行方制作 "每日数据报表"。执行中有2次错误豁免权，从第三次开始，一旦发现错误100元/次罚款。

【真实性】售《大牌之夜手册》的客户信息必须真实有效，员工作假，处1000元/个数据罚款；老板作假，处2000元/个数据罚款。（假卡数据评估标准：业主没有《大牌之夜手册》，或没有花100元购买；业主不清楚本次活动；实地勘察后，业主家中并无装修需求；业主还未拿到联购手册，员工先将信息上报；员工折价或变相折价销售联购手册。最终解释权归执行方所有）

话术要求：各品牌经销商及员工、商场团队、执行方，务必掌握活动话术及活动细则。

布展要求：门店内部布置要求，根据卖场提供的标准进行落实，在规定的时间内没有完成的，处500元/次罚款备注：a. 以上处罚制度是为了保障本次活动圆满成功而制订的，所有参与人员须严格执行，相互监督，不得徇私舞弊，不得不服从管理；b. 以上罚款制度的罚款是按照每次计算，若经销商老板和负责人是同一人，则按老板标准执行。

7. 商场奖励办法

为了确保活动整体能达到集团规划的预期效果，激励在活动中表现优秀的商场，集团制订了《2015年度联合营销考核奖励办法》，具体考核和奖励以此条例为准。

8. 应急预案

（1）媒体部分

严格执行《新闻发言人制度》，对于未经商场许可的到场媒体，一律采用媒体发言人制度，现场工作人员不接受媒体采访。

（2）安全预案，如表7－10所示

表7－10　应急预案表

分类	可能发生情况	处理方法
自然因素	地震	1. 项目负责人带领工作人员立即组织，引导活动参与者向安全地带转移
		2. 如造成巨大损失，待平稳后，组织救援工作
	火灾	1. 火灾发生后，项目负责人带领工作人员指引参观向安全地带转移
		2. 工作人员立即使用灭火器将火扑灭，如火势过大，应立即拨打119

续表

分类	可能发生情况	处理方法
人为原因及其他	搭建物损坏	1. 搭建负责人迅速联系项目负责人，并对损坏物修整
		2. 工作人员警示参与者注意安全
	对讲机故障	1. 提前准备富余的对讲机
		2. 必要时可用手机代替
	安全问题	商场提供安保人员，紧急情况可拨打求救电话
	临时物资补充	将需要补充物料告知项目负责人，由项目负责人安排人员采购
	兼职人员未按时到场或工作态度问题	前期预留 1～2 名人员备选，或由人员总控安排现场其他人员替岗
	活动现场人员太少	1. 提前告知赞助商活动事项，如有优惠活动，可安排在当天
		2. 活动当天，由工作人员安排人员去周边人口密集的地方宣传（如超市、车站）
	参与者发生争执	1. 由工作人员管理协调，如协调未果，由项目负责人处理
		2. 情况恶劣可由商场安保人员现场处理或拨打 110 报警
	公安、城管等职能部门监督查场	由商场负责人及项目负责人双面协调

（3）商场公关预案

a. 工商：本活动促销力度较大，开始前，各区域、各商场需根据实际情况，提前到当地工商部门提请备案。

b. 城管：本活动在宣传上可能包含商场外广场终端布置，开始前，各区域、各商场应及时到当地城管部门对外广场布置进行必要的备案。

（4）活动备案

a. 营销活动备案

各区域、各商场根据集团总方案，结合商场自身情况，设置营销活动及部分人气备案，报集团招商管理中心·增值服务部备案。

要求：①不能偏离活动主题，不能违反第三方合同条款；②商场方案的受众人群要与集团方案的人群吻合；③商场方案要具有可操作性。

9. 附件

（1）特价品信息收集表，如表 7-11 所示

表 7-11　特价产品信息表

序号	品牌	品名	型号	市场价（元）	惊爆价（元）	限量（件）	图片	备注

（2）厂家支持联络函

尊敬的总经理：

2017 年 8 月 31 日 10：00—22：00，由 × 商场组织的"开仓日"营销活动将盛大开启。本次活动由 ×××营销策划机构全程策划参与，为达到人气、销售最大化，我们在济宁电视台、中区电视台、任城电视台、济宁日报、济宁晚报、齐鲁晚报、山东商报、济宁新闻网、济宁圣城网、山东新闻网、新浪网等媒介投放了巨量广告，同时每天 100 人的精准营销进行地毯式的社区推广，真正做到海、陆、空整体轰炸，力度史无前例！

特此本着合作、共赢、持续发展的原则，特致函贵司，请协助支持以下工作："开仓日"当天销售商品折扣率（　　　）；厂家专业人员支持（　　　）人；空飘（　　　）个（600 元/个），花篮（　　　）个（200 元/个），条幅（　　　）条（100 元/条）。

衷心感谢您的支持与参与！

祝商祺！

贵司签字确认：＿＿＿＿＿＿＿

（3）前期对接函，如表 7 - 12 所示

表 7 - 12　前期对接函

收件人／TO：	总页数（含此封面）：Total pages inclouding	1 页
	发件单位/Sendl：×××营销策划机构	
××××文化广场有限公司 杨经理（收）	发件人/Mob：×××	
	地址：	
电话／Tel：	电话／Tel：	
传真／Fax：	传真／Fax：	
抄 送/C·C：××商场各级领导		
说明：		
杨经理： 　　您好！ 　　鉴于××商场营销活动即将开始，我方项目组于 11 月 8 日进驻茂名，进驻前需要贵司配合以下工作： 　　1. 机票预订：详见附件一航班信息（请安排接机人员） 　　2. 酒店住宿：三男二女（3 间标间），入住时间 2017 年 11 月 8 日—11 月 24 日 　　3. 导购人员征集（共计 60 名）：30 名电话营销人员，30 名市场推广人员，11 月 11 日需到位（要求：从 11 月 11 日—11 月 22 日，全程参与跟踪电话营销或市场推广活动），如导购不能配合工作，请从外界招聘兼职 　　4. 酒店会场预定：项目启动会将于 11 月 10 日或 11 月 18：00—21：00 举行，请预定会议会场（要求：200 人以上，投影、音响设备完好） 　　5. 特价品收集：30 款低于 5 折的特价商品（可限量），30 款低于 100 元的惊爆产品（可限量），收集模版详见附件二，10 月 10 日前请发图片至×××××××× @ qq. com 邮箱 　　6. 办公室、电话营销和市场推广相关物料，10 月 9 日到位 　　诚祝： 　　　　商祺！ <div align="right">项目组×××／呈报</div>		

（4）办公室、电销、推广物料准备

为更好地开展整个营销活动的工作，现将项目组所需物料整理，如表 7-13 所示，望相关负责人尽快安排落实到位。

表 7-13 项目组办公室、电话营销、市场推广物料清单表

序号	名称	规格	数量	备注
1	办公室	间	1	
2	办公桌	张	4	
3	办公椅	张	6	
4	打印机	台	1	最好可打印彩色
5	电源插座	个	2	
6	文件夹	个	5	
7	A4 纸张	包	5	
8	水芯笔（黑）	盒	1	
9	水芯笔（红）	支	1	
10	订书机	个	1	
11	订书针	盒	1	
12	双面胶	卷	5	
13	无线网络			
14	饮水设备（杯子）	套	1	
15	纸巾	盒	6	
16	便签纸	本	15	
17	垃圾桶（袋）	套	1	
18	大头水芯笔	支	2	（黑、红）
19	计算器	个	1	
20	剪刀	把	2	
21	文件栏	个	1	
22	回形针	小盒	5	

续表

序号	名称	规格	数量	备注
23	电话营销工作场地	间	1	独立办公室、会议室，容纳30人
24	电话营销人员	人	30	商场导购员或外聘大学生
25	电话营销工具	部	30	无线座机
26	多孔插座	个	10	8孔插座
27	饮用水			每人每天2瓶或者全体人员一桶桶装水
28	盒装胖大海	盒	20	
29	圆珠笔	支	50	至少有两种颜色的圆珠笔
30	文件袋	个	40	用来夹放资料
31	电话营销数据	万	10	1. 商场老客户数据 2. 通过建材、正在装修楼盘、小区、其他商场做活动签到数据、装饰公司、婚纱影楼等渠道提供或购买（共需数据10万个左右，越多越好）
32	楼盘推广人员	人	30	商场导购员或外聘大学生
33	矿泉水	箱	30	24瓶/1箱，每天3箱，共30箱
34	地图	张	2	2张市区地图
35	车辆	辆	4－5	7座以上的商务车，包含司机
36	透明胶	卷	2	市场推广用

××家居项目组

××年11月27日

（5）组织分工，如表7-14所示

表7-14 项目组分工表

序号	组别	成员	品牌	姓名	联系方式	备注
1	指挥部	总统筹				
		总指挥				
		总指挥				
2	总协调	总协调				
		总协调				
3	目标监督组	组长				
		组员				
4	情报组	组长				
5	楼盘组	组长				
		组员				
6	送卡组	组长				
7	电话组	组长				
8	网络组	组长				
9	物料组	组长				
10	卖场组	组长				
11	后勤组					

（6）工作制度

①准时上下班，对所担负的工作争取时效，不拖延、不积压；

②严格遵守工作程序和工作流程，按照办事、办文规则执行；

③爱护公共财产，不浪费，不化公为私；

④注重品德修养，戒除不良嗜好；举止文明礼貌，待人接物态度谦和，热情大方，不做有损单位形象的言行，维护单位良好形象；

⑤尽忠职守，保守工作秘密。严谨操守，清正廉洁；

⑥办公室作息时间一般为法定作息时间，因领导安排、事务需要等情况延时下班均视为正常工作时间。办公室工作人员应严格按要求出勤，如有迟到、早退或旷工等情况，按照办公室目标治理考核办法处分。事后，根据情况，结合工作安排，经领导批准，可以在适当的时候予以补休；

⑦病、事、休假及外出办事较长时间均要向领导请假，无故不请假的，酌情按旷工或迟到、早退处分；

⑧由固定人员对员工进行考勤登记，取消由员工自己登记上班时间的方式；

⑨员工的去向必须报部门领导或考勤人员知晓，公司领导及部门负责人的去向需告知考勤人员知晓，否则按缺勤登记。

2017 年 10 月 29 日

营销项目组

（7）联盟章程

联盟入会品牌需交 35000 元的联盟基金。联盟基金用于联盟运作费用的开支，如：任职人员费用、会务费用、市场活动费用、物料制作费用、媒体投放费用等。

联盟成员通过联盟会议确定活动方案后，应及时将活动费用交予联盟活动执行单位。

联盟入会品牌每家至少需提供 4 位以上推广人员，需全程参与，工作由联盟组委会统一安排。若未提供，则按 100 元/天/人计算。

联盟入会品牌每家至少需提供 5000 份客户数据资料，要求为老客户或意向客户、重点楼盘客户，如无法执行，每家按 2000 元收款。

联盟入会品牌每家至少需提供 1 辆车，用车时间由联盟组委会统一通知，依实际情况而定。如无法执行，每辆车每天按 500 元收款。

联盟入会品牌需与厂家沟通协调活动支持（向工厂传真《厂家支持联络函》）。

联盟入会品牌需提供现有的广告资源（卖场广告位、外围广告及媒体广告），由联盟组委会商议是否投放相应的广告。

自加入联盟组委会开始，必须参加每次联盟会议，单次不参加罚款 1000 元，迟到罚款 500 元，罚款所得经费将作为联盟活动经费；如有特殊情况，必须向联盟会长请假汇报。

在科学安排（80% 商家能接受）的范围之内，如未按时完成任务，罚款 200 元。

联盟所支出的一切费用必须由联盟会长黄磊、项目组王斌夫一人或多人签字确认。

品牌签字确认：

（8）文化标语

精准的冠军策略——"尖刀营销"、以小搏大、以弱胜强；

独到的竞争优势——扬己之长、攻敌之短，骑在巨人肩上打人；

成功的样板市场——树立标杆、复制成功，星火可以燎原；

绝对的疯狂促销——绝对促销大法、拳拳到肉、立竿见影提销量；

低成本速成品牌——卖点提炼、低成本传播、品牌精致化升位；

设目标——责任目标清晰、个人目标与企业统一、人人为结果负责；

搭班子——准确选拔人才、人员优势搭配、团队合作共赢；

定绩效——有效机制激励、考核准确到位、人人都有指标；

带队伍——员工敬业工作、干部管理有序、团队氛围积极；

育人才——新人快速上手、老员工不断突破、干部层出不穷。

（9）项目进度表

项目组入驻（8 月 13 日）；

方案确定及 DM 单页设计（8 月 13 日—14 日）；

媒体投放及活动预算确定（8月13日—14日）；

市场调研准备、楼盘信息收集准备、楼盘及电话推广人员准备、客户信息收集准备、基本物料设计制作准备（8月13日）；

调研人员准备及培训（8月14日）；

活动交流会（8月15日）；

新闻发布会及项目启动会的准备（8月14日）；

新闻发布会及项目启动会的召开（8月15日）；

市场调研（8月14日—16日）；

制订规划准备、楼盘、电话及网络培训准备、礼品采购及堆头准备、外围广告审批准备、短信发放准备（8月15日）；

商场现场勘察（8月14日—15日）；

楼盘信息收集（8月14日—16日）；

客户信息收集（8月14日—23日）；

基本物料设计及制作（8月14日—16日）；

异业联盟（8月15日—18日）；

电话、楼盘、网络培训、外围广告审批（8月16日）；

目标达成和拦截准备（8月16日）；

短信发放（8月16日、21日、24日、27日、30日、31日，9月1日）；

楼盘、电话、网络演练（8月17日）；

目标达成及拦截（8月17日—30日）；

楼盘、电话、市场正式推广（8月18日—30日）；

户外氛围布置准备（8月19日）；

场内布置（8月19日—30日）；

户外氛围布置（8月20日—30日）；

产品价位调整准备（8月24日）；

产品价位调整（8月25日—30日）；

活动人员安排准备（8月27日）；

活动人员安排（8月28日—30日）；

活动当天物料准备（8月28日）；

活动当天物料投放、成交为王课程导入、战前动员大会（8月29日—30日）；

活动进行（8月31日—9月1日）。

（10）项目组工作制度

项目组工作制度

①准时上下班，对所担负的工作争取时效，不拖延、不积压；

②严格遵守工作程序和工作流程，按规则执行；

③爱护公共财产，不浪费、不化公为私；

④注重品德修养，待人接物态度谦和，热情大方，维护单位良好形象；

⑤尽忠职守，清正廉洁，保守工作秘密；

⑥因过失或故意使单位遭受损失的，应负赔偿责任；

⑦办公室作息时间为法定作息时间，如表7－15所示，因领导安排、事务需要等情况延时下班均视为正常工作时间，办公室工作人员应严格按要求出勤，如有迟到、早退或旷工等情况，依照办公室目标治理考核办法处分。事后，根据情况，结合工作安排，经领导批准，可适当予以补休；

⑧病、事、休假及外出办事较长时间均要向领导请假，无故不请假的，酌情按旷工或迟到、早退处分；

⑨由固定人员对员工进行考勤登记；

⑩员工的去向必须报部门领导或考勤人员知晓，公司领导及部门负责人的去向需告知考勤人员知晓，否则按缺勤登记。

表 7－15　办公室作息时间表

时间	项目
8：50—9：00	计划个人当日工作
9：00—12：00	各司其职，开展工作
12：00—14：00	午休
14：00—18：00	各司其职，开展工作

续表

时间	项目
19：00—20：00	例会（检查工作、总结）

××联盟项目组	2017 年 8 月 24 日

（11）项目目标分解表，如表 7 - 16 所示

表 7 - 16　项目目标分解表

销售目标：××××万元　预售卡目标：××××张

序号	品牌	店面数量	销售目标 （万元）	预售卡目标 （张）	责任人	备注
1						
2						
3						

（12）每日工作统计表，如表 7 - 17 所示

表 7 - 17　每日工作统计表

时间：11 月　　日

1. 市场推广组				
楼盘组	发放单页：	发放停车卡：	售卖通行卡：	
	出勤人员：	出勤车辆：		
	需求资源：			
2. 电话营销组				
拨打总数：	A（确定会来）：	B（可能会来）：	售卖通行卡：	
	出勤人员：			
需求资源：				
3. 商场拦截组				
	出勤人数：	发放 DM：	售卖通行卡：	
4. 店内门店售卡总数：				
5. 今日售卡总数：				
6. 截至今天总售卡：　　张				

（13）通行卡领取登记表，如表 7－18 所示

表 7－18　通行卡领取登记表

序号	日期	领卡组/品牌	领卡人	数量	卡号	缴款	确认签字	备注
1								
2								

（14）售卡总计表，如表 7－19 所示

表 7－19　售卡总计表

序号	时间	电话营销	市场推广	网络营销	商场店面组	总计	备注
1	8 月 18 日						
2	8 月 19 日						
3	8 月 20 日						
4	8 月 21 日						
5	8 月 22 日						
6	8 月 23 日						
7	8 月 24 日						
8	8 月 25 日						
9	8 月 26 日						
10	8 月 27 日						
11	8 月 28 日						
12	8 月 29 日						
13	8 月 30 日						
14	总计						

（15）启动大会流程

动员大会流程（半天）；

12：50—13：00 全员签到；

13：00—13：10 全员进场；

13：00—13：10 领导发言；

13：20—13：40 动员大会纪律公布，项目组自我介绍；

13：40—15：50 讲解活动物料以及执行要求和标准；

15：50—17：00 讲解心态 PPT，观看视频；

17：00—17：20 授旗仪式；

17：20—18：00 各军区团队展示，各品牌代表团队展示；

18：00—18：10 领导总结；

18：20—18：50 各品牌签订活动军令状。

（16）需商户配合事项一览表，如表 7－20 所示

亲爱的商户朋友：

您好！感谢您一直以来对××商场的支持！8 月 31 日是××商场"开仓日——横扫网价底线"活动日，为确保本次"开仓日"活动再创佳绩，现有以下事项需全体商户伙伴积极配合及参与：

表 7－20　需商户配合事项一览表

序号	事项内容及要求	事项要求	事项要求
1	开仓日营销活动方案	必选项	
2	全场明码实价政策	必选项	明码标价，十倍补差
3	预售卡满 3000 抵 200 活动	必选项	费用专柜承担
4	展位布置方案	可选项	展位布置包括氛围布置、礼品堆垛、餐点、水果、饮料等
5	外围广告投放方案	必选项	展位布置、广告宣传要求必须全部加注"××商场 8 月 31 日开仓日"字样，并不得开展任何与本活动内容及主题相冲突的广告及软文宣传
6	形象代言人（明星）支持	可选项	不必全程，只要到场，时间不限；商场将对提供明星支持的品牌商户给予 DM 单页单独品牌推广及商场广告位支持
7	新、老客户信息	必选项	必须保证信息的准确性和真实性，以供电话营销推广使用

续表

序号	事项内容及要求	事项要求	事项要求
8	会议培训全程参与	必选项	包括启动大会、培训会
9	统一收银	必选项	
10	公共区域红地毯及地贴铺设申请	可选项	采取就近优先的原则
11	公共广告位申请	可选项	视活动力度及效果评估审核批准
12	网站宣传推广支持	必选项	1. 在本品牌网站发布本次活动的宣传画面 2. 加入本次商户的QQ群参与网络营销工作
13	潜在及新老顾客电话或短信推广	必选项	另见短信格式
14	电话营销及社区推广	必选项	提供人员和项目组一起进行推广
15	统一活动价签、保价承诺	必选项	
16	停止装修、上货等行为	必选项	活动期间停止装修、上货

注：以上事项上报及报名截止时间：8月17日12：00；报名地点：商场办公室；对接人：营销主管。

营销项目组

2017年8月14日

（17）推广过程积分机制，如表7-21所示

表7-21　推广过程积分表

7月30日、31日打分制度						
序号	类别	考核对象	考核内容	考核标准	分值	备注
1	加分类	军才综合考评	1. 军团内完成品牌售卡任务	基础售卡数量3张		
2			2. 军团每日售卡数量	第一名	30	
				第二名	20	
				第三名	10	

续表

7月30日、31日打分制度						
序号	类别	考核对象	考核内容	考核标准	分值	备注
3	加分类	军才综合考评	3. 军团每日售卡数量	1张卡	1	每一张卡加1分
4			4. 军团每日订单数量	1个订单	5	每一个订单加5分
5			5. 军团每日收款金额	收款10000元	10	每收款10000元加10分
6			6. 军团每天传播正能量	晨会开始前	10～100	根据团队自行展示氛围加分
7			7. 每日舞蹈期间上台领舞	主动上台领舞	5	
8			8. 军团舞蹈PK	第一名	20	根据团队舞蹈整体参与度
				第二名	10	
				第三名	5	
9			9. 微信自转发（数量）	第一名	20	根据执行老师要求转发
				第一名	10	
				第三名	5	
10			10. 微信朋友转发（数量）	第一名	20	
				第二名	10	
				第三名	5	
11			11. 微信转发数	转发数量	2	根据执行老师要求转发
12			12. 军团被项目组表扬	表扬一次	20	每转发一个加2分
13			13. 军团内员工被项目组表扬	表扬一次	5	
14			14. 军团完成项目组布置的任务	第一名完成	30	
15				第二名完成	20	
16				第三名完成	10	

续表

			7月30日、31日打分制度			
序号	类别	考核对象	考核内容	考核标准	分值	备注
17	加分类	军才综合考评	15. 晨会期间军团整队	第一名完成	30	
18				第二名完成	20	
19				第三名完成	10	
20			16. 内部互相带客户	带客户去其他门店	10	
21			17. 内部带单成功	带客户去其他门店成单	100	联动1次加10分
22			18. 报目标PK	报目标第一名	20	联动成单1次加10分
23				报目标第二名	15	
24				报目标第三名	10	
25	减分项	军团综合考评	1. 日常会议人员迟到	30分钟以内	−10	均由项目组监督
26			2. 日常会议电话铃声响起		−10	
27			3. 日常会议旷会	无故旷会	−50	
28			4. 传播负能量、消极情绪	大众场合公然起哄	−50	
29			5. 军团人员缺人	缺1人	−10	
30			6. 员工销售虚假卡	项目组审核认定	−50	
31			7. 岗位员工擅自离岗，回到门店	门店拍照留证	−10	
32			8. 员工不听从统一指挥	项目组审核认定	−100	

（18）落地安排，如表 7－22 所示

表 7－22 活动商场落地安排表

序号	类别	时间	地点	操作流程	总负责	负责人员	所需物料
1		21 日 9：00—22日 21：00 两天		活动商场循环音乐、广播	××××	主持人	活动音乐、广播文案
2		21 日 9：00—22 日 21：00 两天		1. 所有商场工作人员着统一"惠民日"工作服			统一服装
3		20 日 16：30—17：30		2. 所有商品摆上"惠民日"统一标价签，原价签不撤			标价签
4	商场导购	20 日 16：30—17：30	各店面	3. 商场正门口摆上"保价承诺书"X 展架	陈总	商场导购	
5		21 日 9：00—22 日 21：00 两天		4. 顾客凭惠民卡，购物实付金额满 5000 元抵扣 300 元（爆品不参与）			惠民卡
6		21 日 9：00—22 日 21：00 两天		5. 使用后需在"惠民抵扣认证"上"签字确认"本品牌已使用，并在"统一销售合同"上做备注；顾客可在其他品牌继续使用该卡抵用券			

续表

序号	类别	时间	地点	操作流程	总负责	负责人员	所需物料
7	商场导购	21日9：00—22日21：00 两天	各店面	6. 惊爆品购买，直接在"统一销售合同"上备注"惊爆品"			惠民卡
8		21日9：00—22日21：00 两天		7. 顾客购买惠民卡，在"统一销售合同"上备注"购买惠民卡1张"	陈总	商场导购	

启动式流程（12月21日）

序号	类别	时间	地点	操作流程	总负责	具体负责人员	所需物料
10	启动仪式	9：00—9：25	场外舞台	1. 维持现场秩序		礼仪	
11		9：05—9：10		2. 主持人开场白		外聘主持	音响、话筒
12		9：10—9：10		3. 福满年陈总致辞，代表宣誓底价承诺	×××	商场领导	致辞稿（宣誓词）
13		9：10—9：40		4. 节目		外聘节目	
14		9：40		5. 主持人宣布"品牌家居成本价 惠民日"活动正式开始		外聘主持	

续表

邀请函签到组

序号	类别	时间	地点	操作流程	总负责	具体负责人员	所需物料
10		20 日		1. 12 月 20 日 17 点 30 分前将挂历转移至二楼礼品处		机动组	挂历
11	邀请函签到	21 日 9：00—22 日 21：00 两天	二楼	2. 桌椅、水牌、展架等物料准备、检查	××××	×××	桌椅 × 2、台布、挂历、隔离带、X 展架（细则）
12				3. 顾客凭惠民日邀请函至商场二楼礼品处换取挂历一份			
13				4. 在邀请函上备注"已领礼品"			
14				5. 现场秩序的维护		×××	

进店有礼来就送

序号	类别	时间	地点	操作流程	总负责	具体负责人员	所需物料
15	1000 桶食用油来就送	20 日	三楼	1. 12 月 20 日 17 点 30 分前将食用油转移至三楼领油处	×××	机动组	食用油
16				2. 桌椅、水牌、展架等物料准备、检查		桌椅 ×2、台	

续表

序号	类别	时间	地点	操作流程	总负责	具体负责人员	所需物料
17	1000桶食用油买就送	21日9：00—22日21：00 两天	三楼	3. 顾客凭惠民日食用油券至商场三楼领油处换取金龙鱼用油券一桶，回收食用油券一桶换取一桶食用油（同一人限换取三次有效，多券无效）	×××	×××	布、食用油、隔离带、X展架（细则）
18				4. 现场秩序的维护		×××	

1000个现金红包买就抽 100%中奖

序号	类别	时间	地点	操作流程	总负责	所需人员	所需物料
20		20日		1. 将现金券装红包内	×××	×××	红包墙、红包、桌椅、现金券×6、台布、印章"红包已抽"隔离带、登记表、X展架
21		20日17：00前		2. 20日17：00前红包墙到位，将红包粘至红包墙上			
22		21日8：30—9：00		3. 桌椅、水牌、印章、展架、表格等物料料备、检查			
23	红包抽奖	21日9：00—22日21：00 两天	二楼	4. 审核商场统一销售合同单据，顾客消费实金额满3000～5999元，可抽一个；满6000～8999元，可抽两次封顶；以此类推，每个合同单三次封顶		×××	
24				5. 抽红包登记，合同单上备注"红包已抽____次"，引导顾客选取红包墙上的红包			
25				6. 红包墙上的红包增补			
26				7. 红包的看护及放放手动礼花			

续表

序号	类别	时间	地点	操作流程	总负责	所需人员	所需物料
27	红包抽奖	21日9:00—22日21:00两天		8. 现场秩序维护		×××	
28	红包兑现	20日17:00前	二楼	1. 现金的准备，详见《红包预算》	×××	×××	水牌、现金、印章"现金已兑____元"、登记表
29		21日9:00—22日21:00两天		2. 顾客凭抽中的现金券兑换现金，回收现金券			
30				3. 红包现金发放登记，并在销售合同上"现金已兑____元"			
31				4. 现场秩序维护		×××	

年度终极豪礼大抽奖

序号	类别	时间	地点	操作流程	总负责	所需人员	所需物料
32	抽奖发券	17:00—18:00	商场一楼（收银台）	1. 桌椅、水牌、展架、印章、表格等物料准备，检查		×××	抽奖箱×2、台布
33		21日9:00—22日16:55		2. 引导顾客消费实交金额满2000~3999元，即可领取奖品牌家电抽奖券一张；满4000~5999元，领取两张，上不封顶，以2000元为基准		×××	
34				3. 在统一合同单上备注"奖券已领____次"，发券			
35				4. 顾客将奖券副券投入活动抽奖箱，妥善保管副券			
36	奖项抽取	12月21日、22日17:00	外场舞台	1. 12月21日、22日17:00由主持人现场抽奖，中奖者在现场方有效，不在则重新抽取该奖项得主	×××	×××	话筒、音响
37				2. 顾客凭中奖正券，合同单据核对中奖信息 3. 签字确认领取家电，奖券回收		×××	桌椅×1、家电、印章"奖品已领"、登记表
38				4. 现场秩序维护		×××	

续表

收银组

序	类别	时间	地点	操作流程	组长	组员	所需物料
39	收银	21 日 9：00—22 日 21：00 两天	收银台	1. 消费者付款时所持的必须是活动统一订购单			
40				2. "统一订购单"内容必须填写完整（购物品牌、型号、购买者姓名全称、住址、电话、营业额、实付金额等都要填写详细）			
41				3. 在订购单上加盖收银专用章（每张都要盖）	×××	×××	
42				4. 消费者单笔购物满 5000 元才可以使用 300 元现金抵用券；单品牌一户限用一张			
43				5. 300 元在顾客交尾款时抵扣 6. 现场秩序维护		×××	

安保组

序	类别	时间	地点	操作流程	组长	组员	所需物料
44	安保	21 日 9：00—22 日 21：00 两天	全商场	1. 负责全场活动人员、财产安全 2. 配合各环节秩序、安全维护	×××	×××	

保洁组

序	类别	时间	地点	操作流程	组长	组员	所需物料
45	保洁	21 日 9：00—22 日 21：00 两天	全商场	保证店内卫生整洁，及时处理顾客遗留的垃圾杂物	×××	×××	

共需：财务 4 人及安保、保洁若干名

（19）活动现场广播稿

①开场

尊敬的各位来宾，亲爱的顾客朋友们，大家好！

欢迎光临××商场，您正在参加的是××商场"开仓日"活动，我谨代表××商场全体员工，对您的光临表示热烈的欢迎以及衷心的感谢，感谢您一直以来对××商场的支持，我们也将一如既往地为您提供最优质的服务和最美满的家居生活！

②活动介绍

此次"开仓日"活动是由××商场联合全国300余品牌共同举办的，同时由全国工商联家具装饰业商会全程监督执行。活动期间，工厂、商场、商家三方联合让利，全场商品明码标价，确定为本年度最低价格，如有差价，十倍补差！

消费实交金额满5000元可参与现金红包大抽奖，100%中奖，最高可获4999元！

持通行卡顾客消费实交3000元立抵200元，不同品牌可累计抵扣！

3000台家电抽到手发软，单笔购物满2000元，即可参加家电大抽奖，冰箱、液晶电视、微波炉送不停！

6000桶食用油，持通行卡来就送，送完即止！

家家都有惊爆品，千款惊爆品任您选，超过5折我买单！

同时，为了保障您的合法权益，请在商场收银台统一收银，祝您购物愉快！

③时间提醒

各位来宾，各位朋友，您们好！欢迎您参加××商场"开仓日"活动，本次活动的时间只剩下最后8个小时（5个小时……最后30分钟），请大家抓住这千载难逢的好机会，明天××商场所有产品将恢复原价，所有厂家也将撤离现场，您现在看到的一切优惠也将不复存在，请大家莫失良机，选择自己称心如意的产品，同时也欢迎您将这个千载难逢的好消息带给您身边有需要的亲朋好友！

同时，为了保障您的合法权益，请在商场收银台统一收银，再次感谢您对××商场的支持，祝您购物愉快！

④人潮拥挤提醒

亲爱的顾客朋友，由于现在商场内顾客比较多，我们的工作人员可能照顾不到，敬请谅解。我们在每件商品上都已标明本次直销活动的最低价，您可以自由选购。如果您需要任何帮助，我们的导购员就站在您的身旁，他们将竭诚为您服务！

同时，为了保障您的合法权益，请在商场收银台统一收银，再次感谢您对××商场的支持，祝您购物愉快！

⑤场抽奖及其他活动介绍

亲爱的顾客朋友，在您购买完您喜欢的产品后，欢迎您参加我们设在一层大厅的各类抽奖活动，只要您实交金额满2000元，便可来到舞台旁边参与家电大抽奖，3000台家电抽到手发软！实交金额满5000元，即可参与现金红包大抽奖，100%中奖，最高可获4999元。而且刚刚我们已经有一位朋友很幸运地抽到了××××，抢到就赚，说不定下一个抽到大奖的就是您！

同时，为了保障您的合法权益，请在商场收银台统一收银，再次感谢您对××商场的支持，祝您购物愉快！

幸运客户：

刚刚来自哪里哪里的×××先生抽中现金红包×××元（或抽中电器×××），恭喜这位朋友，也希望这个好运能一直延续下去，更希望现场更多的顾客朋友都可以享受到这份幸运。

同时，为了保障您的合法权益，请在商场收银台统一收银，再次感谢您对××商场的支持，祝您购物愉快！

⑥温馨提示

活动期间，凡需凭通行卡领油的顾客请到一楼小厅或10号门二楼服务台领取食用油一份；凡需抢红包、抽家电、抢惊爆品的顾客请到一楼中厅抽取大奖。

此次"开仓日"活动除了您所看到的商场六重惊喜之外，我们在场的300多户商家也为大家准备了不同的惊喜豪礼，欢迎大家到各个专柜品鉴，带走您称心如意的家居，抽走属于您的幸运大奖！如果您需要任何帮助，我们的导购员就站在您的身旁，他们将竭诚为您服务！

同时，为了保障您的合法权益，请您务必在商场收银台统一收银，再次感谢您对××商场的支持，祝你购物愉快！

⑦报单

尊敬的各位来宾，亲爱的顾客朋友们，大家好！

欢迎参加××商场"开仓日"活动，截止到现在，已有上千名顾客朋友享受到我们的活动优惠，首先恭喜来自×××品牌的××贵宾，消费金额×××元，可抽取×个现金红包，抽取一台家电，接下来是……

恭喜以上贵宾朋友，同时希望现场能有更多的朋友可以享受到这份喜悦与幸运！

同时，为了保障您的合法权益，请您务必在商场收银台统一收银，再次感谢您对××商场的支持，祝你购物愉快！

工厂省级联动模式

模式八

◎ 活动模式简介

　　省联动模式是品牌之间高手的对决，是大品牌之间的终极 PK 游戏。全区域联动产生的强大爆发力，可以达到多重目的：销量提升抢占市场、经销商管理运营提升、凝聚力士气提升、店面形象提升、价格统一、销售技巧提升、促销执行能力提升等。

◎ 活动核心要点

　　宣传要到位、活动力度要到位、动员培训要到位、活动执行要到位。

◎ 活动所需文件

　　（1）活动大框架

　　（2）时间推进表

　　（3）和办事处提前对接事项

　　（4）活动执行框架

　　（5）经销商参战编号及统计表

　　（6）奖惩方案制订

　　（7）启动会物料准备

　　（8）门店考核表

　　（9）门店诊断表

　　（10）门店氛围升级

　　（11）过程管控机制

　　（12）日常管控

　　（13）广告投放标准

　　（14）集客渠道

　　（15）锁客模式

（16）中期总结分析会

（17）冲刺阶段安排

（18）小落地形式

（19）爆破工作进度安排

（20）爆破物料清单

（21）爆破人员分工

（22）爆破落地流程

1. 省级联动活动框架

省级联动活动框架，如图 8 - 1 所示。

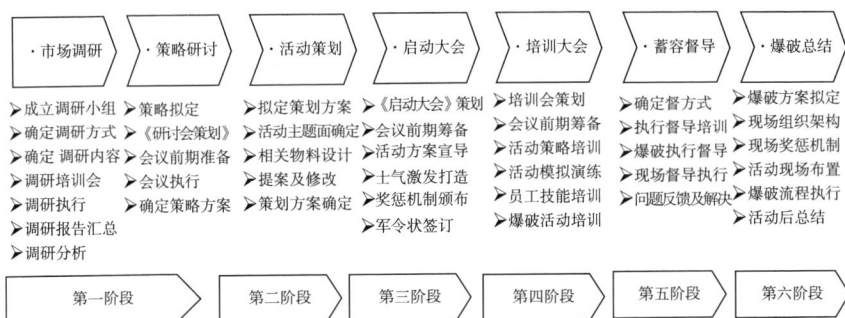

·市场调研	策略研讨	·活动策划	·启动大会	培训大会	·蓄客督导	·爆破总结
➢成立调研小组	策略拟定	➢拟定策划方案	➢《启动大会》策划	➢培训会策划	➢确定督方式	➢爆破方案拟定
➢确定调研方式	➢《研讨会策划》	➢活动主题面确定	➢会议前期筹备	➢会议前期筹备	➢执行督导培训	➢现场组织架构
➢确定调研内容	➢会议前期准备	➢相关物料设计	➢活动方案宣导	➢活动策略培训	➢爆破执行督导	➢现场奖惩机制
➢调研培训会	➢会议执行	➢提案及修改	➢士气激发打造	➢活动模拟演练	➢现场督导执行	➢活动现场布置
➢调研执行	➢确定策略方案	➢策划方案确定	➢奖惩机制颁布	➢员工技能培训	➢问题反馈及解决	➢爆破流程执行
➢调研报告汇总			➢军令状签订	➢爆破活动培训		➢活动后总结
➢调研分析						

第一阶段	第二阶段	第三阶段	第四阶段	第五阶段	第六阶段

图 8 - 1　省级联动促销框架图

2. 时间推进表

时间推进表，如表 8 - 1 所示。

表 8-1 全省联动推进计划表

全省联动推进计划总表

推进阶段	序号	主要项目	关键词/动作	客户方	督导方	1	2	3	4	5	6	7	8	9	10	11	12	13	14	15	16	17	18	19	20	21	22	23	24	25	26
筹备阶段	1	方案策划	活动方案																											
	2	物料设计	各项物料																											
	3	物料制作	核心/店内																											
	4	外联整合	异业/酒店等																											
	5	客户资源	意向/目标客户统计																											
	6	制度架构	建组织构架																											
	7	奖惩机制	奖惩制度确定																											
	8	礼品	礼品的筹备																											
	9	讲义课件	启动会/培训/文化																											

续表

全省联动推进计划总表

推进阶段	序号	主要项目	关键词/动作	客户方	督导方	1	2	3	4	5	6	7	8	9	10	11	12	13	14	15	16	17	18	19	20	21	22	23	24	25	26
启动大会	1	启动大会	全体人员启动大会/培训会	全体																											
执行阶段	1	每日计划	每日工作计划确定	全体																											
	2	培训	营销人员导购、小区业务、家装业务培训	全体																											
	3	晨夕会	团队文化导入、督导奖惩实施	全体																											
	4	总结会	团队奖实施	全体																											
	5	各广告投放	报纸、电台、异业、户外、小区																												
	6	氛围布置	店面布置指导	全体																											

续表

全省联动推进计划总表

推进阶段	序号	主要项目	关键词/动作	客户方	督导方	1	2	3	4	5	6	7	8	9	10	11	12	13	14	15	16	17	18	19	20	21	22	23	24	25	26
执行阶段	7	电话邀约	电销	电销组																											
	8	小区邀约	小区推广	小区组																											
	9	家装设计师渠道建设	家装、设计师渠道维护	家装业务组																											
	10	网络推广	网络执行	网络组																											
	11	广宣推广	广场舞、发单页、小礼品	文宣组																											
	12	终端连结	卖场人口拦截	终端拦截组																											
	13	日常模拟	导购、电销日常演练	全体																											
	14	微信推广	微信推广执行	全体																											

续表

全省联动推进计划总表

推进阶段	序号	主要项目	关键词/动作	客户方	督导方	1	2	3	4	5	6	7	8	9	10	11	12	13	14	15	16	17	18	19	20	21	22	23	24	25	26
冲刺阶段	1	活动落地	落地方案、控场	全体																											
后续总结	1	活动总结	文化、培训等总结	全体																											

3. 办事处前期配合准备事项

表8－2　办事处前期配合准备事项表

( ) 省对接准备事项					
序号	事项	重点提醒	省份（ ）	时间节点	备注
1	活动主题	已确定			
2	参与地区	详细列出参与地区（如北战区、南战区）			
3	框架分工	数据对接人			
4	时间推进表	人人知晓（启动会：4月24日—4月25日；活动：4月28日—5月14日）			
5	物料制作	活动通知、整套物料		启动会开始前完成	对接总部
6	参与经销商确定	确定参与经销商及参战编号		启动会前一周	
7	价格制订	统一标价确定		物料设计之前	
8	活动销售目标	总目标、各战区目标			
9	奖惩机制	奖惩方案确定			
10	确定数据统计2人、财务1人	所负责战区、姓名、电话			
11	建立QQ群	上传活动所需文件供经销商下载			

续表

		（　）省对接准备事项			
序号	事项	重点提醒	省份（　）	时间节点	备注
12	礼品采购	黄金纪念卡、工具箱等			
13	经销商内部启动会	执行手册整理发放			
14	启动会酒店	时间、地点、物料制作、准备物料、流程安排（签到处喷绘、登记表、合影、视频）			桌椅岛状摆放

4. 活动执行框架

活动执行框架，如图 8-2 所示。

5. 参战编号及统计表

参战编号及统计表，如表 8-3 所示。

6. 奖惩方案制订

可考核每天销售考核奖励、阶段考核奖励、活动结束考核奖惩、军团 PK 奖惩、启动会积分奖惩、店面布置考核奖惩、优秀团队奖、创新奖、晒单奖、进步奖、优秀店面奖等。

全省联动执行框架				
执行框架图	品牌执行官			
	常务执行官			
	总执行官	（南部战区）	召集人	黑龙江南
				哈尔滨
				鸡西
				牡丹江
				伊春
				双鸭山
				黑河
		（北部战区）	召集人	黑龙江北
				佳木斯
				七台河
				大庆
				呼伦贝尔
				绥化
	数据管理			鹤岗
	印刷物料组			
	电话回访			
	出纳			
	会计			
	监管			
	后勤			
	采购			

图 8-2　全省联动执行框架图

表8－3 活动战区划分及经销商参战编号统计表

战区	战区负责人	组别	地区	城市	参战编号	经销商	电话	店面详细地址	活动战区划分及经销商参战编号																	合计
									28	29	30	1	2	3	4	5	6	7	8	9	10	11	12	13	14	
黑龙江南部战区司令××	×××	第一组负责人××××			1																					0
					2																					0
					3																					0
					4																					0
					5																					0
					6																					0
					7																					0
					8																					0
					9																					0
					10																					0
		第二组负责人××××			11																					0
					12																					0
					13																					0
					14																					0
					15																					0
					16																					0
					17																					0
					18																					0
					19																					0
					20																					0

续表

活动战区划分及经销商参战编号

战区	战区负责人	组别	地区	城市	参战编号	经销商	电话	店面详细地址	28	29	30	1	2	3	4	5	6	7	8	9	10	11	12	13	14	合计
黑龙江北部战区 司令×××	×××	第三组负责人×××			21																					0
					22																					0
					23																					0
					24																					0
					25																					0
					26																					0
					27																					0
					28																					0
					29																					0
					30																					0
		第四组负责人×××			31																					0
					32																					0
					33																					0
					34																					0
					35																					0
					36																					0
					37																					0
					38																					0
					39																					0
					40																					0
合计									0	0	0	0	0	0	0	0	0	0	0	0	0	0	0	0	0	0

7. 启动会物料准备事项

表 8 - 4　启动会物料清单

序号	物料	序号	物料
1	场地	12	桌牌
2	话筒	13	条幅
3	音响	14	大军令状
4	投影	15	小军令状
5	签到表	16	口号
6	本	17	统一服装
7	笔	18	小手拍
8	白板笔	19	口哨
9	矿泉水	20	头带
10	战区旗	21	DM 单页
11	积分 KT 板	22	大礼包

8. 店面考核表

表 8 - 5　店面考核评估表

店面考核评估表					
店面区域	创意布展（10分）	活动政策掌握（10分）	团队精神面貌（10分）	门店卫生（10分）	门店服务（10分）	总分

9. 门店体检诊断表

表8-6　门店体验诊断

门店体验诊断					
区域：　　　　门店：					
序号	考察方式	考察问题	存在问题	修改措施	备注
1	望	门店位置			
2		室内外氛围			
3		环境卫生			
4		布局是否合理			
5		有无迎宾			
6		有无拦截			
7		门店没有客户，员工在干什么			
8	闻	导购介绍产品			
9		导购介绍活动政策			
10		电话邀约话术			
11	问	每日签单考核指标			
12		管理方式			
13		门店日常奖罚机制			
14		门店日常对赌机制			
15		门店团队			
16		小区团队			
17		异业合作			
18		家装合作			

门店体验诊断					
区域：			门店：		
序号	考察方式	考察问题	存在问题	修改措施	备注
19	切	表格的运用			
20		表格的落实			
21		工作计划			
22		工作总结			
23	总结	诊断人：　诊断日期：			

10. 门店氛围升级

冷餐升级：四种饮料、四种水果、四种零食（老人/小孩/男人/女人）、常用药药箱、鲜花等。

互动专区设置：儿童游乐园、活动音频、视频等。

情感互动：店面十大景观设计、企业文化墙、团队风采展示照片、老客户荣誉墙、客户留言板、抽红包、扎气球、抓弹珠、大富翁、合影代言牌、刮彩票、拍立得、3D 图片打印等。

施工实景展示：工艺、服务极致展示，让客户绝对认可。

11. 过程管控机制

表 8－7　过程管控机制内容表

序列	项目	每日奖惩	奖励	处罚	备注
1	门店日常管理机制	团队军令状完成	老板奖励团队_____元	无	
2		每个区域团队每日均有指标，必须完成_____单	每单奖励_____元	没有完成指标吃苦瓜（10cm 左右）或者喝醋一杯	
		每人每天打 50 个电话	无	打不完不下班（特殊结点除外，如小引爆邀约日）	
3	数据管理机制	每人每日工作日志	无	此项未完成，老板负激励200元	
4		每日门店数据汇报到督导老师	无	此项未完成，老板负激励200元	
5		门店评估表拍照上传到督导老师	无	此项未完成，老板负激励200元	
6	会议机制	晨夕照片/视频上传到大群	无	此项未完成，老板负激励200元	
7	分销商pk	分销商参加对赌	无	无	双方各出_____元
8	派单机制	按照时间计划派单，特殊节点需向督导老师汇报	无	此项未完成，老板负激励200元	
签字：					

12. 店面日常考核

表 8 - 8　店面日常考核

店面日常考核		
序列	考核项目	考核备注
1	晨会	每天晨会分享小故事并总结，在工作日志中体现
2	夕会	分享今天工作情况与遇到的问题/人
3	电话营销	50 电话量/人
4	每日拦截	拨进店客户/天
5	工作日志	每天每人
6	成交晒单	客户和销售人员共同手举代言牌合影
7	门店评估表	每天
8	负激励	根据店面实际情况执行负激励必须发送到微信群"广东省冠珠大家庭"
9	签单指标	根据店面实际情况
10	意向客户	2 个/人/天
11	派单	地点时间发送到战区群
12	数据汇报	每天（数据模板跟所负责区域督导老师要）

13. 广告投放标准

表 8-9　广告投放标准

广告投放标准				
序列	项目	位置	标准	备注
1	灯箱			必选
2	街道护栏旗			必选
3	电台	活动音频广告		可选
4	商圈	LED 显示屏活动动态广告	活动动态广告	可选
5	商圈	地面活动地贴	楼梯口	必选
6	商场	包柱喷绘	停车场	可选
7	商场	商场门口刀旗		必选
8	商场	地下停车场		可选
9	商场	商场门口到门店门口红地毯＋指示箭头地标贴		必选
10	商场	LED 显示屏活动动态广告		必选
11	商场	活动音频广告		必选
12	商场	观光电梯内广告		可选
13	商场	手扶电梯侧身广告（内外）		可选
14	商场	横幅		必选
15	商场	条幅		必选
16	商场	楼层喷绘		必选
17	商场	气球拱门		必选
18	商场	三角柱广告		可选
19	商场	指示充气娃娃		可选
20	商场	商场巨幅喷绘广告		可选

广告投放标准				
序列	项目	位置	标准	备注
21	卖场	气球拱门		必选
22	卖场	指示充气娃娃		可选
23	卖场	条幅		必选
24	卖场	横幅		必选
25	卖场	卖场门口大幅喷绘		必选
26	卖场	音频广告		必选
27	卖场	定点询问处		必选
28	卖场	卖场门口到门店门口红地毯＋指示箭头地标贴		必选
29	卖场	橱窗喷绘广告		必选
30	卖场	桁架喷绘广告		必选
31	卖场	刀旗		可选
32	卖场	包柱广告		可选
33	卖场	卖场巨幅墙体广告		可选
34	卖场	三角柱广告		可选
35	公交车	车身广告	5辆车	可选
36	公交车	公交媒体		可选
37	公交车	公交站台		可选
38	小区	地下停车场	所有地方	可选
39	小区	电梯	所有单元	可选
40	小区	楼层	楼层牌	可选
41	小区	公告栏	一版	可选
42	小区	窗体	成交客户玻璃窗户	必选
43	小区	楼身喷绘	两个	可选
44	小区	横幅	5个	必选
45	小区	音频广告	一个定点	必选
46	小区	客户样板间	10间	可选
47	小区	移动样板间		可选
48	小区	物业资料		可选

广告投放标准				
序列	项目	位置	标准	备注
49	店面车辆	货车车身巨幅广告		可选
50	网络论坛	标题贴	当地	可选
51	私家车辆	后挡风玻璃喷绘		必选
52	出租车	后挡风玻璃喷绘		可选
53	出租车	副驾驶广告		可选
54	饮料	饮料瓶广告		必选
55	异业	餐桌桌角广告		可选
56	异业	二维码扫码		可选

14. 集客渠道

表 8-10　集客手段渠道的要点表

集客手段渠道的要点				
集客方式	要求	要点	费用预估	备注
市场拦截	人员不够可找临促，无论街边店或市场商场店都必须要做	通过临促简单讲解产品卖点往店内拉客户，按拨收费 1~3 拨/每拨 2 块，4~6 拨/每拨 4 块，7+/每拨 6 块		
广场舞大妈渠道	赞助广场舞大妈服装/音频/送小礼品帮忙宣传（最好的广告）	通过广场舞大妈的统一服装/给小礼品，周围的围观者都能看见我们的 logo 和品牌名字，再通过大和妈们聊天，就可以告知对方，我们在搞什么活动，提升品牌知名度		

续表

集客手段渠道的要点				
集客方式	要求	要点	费用预估	备注
电话营销	定任务，达成奖励/达不成不下班	导购/店长在店面没人的时候，让所有人员轮流打电话，定下每日目标，如：新客户30～50个老客户回访10～20个，抽空打完，打不完不下班		
电话营销人员及其他相关费用/电话资源	电话资源成交的老客户、新小区	通过在电话中告知我是谁、来自哪里，打电话过来有什么事。通过电话了解，邀约进店		
微信助力扫码有礼	各个地方准备礼品，要求客户扫码分享加门店照片发送朋友圈	拍几张照片发送朋友圈才可以送出小礼品/设置一个大奖，表现优者获得		
业主微信群红包互动		进入业主群之后与业主红包互动，了解装修进度、周边装修情况		
车辆/人员游街	物料上齐，人员配备/音响话筒音频	车速放慢游街过程中可播放音频广告，选上下班高峰期出行或者广场大型商场门口宣传等		
户外广告块数	争取大、显眼			
团购费	参加联盟或者团购网、团购会的支出费用			
若有小区资源一定要驻点/X展架/礼品/桌椅/棚子	小区驻点费用	小区驻点，留下客户真实信息、户型，送小礼品		

集客手段渠道的要点				
集客方式	要求	要点	费用预估	备注
电台广播/商场广播/卖场广播/下乡村支部				

15. 锁客模式

送卡模式准备的物料：用品牌信封装上活动邀请卡、礼品卡、样板房说明书、少许糖果。

（1）送卡注意事项

①样板房征集说明必须有（活动内容写清楚，盖章）；

②必须和客户合影，照片上说明客户情况（说明内容：××小区业主，装修到××进度，××装修风格，想体验挚爱）；

③要求和客户沟通时间不低于10分钟；

④第二天用公司电话回访，以公司样板房征集报名核实的名义沟通，增加可信度；

⑤送卡之后要求第一时间加客户微信，为后期微信活动做铺垫。

特别要求：另外，送卡量一定要大，一般一个人一天要求送4~6张卡，加微信至少60%。

（2）送卡客户维护

①主动要求加微信，直接与客户电话沟通加深印象，并告诉客户要加他的微信，请客户允许通过；

②把加的微信拉入一个新建群，比如"9·24吊顶节样板房征集业主福利群"；

③不定时地私信和群聊，发已装好的图片或者 3D 图，店面的展品照片及火爆氛围也可以发私信或群里，客户有互动要及时解答；

④在群里或私信发早安正能量、晚安小分享，时不时发个小红包；

⑤个别客户可多个电话沟通邀约进店；

⑥多发一些已成交客户拿着"我为××代言"牌子的合影。

（3）跑小区卖卡或送卡注意事项

①物料准备：纸、笔、手提袋、尺子、量尺本子，已成交楼层详细信息，配套卡的 5 件套，手机收藏抗油污、智爱家具、晾衣架等视频及酷家乐 3D 样板图、安装好的实景图片等；

②心理准备：克服胆怯，主动热情出击，根据目测第一时间找出客户家同等户型及案例，足够自信。

过程小落地准备物料：活动方案、活动方案讲解 PPT、条幅、样板房申请书、店面布置（礼品堆头、金蛋等），场地能容纳 20～40 人，能放投影、话筒、蛋糕、水果、点心。

成交后客户要做的几件事：合影发微信群，现场活动照片、小视频发活动微信群；要求样板房业主同意做护门广告、窗户广告、地垫广告或走廊广告，半年内允许带新客户去看样板。（备注：对于已成交信任自己的客户，可以让他帮忙介绍新客户并送礼品给他。）

16. 中期总结分析会

表 8－11　中期总结分析表

中期总结				
区域：　　　　门店：　　　　店长：				
序号	进店率（本店的主要进店渠道）	评估	规划	备注
1	自然客流			
2	老客户/电话户邀约			

中期总结				
区域：		门店：	店长：	
序号	进店率（本店的主要进店渠道）	评估	规划	备注
3	家装渠道			
4	小区渠道			
5	异业带单			
6	其他			
序号	成单率（根据日常门店统计表分析）			
1	门店氛围			
2	门店服务			
3	员工配合			
4	产品介绍			
5	导购/店长权限			
6	其他			
序号	客单值（根据日常销售反馈）			
1	导购引导			
2	门店套餐			
3	产品定价			
4	其他			
序号	团队评估			
1	人员状态			
2	老板态度			
3	其他			

17. 冲刺阶段安排

表 8 – 12   行动冲刺阶段规划

序号	事项	描述	落实时间	备注
1	人员机制	完成冲刺任务后再领任务加奖励		
2	日常监管	每日店长总结，每日日常考核标准不变	延续	全部区域
3	冲刺会	每个区域必须召开冲刺会		
4	落地准备	落地形式/场地/物料/区域划分/人员分工/客户邀约/落地物品/落地礼品/落地流程		
5	行程规划			
6	门店培训	销售客户管理工具培训　　销售四点思维，销售人员测评　　销售人员测评系统工具培训		
7	需要厂家支持			
8	其他	其他区域参考冲刺心态培训调整	与区域督导老师协商	

18. 小落地形式

（1）烧烤晚宴；

（2）冷餐夜宴；

（3）Cosplay；

（4）电影主题；

（5）厂家样板房征集；

（6）节假日主题；

（7）感恩宴红酒会；

（8）生日宴；

（9）嘉年华；

（10）亲子活动。

19. 爆破工作进度安排

×月×日店面全天电话短信邀约：

17：00—18：30　　　　物料准备、装车，会场物料准备、装车，活动表格打印。

19：00—20：00　　　　桁架进场、搭建。

20：00—00：00　　　　加班加点必须布展完毕，所有礼品、物料全部到位（礼品及物料详见物料清单）。

×月×日：

08：30—09：00　　　　所有工作人员全部到达会场召开晨会（工作人员详见人员分工表）。

09：00—10：00　　　　全部会场物料、礼品、人员到位。

10：00—10：30　　　　打扫会场卫生。

10：00—11：00　　　　收银组培训，讲解组培训。

10：30—11：00　　　　所有工作人员就餐。

11：00—11：20　　　　各岗位工作人员全部就位，熟悉本岗位工作内容。

11：30—12：30　　　　客户扫描签到。

11：30—12：30　　　　客户就餐。

12：30—13：00	客户进场，导购引导参观产品，主持暖场。
13：00—13：10	主持人开场，讲解活动内容。
13：10—13：15	开场舞。
13：15—13：25	××上台品牌价值塑造。
13：25—13：50	产品展示及实验（××上台讲解产品）。
13：50—14：00	总裁上台公布政策。
14：00—15：00	自由下单时间（主持人催场，循环抽奖）。
15：00—15：20	明星时间。
15：20—15：50	自由下单，下单30000元以上客户和明星合影时间。
15：50—16：00	暖场舞蹈。
16：00—17：00	自由下单（主持人催场）。
17：00以后	分批离场，较远的地区先离场，并把××分发装车，抽调人员维护离场秩序。

20. 爆破物料清单

（1）需要设计制作的物料。喷绘（提前晾晒）：背景喷绘（路边喷绘，产品展区背景喷绘，收银区、礼品区、红包区、金单区喷绘）、围挡喷绘（收银区围挡、礼品兑换区围挡、红包区＋金单区围挡）；8条条幅（20m）、X展架5个、地贴20个、LED背景：1366×769。

（2）活动当天物料。大巴车条幅（各地自行制作）、各地区手举牌（统一印刷）、臂贴（统一印刷）、奖券（金蛋券、抽奖券、午餐券）。

（3）需要采购的物料。水性白板笔1盒、圆珠笔2盒、POS机（纸2大卷、充电器，3备1）、验钞机（1备1）、订单本、插线板（4个，要有一个长的）、4台小订书机（2盒钉）、金蛋800个、双面胶3卷、透明胶带2卷、皮筋1包、空气清新剂2瓶（安利）、印油3盒、手提袋400个、宣传页400份、抽奖箱1个、"礼"或"奖"字贴10

个、小手拍 400 个、矿泉水 400 瓶、红包 300 个、统一马甲（12 日下午 6 点之前到达会场）。

（4）刻章。现金收讫、刷卡收讫、奖券已领。

（5）礼品。

①满章：电风扇、健康秤 100 个（免费送的卡要送健康秤）；

②红包：20 元（65 个）、30 元（100 个）、50 元（30 个）、100 元（4 个）、1888 元（1 个）（红包现金务必在 22 日下午 5 点前零钱兑换完毕）；

③金蛋：1 台 32 英寸液晶电视、3 个挂烫机、3 个光波炉、120 个车载吸尘器、120 个陶瓷刀、60 个手拉车、120 个工具箱、6 个千足金转运珠、120 个充电宝、40 个 30 元现金、7 个 50 元现金（所有礼品在 22 日晚 8 点前到达会场）；

④抽奖：全自动洗衣机 20 台（22 日晚 8 点前到达会场）。

21. 爆破人员分工

表 8-13　爆破人员分工表

分组	负责人			工作内容	备注
总指挥				负责会场各项工作的协调及突发事件的处理	
外围接待组				负责大巴车停车指引及客户进场指引以及外围一些突发事宜的处理，发放手举牌、臂贴、午餐券、金蛋券、抽奖券、电视机券，并让经销商签字确认	

分组	负责人			工作内容	备注
签到组				负责客户的签到、手提袋的发放	
检票组				有臂贴或穿红色工装的方可进入	
收银组				负责现场客户的开单及收银，并向对应订单金额发放金蛋券、抽奖券、电视机券	
金蛋组				负责金蛋区的正常运行，一定要凭金蛋券才能砸金蛋，同时回收金蛋券	
礼品组				负责礼品的保管及发放，凭奖券领取礼品	
舞台组				主持人、开场舞、总裁致辞、明星表演、穿插抽奖、主持人控场、抽奖礼品登记及舞台的各项协调	
催单组				负责现场未下单客户的催单及活动内容的讲解	
电视机发放组				活动结束后客户凭电视机券领取液晶电视	

分组	负责人			工作内容	备注
现场导购				负责现场产品的讲解，引导客户下单	
酒店对接				负责酒店安保、电力等各项有关事宜的协调及对接	
就餐指引				负责客户就餐引导及协调酒店补餐	

各工作人员：

1. 严格按照培训内容执行，如不按规定执行，出现差错个人承担责任。在活动结束之前任何人不得离开自己的工作岗位，如被总指挥发现擅离职守，将处200元罚款。

2. 在活动执行中，应根据现场实际情况灵活变通，遇见问题积极解决，严禁和客户发生冲突

22. 爆破的流程

表8-14　爆破流程表

序号	时间	事项	主要工作	备注
1	8：00—10：00	场地布置	活动场地音响调试、演艺人员到位、桌椅摆放，砸蛋区域及礼品摆放清点，抽奖礼品摆放清点，收银台清理	执行人员及店面各人员必须在8：00前到舞台区开晨会，进行工作宣讲。最后布置及所有工作是否正常完成，活动现场的所有设备调试完毕并确认无误

序号	时间	事项	主要工作	备注
2	10：00—10：20	最后检查	准备品牌宣传片播放及音乐，主持人台下准点播报开场	
3	10：20—11：30	客户报到、午餐	客户报到、领取手提袋、抽奖券、砸蛋券、午餐	座位准备手拍（客户到场即开始砸蛋）
4	10：30—13：10	现场下单、领券	下单	宣传片与歌曲循环播放
5	13：10—13：20	舞蹈开场	请业主就座、现场下单、收银、砸蛋工作结束	主持人重申下单即将结束
6	13：20—13：25	主持报幕	舞台节目表演	演艺人员提前就位，道具、音响、LED 背景到位
7	13：25—13：30	领导发言	提前准备演讲稿	
8	13：30—16：00	节目	活跃现场气氛	节目可备 4~5 个，每隔半小时表演一次
9	13：30—16：00	抽奖	抽奖逼单	每隔半小时抽一次，30 台洗衣机在活动结束时全部抽完
10	14：05—15：30	现场下单砸蛋	下单、砸蛋、收银、发券	主持人报幕砸蛋情况（时间视现场情况可压缩）
11	15：30—15：30	活动结束倒计时	主持人提醒台下观众抓紧时间下单，最后逼单	
12	15：35—15：40	最后逼单	把剩余的洗衣机全部抽完	
13	16：00	活动正式结束	主持人收尾	全体员工对各地区业主的到来表示感谢，并送上祝福

模式九

装企大促模式

◎ 活动模式简介

装企活动本质是单店活动，激活团队、扭转思维、突破客流与签单瓶颈是关键！

◎ 活动核心要点

活动政策、客流、签单、同频共振、兵贵神速、听话照做、成果导向。

◎ 活动所需文件

（1）前期对接表

（2）人员分组表

（3）激励机制

（4）个人目标分解军令状

（5）优惠政策红头文件

（6）晨会流程

（7）督导老师工作职责

（8）执行老师店面初期工作流程

（9）户型解析会落地方案

（10）战前动员会方案

（11）落地物料及分工

（12）落地流程

（13）总结会流程

1. 前期对接

表 9 – 1 装企活动开展前对接表

装修公司名称				
公司省、市、县				
公司规模（总人数）		公司成立时间		
公司模式		整装	半包	全包
上年度总销售额		客户合同平均单值		
一年的活动次数		上次活动结束时间		
公司负责人姓名		负责人电话		
分公司是否参与活动（数量）		材料商是否参与活动全程和现场布展		
活动落地时间（需提前40天）		材料商参与数量		
公司人员结构	业务人员	设计师	工程部	其他人员
	业务新人数量		能独立谈单设计师数量	
平时订单情况			活动订单情况	
本次活动计划的启动时间			本次活动计划的目标	

续表

当地楼盘信息	最近一年已经交房	小区总数量		总户数	
	即将交房（三个月内）	小区数量		合计户数	
已准备的客户电话数量		活动前可以准备的电话信息总数	可以准备的电话数量： 一手楼盘信息数量：		
需要特别注明的事项					

招商对接人：　　　　　　　　　　　　　　　　　　　　　电话：

2. 人员分组

表9-2　人员分组表

一队队名：卓越队				二队队名：无敌队			
姓名	职务	邀约目标	签单目标	姓名	职务	邀约目标	签单目标
	队长				队长		
	政委				政委		
	纪律委员				纪律委员		
	财务				财务		
	状态教练				状态教练		
	游戏教练				游戏教练		

续表

一队队名：卓越队				二队队名：无敌队			
姓名	职务	邀约目标	签单目标	姓名	职务	邀约目标	签单目标

3. 激励机制

激励机制详情，如表9-3、9-4、9-5所示。

表9-3 阶段奖励表

环节	时间	冠军团队考核	狗熊队考核	个人目标考核	备注
第1环节破冰阶段	200元＋流动红旗	全队全员60个俯卧撑和挂牌	按个人军令状执行	综合得分考核	
第2环节攻坚阶段	200元＋流动红旗	全队全员70个俯卧撑和挂牌	按个人军令状执行	综合得分考核	
第3环节光盘阶段	200元＋流动红旗	全队全员80个俯卧撑和挂牌	按个人军令状执行	综合得分考核	
总决赛环节冲刺阶段	500元＋流动红旗	全队全员60个俯卧撑和挂牌	按个人军令状执行	综合得分考核	

注：当阶段未完成保底任务奖励取消，若都完成了基本任务处罚取消。

表9－4　积分规则

序号	项目	积分	积分变量	备注
1	邀约（全员）	+30	1～9户=20分 10～15户=40分 ≧16户=60分	个人兑现1分=1元
2	签单（设计师）	+50	1～3单=50分 4～8单=100分 ≧9单=200分	个人兑现1分=1元
3	签单（邀约人）	+50	1～3单=50分 4～8单=100分 ≧9单=200分	个人兑现1分=1元
4	士气	+5～20		团队兑现1分=1元
5	纪律	+5～20		团队兑现1分=1元
6	决心	+5～20		团队兑现1分=1元
7	好人好事	+5～20		团队兑现1分=1元
8	迟到/缺席/其他违纪	−5～100	全队30～50俯卧撑或深蹲	团队兑现1分=1元

注：原有的工资绩效奖励保留，此积分奖励为活动额外嘉奖。

表9－5　挑战机制

序号	VS	PK条件	说明	备注
一级PK	任务挑战	认领一档总任务：16单=1000元 认领二档总任务：18单=2000元 认领三档总任务：20单=3000元	战队必须挑战一次，若未完成任务退回奖金。可退档不可进档	总结大会兑现

序号	VS	PK 条件	说明	备注
二级 PK	公司 VS 战队／部门	完成一档总任务：1:1 完成二档总任务：1:2 完成三档总任务：1:3	战队 PK 公司 （1000 ~ 10000 元封顶）	总结大会兑现
三级 PK	战队 VS 战队	500 元 > PK 金 < 10000 元	按签单量或任务完成率打平的情况下公司赢	总结大会兑现
四级 PK	队员 VS 队员	100 元 > PK 金 < 2000 元	每人必须 PK 一次	总结大会兑现

4. 个人目标分解军令状

军令状

我的姓名：_____ 来自：_____ 队，在____月____日至____月____日活动期间，为完成公司的整体目标，实现个人的价值，我一定全力以赴地达成以下目标：本人总共邀约目标户，本人总共签单目标户。

各阶段目标分解，如表 9－6 所示。

表 9－6　阶段目标分解表

项目	第 1 阶段	第 2 阶段	第 3 阶段	第 4 阶段	第 5 阶段	第 6 阶段	第 7 阶段	第 8 阶段
阶段时间								
邀约目标								
签单目标								

本人在此公开承诺：

若各阶段每少 1 个签单任务，自愿选择第_____条惩罚。

若各阶段每少 1 个邀约任务，自愿选择第_____条惩罚。

惩罚内容：

①50 个俯卧撑；

②50 个深蹲；

③平板撑 3 分钟；

④读羊皮卷。

本人其他承诺：

我要恪尽职守、尽心尽责，我要全力以赴、奋力拼搏，忠诚是我的口碑、光明磊落是我的人品！

使命必达特立此状

立状人：　　　　见证人：　　　　　　　　时间：

5. 优惠政策红头文件

××装饰"五周年"感恩庆典活动

老品牌·正青春｜××旗舰店盛大启航

【××装饰八重豪礼感恩××】

活动时间：2018 年 4 月 5 日—5 月 7 日。

参与对象：2018 年××市新房业主、老客户介绍客户、员工亲人。

（1）咨询有礼。

①免费验房（专业＋省心＋方便）；

②免费量房（实地勘量＋精准预算）；

③免费设计（私人定制您家的平面功能布局，即可遇见您的"未来家"）；

④免费报价（根据您的平面方案，精准费用，合理安排装修费用）；

⑤红包大派送（无需购物，神秘礼包来就送）。

（2）感恩有礼。

①凡活动期间交团购费2000元，可抵3000元装修主材选购费用；

②凡活动期间交团购费3000元，可抵5000元装修主材选购费用；

③凡活动期间交团购费5000元，可抵8000元装修主材选购费用。

注：若不选家具，可抵所交团购费等值工程装修款。

（3）团装大礼，如表9-7所示，限量团装30套，抢完为止！

表9-7 团装大礼包详表

团购家具大礼包							
团购人数	序号	品牌	产品	尺寸	型号	数量	市场售价（元）
双人购	1	好邻居	茶几		A1500	1	2950
	2	好邻居	电视柜		A1200	1	2700
三人购	3	华虎	床	1.8米	812	1	2850
	4	华虎	床垫	1.8米	5厘米	1	850
四人购	5	华鑫	餐桌	1.3米	Z04	1	1950
	6	华鑫	餐椅	1.3米	Z04配套	4	2200
	7	兴业	沙发	3米	1530	1	7000
	8	合计				10	20500

（4）代言有礼。

活动期间签约客户与设计师合影参与代言，分享可获得代言礼品。

（5）三大保障体系为您保驾护航。

设计不满意/退；质量不合格/砸；服务不满意/换。

（6）七天无理由退款无忧下订金。

活动期间签约客户，七天内如不满意可退订金。

（7）下定砸金蛋终极大奖送不停。

一等奖（二名）：

二等奖（三名）：

三等奖（十名）：

（8）特殊礼：家庭特殊优惠折后折。

凡活动期间上门咨询签约可尊享特殊优惠。

①第一次上门咨询交订金，基装工程直接费折后折9.8折；

②第二次上门咨询交订金，基装工程直接费折后折9.9折。

特别注明：

①所有活动产品均以展厅实物为准，家具可在画册选配；

②所有活动产品均不得折现，不得抵扣工程款，不使用则视为放弃；

③所有活动商品均在该工地完工验收结算并缴付清尾款后，方送至客户家中（家具类沙发现货备货周期为20天，定制沙发备货周期为30天，以客户选好下订单之日起为准）；

④所有赠送内容均需设计师及客户双方签字认可后，方可生效。

以上优惠仅针对本次活动期间签约交订金的装修客户，此次活动优惠内容不与公司其他时间段优惠活动共享。本文件最终解释权归×××装饰公司所有。

荣誉：

甲方签字：　　　　　　　　　　　　乙方代表人签字：

甲方（代理人）签字：公司盖章：

2018 年　月　日　　　　　　　　　2018 年　月　日

6. 晨会流程

表 9 - 8　晨会流程表

	主持人	伙伴
引爆肢体 （15 分钟）	播放音乐：音控 8：15 到达公司，开门检查音箱设备并播放激情音乐《向前冲》 早会定向：骨干员工 8：20 到达公司，参加 5 分钟的定向会 快乐迎早：骨干分两队站在大门两侧鼓掌欢迎家人，见到伙伴双手击掌说早上好！ 激情热舞：8：25 音控准时播放《鸭子舞》或其舞蹈他音乐，干部带头跳舞，带动氛围 晨会集合：晨会时间已到，30 秒内集合完毕！掌声响起来！10、9、8……1	音控人员： 《向前冲》 《抓钱舞》 《鸭子舞》 《成吉思汗》
点到/整队 （2 分钟）	非常高兴由我×××为大家主持一天的工作，希望我×××的主持能为大家带来一天美好的心情以及丰硕的业绩！（1 分钟气氛带动：名人名言或励志格言，说明） 激情问候：各位亲爱的家人，大家早上好！ 晨会点到：被点人要喊"到"，声音要响亮 有迟到需成长乐捐的同事，先乐捐后惩罚，10 个起蹲或俯卧撑（下次翻倍）（普通伙伴 10 元，队长 20 元） 晨会整队：全体都有，立正，以队长为排头，向右看齐！（紧握拳头，掌心朝上，置于腰间，迅速向右甩头并伴有小碎步）；向前看（yes, sir!）稍息，立正 向右转、向左转、向后转。第一排，第三排，向后转（两两面对面站立）	非常好，yes！ 回应"到！"
例行检查 （3 分钟）	接下来，检查我们的仪容仪表，把目光投放到对面伙伴的身上，从头到脚仔细打量：我们的着装是否符合公司规范？是否胸牌佩带？男生皮鞋是否擦油？更重要的是脸上有没有挂着灿烂和可爱的笑容？请给对方一个爱的拥抱	拥抱时要喊"加油、必胜"

	主持人	伙伴
工作作风 （2分钟）	各位伙伴：大家早上好！非常好，yes！ 互动：心情怎么样（好极了），状态怎么样（棒极了），目标怎么样？（实现了）我们的三大作风是？（连续做三遍）认真、快、坚守承诺（响亮、干净利落）	
奖罚兑现及 冠军分享 （2分钟）	签单奖励：有就奖励，没有就取消 有签单/邀约成功的，上台分享（三遍爱的鼓励），欢送（一遍爱的鼓励） 奖罚兑现：各组自行定制	分享人：提前一天给分享人定向
价值准则 （2分钟）	我们的愿景/使命/价值观是： 我们的口号是：齐心协力、奋勇拼搏，超越目标，创造奇迹	企业文化
龙的呼唤 （1分钟）	以主持人为基准向左向右看齐（间隔20厘米） 开始行动，履行承诺！ 龙的呼唤，准备—— 开始——	（准备动作） 1234 嘿，1234嘿 1234、1234嘿嘿嘿
感恩文化 （2分钟）	感谢父母养育之恩，感谢公司给我平台 感谢客户养我成家，感谢伙伴伴我成长	伸出右手，于心相连
部门指示 （2分钟）	请问各部门有无相关事宜通报？（重复问到没有为止） 有请××！ 请问各领导有无指示	
散会及团队 小组会 （3分钟）	散会：（杀）队长确认队员目标与计划 士气展示：各团队PK状态（队名、队呼）	队呼展示

7. 督导老师工作职责

开好动员会：设定活动目标、分解目标、员工责任承诺、激励机制公布。

每日例行工作（重点）：

上午：早课（动员会）；9点至12点员工工作检查、辅导与反馈。

下午：午会；3点至6点员工工作检查、辅导与反馈。

晚上：晚会（记分目标看板、积分统计、工作完成总结）、第二天工作计划、当天没有完成任务的惩罚与奖励。

公司汇报工作：个人工作总结与第二天工作计划；邀约与签单汇报。

每周工作安排：

协助领导做好每个阶段活动策划（时间、地点、主题），并把活动策划要点准确传递给一线员工，并与邀约人员确定好邀约话术，设计师促单技巧。

落实每个阶段内部员工活动，户外拓展、生日晚会。

做好每个阶段的总结会，宣布下一个阶段的重点工作计划。

推动员工关键行为落实：

客源挖掘行动（周四前集中精力集客）：传单派发、小区搭讪、户外布点、工地营销、微信营销、网络推广、材料商推荐、物业与售楼部合作推广、银行合作、报纸宣传、户外广告、户外腰鼓队、广告车、竞品截留（竞争对手每日截取客户）、老客户转介绍（售后服务巡检）等创造性的客源挖掘。

邀约话术掌握（周五集中精力邀约）：邀约上门话术（好处），客户为什么要来公司？

签单技巧训练（周六周日活动促单）：利益点与机会点，客户为什么要现在签单？

成交场地布置：物料、流程、人员；不断突出利益点、限量压力、时间压力、榜样带动。

训练六讲能力：讲自己、讲公司、讲工艺、讲材料、讲设计、讲本次活动。

8. 执行老师店面初期工作流程

（1）调查

了解上次活动情况：活动的内容、总共签了多少单、签单人员的分布情况。

了解公司的实际情况：公司的架构、薪资、激励制度。

了解人员的情况：积累客户量、心态、实力、团队配合情况。

了解当地的情况：区域内交房情况、业主的消费习惯、同行对手的实力情况（是否也在做活动）。

（2）活动及机制

制订活动要有吸引力：根据当地情况（要针对对手）与老板制订活动内容。

积极和员工沟通活动内容并调整。

制订奖励惩罚要有吸引力：奖励到位，惩罚到位。

PK 竞争机制。

员工要熟知活动内容。

（3）梳理现有资源，深层次挖掘老客户资源

工程部、设计部回单。

市场部现有资源。

材料商资源共享。

公司员工的现实资源（亲戚、朋友、同学等）。

老板资源。

其他手段的资源。

（4）针对性的培训

市场部电话营销及话术培训——客户跟踪、维护、邀约。

设计部谈单逼单（客户分析）——客户跟踪、维护。

工程部工地管理客户维护回访——工地营销——电话营销。

（5）精准的时间管理、高效的工作方法、认真的落实执行、实时的总结改善

明确上班时间，合理分配时间段，按时完成自我设定的小目标。

四象限工作法则、PDCA 工作法则、6S 工作法则等。

先完成小目标，后完成阶段目标，再完成总目标，环环相扣，层层深入，逐个击破。

实时总结改善，做好会议执行，避免会议"6 无"情况：会前无准备、会中无主题、会后无执行、与会无必要、时间无控制、发言无边际。

（6）总监、经理不给力时，老板的参与很重要

9. 户型解析会落地方案

××小区经典户型解析会活动方案

活动主题：经典户型解析暨红酒品鉴会。

活动目的：向业主普及装修知识、提供业主见面交流机会、增进物业和业主感情、业主装修合作签约。

活动时间：根据具体情况进行商议。

活动地点：×××酒店。

（1）活动流程

①领取进场礼，价值 118 元活性炭空气净化剂、238 元拉菲进口红酒一支、装修宝典一本；

②物业公司总经理致欢迎词；

③××装饰设计总监进行经典户型解析；

④红酒、西点品鉴；

⑤业主与设计师户型交流。

（2）活动操作细则

①装饰公司选定酒店，并做好酒店场地安排；

②物业公司安排两名人员通知业主，告知活动主题、时间、地点，活动礼品；

③装饰公司印制装修宝典，并准备业主礼品300份；

④装饰公司设计总监准备PPT资料以及各户型解析图、施工图、效果图；

⑤单页、物料及各项事务的安排。

（3）业主现场下定活动优惠方案

①尊享礼：

• 交100元购买尊享卡，送价值1680元×××蹲便器一个（装饰公司领取）；

• 享受3000元装饰材料冲抵基金（特价产品除外）；

• 参与装饰公司砸金蛋活动，百分百中奖。奖品：价值22800元智能坐便器、55英寸液晶电视、三门冰箱、微波炉、美加华花洒（限签单客户享受）。

②定金礼：活动期间签单即送0元木制作人工。

③特殊礼：

• 1～20名签约客户赠送价值1680元净水器一套（沁园A201），签约客户赠送万能管升级芬驰管（德国进口）；

• 21～60名签约客户赠送价值1280元富安娜4件套床上用品一套，签约客户赠送万能管升级丰果管。

④终极礼：砸金蛋百分百中奖。奖品：滚筒洗衣机、山地自行车、微波炉、美加华花洒、888元开工红包、666元开工红包、366元开工红包、266元开工红包。

⑤团购礼：三户及三户以上贵宾客户签约团购，即可赠送每户山地自行车一辆。

10. 战前动员方案

（1）战前动员会的目的

活动马上就要开始了，在活动开始前2天进行战前总动员会议是非常必要的，主要有四个方面的作用：

①鼓舞士气，把所有员工的激情调动起来；

②利用最后的时间进行各方面的物资检查，如果还有没有到位的，利用最后一天时间还可以进行准备；

③对内部进行明确的分工和演练，确保每个人对任务都非常明确；

④让所有员工进行现场承诺，提高全员的执行力。

战前动员会可以邀请所有材料商一起开，让材料商把自己的员工全部带到活动现场，这样人员足够多，现场气氛足够好！

（2）战前动员会的流程

①主持人上场，调动现场气氛；

②检查各项物资准备情况，现场落实；

③检查邀约及会务各项情况；

④进行现场分组，并逐一小组对所担任的岗位进行现场演练；

⑤总经理讲话；

⑥公布活动现场各项激励政策；

⑦看动员视频；

⑧各小组上台进行承诺；

⑨狂欢结束战前动员大会。

（3）各小组分工及工作要点

①会场布置小组：主要负责提前把会场布置完成，物资摆放到位；

②客户引导小组：分成场外和场内两组，场外的引导人员分为酒店

门口的引导员和酒店内部的引导人员，负责把客户引导进入楼梯或电梯。场内的引导人员是指站在会场门口的人员，负责把客户引导进入各个洽谈区坐下；

③会场接待小组：在会场外面接待客户，登记客户信息，检查客户邀请函，给客户发放入场券，同时要给客户佩戴胸牌，发放本次活动的订单券和省钱看板；

④主持小组：包括主持人、DJ师和助理，负责现场的音乐、主持、订单播报；

⑤收银小组：可以设置多个收银小组，由收银员与收银助理组成，负责收银、发放红色VIP胸牌，提交订单券副券给主持人；

⑥订单小组：固定在谈单小组里，不能随意走动，谈单员分成主谈单员和谈单助理，助理负责带客户去收银台交钱；

⑦摄像小组：负责拍照和录像，拍照主要与主持人配合，抓住客户下订单、抽奖、领礼品与主持人互动等时刻；

⑧守门小组：由3~4人组成，必须有一个经验老到的人带队，负责守门，告知客户，不要轻易离开会场。如果客户上洗手间，可以带客户过去，同时要等待客户，带客户再次进入会场；

⑨礼品发放小组：在活动结束时，负责给现场的客户发放礼品，可以由引导组成员和接待组成员担任；

⑩客户邀约小组：负责在活动当天继续邀约客户，每个邀约组成员根据自己的客户名单逐一检查，如果客户没有及时来到活动现场，要再次电话邀约客户来；

⑪特殊客户小组：负责组织和接待特殊客户，对特殊客户进行现场培训；

⑫后勤保障小组：负责本次活动各项后勤工作，比如早餐、午餐的订购；

⑬会后撤场小组：可以规定全员进行撤场。

11. 落地物料及分工

表 9 – 9 落地物料和分工表

事项	具体要求	负责人
总指挥	为本次活动的最高负责人	
会务总监	负责本次商务活动的一切领导、协调与监督事务	
布/撤展	外场：前台签到处、红包墙、企业文化展示区；内场：舞台喷绘区、收银区、兑奖区、T 型台、洽谈区、金蛋摆放区、奖品、堆头堆放区、挂好条幅（悬挂条幅）、X 展架、拉网展架、工艺材料展示区（详见会场布置图）	
签到组	负责本次商务活动来客接待、登记及协助客户抽红包（4 人负责签到，1 人负责收取红包券，并协助客户抽取红包）发放停车券	
派单组	负责对参与本次商务活动客户的第二次筛选工作，并对沟通后客户确定咨询设计师咨询	
迎宾组	负责引导客户到前台登记，提醒客户签到可以抽红包，包括酒店一楼大厅迎宾、停车引导，电梯引导，需佩戴绶带	
门神	负责检查胸牌，袖贴，谢绝同行	
场内服务组	负责为到场的客户、设计师及相关活动的参与人员提供具体后勤服务（如咨询工具、户型图、刷卡机、插座、饮料提供等一切与咨询相关联的具体事务）	
收银组	负责收取订金，开具收据，填写砸蛋券并盖章、兑换现金红包券	
兑奖组	负责红包现金兑奖券的兑换及登记；砸金蛋奖品的登记和发放	

事项	具体要求	负责人
搬运组	负责活动奖品、物料的运输搬运和摆放	
后勤组	做好与供应商对接（如水果、饮料、点心、活动午餐）	
签单书写员	负责将本次活动签单客户登写在活动现场签单牌的表栏上（如：黄先生、××小区）	
礼炮专员	负责现场客户的礼炮燃放	
活动音控	负责会场音乐，营造签单氛围	
签单组	负责为参加活动的客户提供活动咨询工作，并收取活动诚意金 3000～10000 元	
促单组	负责协助设计师下定，帮助客户做决定	
活动主持	负责整合活动的流程、节点把控、氛围营造、协助促单	
活动讲座	塑造活动价值与好处，提升客户对公司的信赖度，促进客户快速下定	
摄影、照相	负责现场花絮拍摄、下单客户拍照合影，作为公司宣传素材，多拍活动特写镜头	
活动司机	负责为活动提供物品搬运与客户接送服务	
搬运物料	条幅（3 条）、悬挂条幅（32 条）、吊旗（若干）、舞台喷绘背景（1 个，含安装）、收银处喷绘（1 个）、兑奖处喷绘（1 个）、签单处喷绘（1 个）、红包墙喷绘（1 个）、企业文化喷绘（1 个）、在建工地一览喷绘（1 个）、活动优惠喷绘（1 个）、KT 板喷绘（获奖牌 4 个，拉网展架 KT 板喷绘 5 个）、拉网展架、DM 单页（300 份）、X 展架（若干）、桌牌 30 个、签到牌 2 个、收银桌牌 1 个、活动 T 恤（若干）、笑脸（150 个）、手拍（60 个）地贴（10 个）、堆头（6 个）、启动球（1 个）、T 形舞台、礼炮（400 支）	

事项	具体要求	负责人
搬运物品	锦旗（若干）、设计作品集（若干）、公司宣传册500本、签到本4本（其中已签单客户事先打印好、专人负责签单，发红色袖贴）、派单登记表、奖品（贴花）、金蛋400个（砸蛋锤）、手提袋（1000个）、红包（1000个）、现金兑换券（1000份）、抽奖箱（1个）、对讲机（10台）、绶带（20根）、纸巾（30盒）、袖贴（1000个）、刷卡机（3台）、透明胶、订书机	
搬运工艺、环保材料展示展	木工板（带品牌标识）40×50cm取样；S弯连接水管（带品牌标识字样）50cm；6分内丝接头一只；2.5mm红黄蓝电线各取50cm；电视信号线、网线带品牌标识各取50cm；带品牌标识穿线管取50mm；乳胶漆、木器漆、木工胶水桶各一组，表面无污点；墙面腻子样品一组；40×50cm吊顶小样一件，按标准工艺施工	
谈单工具	DM单页、优惠对标表、纸、笔、定金协议、客户信息登记本、iPad、名片、胸牌、小手拍、户型图、预算模板、施工合同范本、设计合同范本、计算器、家居保险合同、特价产品型号清单、水管、板材小样、文件袋、现金	

12. 落地流程

表9-10 装饰设计工程有限公司活动流程表

装饰设计工程有限公司活动流程		备注
18：00前	布展，胸牌、财务、现金区、座椅、礼品、签到区、抽奖箱、视频、单张广告、水、礼品袋等现场所有物料	
	现场所有区域按图纸开始所有布展工作	

装饰设计工程有限公司活动流程			备注
20：00前	完成所有布展工作，清理现场垃圾		
落地当天流程			
9：00—9：30	激情早会，最后阶段准备工作安排		
9：30—10：00	所有岗位最后准备，物料确认，垃圾清理，客户最后签到提醒		
10：00—11：00	现场PPT演练，团队展示演练		
11：00—11：30	所有工作人员到现场报到	活动流程讲解、热场讲解	
12：00	所有岗位到岗	热身，到岗	
12：30	客户开始签到，客户接待，大屏幕视频播出		
12：30—13：20	根据到场人数确定开场时间	热场，报活动优惠，互动	主持人
13：20—13：27	公司领导致辞，宣布活动开始	启动仪式	
13：28—13：30	团队展示		主持人
13：30—14：00	PPT内容讲解，和业主互动讲解		
14：20—14：40	现场促单，签单送礼		主持人
14：40—15：00	签单礼展示环节，促单		主持人
15：00—15：10	第一轮金蛋开始砸，业主合影，金蛋奖项播报，继续促单		主持人
15：10—15：40	工艺展示促单环节，工程部展示，金牌施工队促单		主持人
15：40—16：00	互动签单，第二轮砸金蛋，业主合影		主持人

装饰设计工程有限公司活动流程		备注
16：00—16：30	互动签单，砸金蛋，业主合影，现场优惠再次重播	主持人
16：30—16：50	对还在犹豫业主做最后签单倒计时，促单	主持人
16：50—18：00	继续促单，现场礼品签单业主可选	主持人
18：00	退场礼品领取，活动圆满落幕，集体合影，撤展	主持人

13. 总结会流程

（1）数据分析，团队签单完成率、邀约完成率。

（2）个人邀约签单任务未完成激励。

（3）团队未完成处罚（个人制订，除冠军团队外）。

（4）战果最佳团队队长上台发言。

（5）业绩最差团队队长上台发言。

（6）个人数据分析，签单完成率、邀约完成率。

（7）活动签单冠军上台发言（分市场部、设计部）。

（8）颁发活动期间签单奖励：

个人冠军奖励 500 元；

团队冠军奖励 1000 元；

个人成长冠军奖励 300 元。

（9）未破冰员工处罚及上台发言。

（10）总结活动不足。

（11）领导总结。

微信联盟爆破模式

模式十

◎ 活动模式简介

时代的发展、科技的进步改变了人们的生活习惯，微信作为目前大家交流最重要的工具之一，无论是与客户交流、闲聊还是介绍产品，抑或是售后维护、商谈交易，都是很不错的工具！通过微信集客团购，成本低、效率高！

优点一：微信操作人人都有、人人都会，复制推广性强、可操作性强。

优点二：成本低。节省了线下落地所产生的场地费用、物料费用、人员费用等，且不限制地点。

优点三：成交率高。通过流程和道具的使用及红包的助推，氛围热烈，签单率高。

优点四：时间不局限。可在一周内任意一天，不局限于周六周日。

优点五：减轻导购压力。客户到场率考核降低，只要通知客户进群即可。

◎ 活动核心要点

邀约意向客户进群、红包互动、品牌及产品图片文字和小视频讲解、放价 200 元交订、线下店面转单。

◎ 微信爆破流程

微信爆破流程，如表 10 – 1 所示。

（1）集客入群

（2）前两天微信群预热

（3）开始前红包预热

（4）开始点到

（5）告知签单规则

（6）砍掉后顾之忧

（7）红包最佳领取礼品

（8）公司品牌简介

（9）产品简介

（10）团队简介

（11）爆款报价、优惠政策

（12）礼品展示

（13）签单、逼单

（14）结束、表示感谢

（15）线下转单邀约

表 10－1　微信群落地整体流程详解

微信群落地整体流程详解		
流程	内容	注意事项
建群	1. 导购邀约客户目标要求	意向客户的数量：明确任务指标
		意向客户的质量：明确进群客户标准
	2. 进群客户类型梳理	明确任务量：进群客户量，转化签单量
	（近期进店客户，测未定客户，电话营销需求客户，价格犹豫客户）	绩效考核制定：奖惩措施提前确定
	备注：质量较差的客户不能进入群，引导导购做好删选	对于发广告、同行、捣乱的要及时清理出群
邀约客户入群	1. 邀约话术	关键词：工厂操盘、仅限微信、直补等
	2. 判断客户质量	告知客户群好处、群规
	3. 从建群至落地根据市场级别以及客源情况，周期不同	备注
	内客户数量突破 20 户，进行爆破效果更佳	若邀请之后客户未进群，半个小时之后再次电话邀约确认进群，所有的进群客户必须是由我们的员工拉进去的，如果客户的妻子/老公/朋友要求进群，必须加各地客服的微信拉进群方可，禁止客户私自拉人进群
	A/B 级市场可 3～4 天为一个周期，进行落地	
	C 级市场可根据客源情况，一周进行落地	

续表

流程	内容			注意事项
群内预热	1. 设立群名"××商场微信抢工厂业主福利群"			公示信息：群公告、抢红包、告知流程、优惠政策、下定标准等内容、不合适的人及时清理出群
	2. 群规告知			
	3. 红包调节气氛			
	4. 不合适的成员移出群			
活动爆破	1. 准备工作	确定活动方案、产品、礼品		
		视频：产品、礼品、员工视频		
		图片：产品、礼品、订单等话术		
		文字：品牌、产品、礼品、订单等话术		
	2. 活动预热	爆破品牌提前编辑朋友圈内容，全员转发，宣传造势		
	3. 活动安排	角色分工明确	电脑：发品牌、活动、产品等视频、图片、文字	
			语音：按规定内容发语音	
			红包：按规定时间发红包（金额、数量、礼品）	有礼品红包，注意与客户沟通清楚
			客服：客户有意向时，及时@私聊，签单，订金截图	相应话术提前存好；每群专人负责，避免多人服务1人，或者无人服务
			马甲：若有人发负面内容，以客户身份引导舆论	

续表

流程	内容		注意事项
活动爆破	3. 活动安排	角色分工明确	踢人：踢出负面不可控客户	
			机动：随时关注各群，灵活处理各种情况，提醒各岗位工作	
			总控：控制整场活动，按既定方案安排各岗位定时定内容工作	兼任策划者职能
		流程告知全员	整个方案流程确定好后，素材发给对应人员，所有人知悉活动流程	避免员工没有整体观念
	4. 工厂报价	优惠政策讲解	工厂报价主题：活动由来，品牌宣传资料；给的产品政策；图文；群内纪律	
	5. 收定	逼单收定	在群内以工厂的身份发放今日政策及产品的图文信息；同时导购员马上开始给顾客打电话，通过微信转定金	逼单关键词：仅限、可退、保价导购员收到定金以后，立即将定金的图片发到大群。"恭喜张先生抢订××品牌一单"，群内收定截图截屏
	6. 活动过程	详见附件（此处略）	提前准备，分工明确，流畅操作	

活动方案

（1）活动主题

（2）蓄水时间：落地时间：××日晚上 7:00—9:00 落地地点：微信群。

（3）执行制度

①每个销售进群有效客户不低于 10 个，每少一个乐捐 50 元，签单数不低于 5 单（整个活动期间）少一单乐捐 200 元；

②奖励机制：每成功签一单，销售人员奖励 50 元，5 单以上（不包含 5 单），每单奖励 100 元，后期转单成功且单值在 3000 元以上者，销售人员再额外奖励 50 元/单；

③PK 机制：定于每天进行微信小组 PK。邀约进群客户数 PK，邀约进群客户最多（10 个以上）奖励 200 元；落地过程中，签单数最多的，奖励 500 元（5 单以上）；

④退单机制：所有单的考核为终身制，退单退激励。

1. 集客人群

（1）进群须知

①在群内销售人员禁止抢红包；

②主讲在讲解过程中禁止大声喧哗；

③不要在福利群内跟客户进行互动/刷屏；

④电话逼单一定要按照话术进行；

⑤收客户定金时，告知客户不要转到大群内，转给本人就可以。

（2）进群客户分类

售卡客户、进店客户、签单客户、意向客户、小区信息、拦截信息。

（3）前期铺垫话术

你好，欢迎走进××安静生活。我给您详细讲解一下本次活动的力度。本次中国好家居在咱们尉氏联合各大一线品牌厂家做了一场活动，是在2018年2月1日涨价之前做的最后一次让利活动。为什么要涨价呢？2017年下半年，很多中小型企业因为环保不达标停产倒闭，导致各行业的主材料价格猛涨，我们家装主材也不例外；又赶上国家新政策，2018年开始对生产型的企业征收环保税，这也导致2018年我们的价位需要上调15%～25%。您也可以上网了解一下，本次活动是2018年第一场活动，总部也非常重视，优惠力度您不用担心，当天肯定会给您一个意想不到的价位。

中国好家居做的这次活动，联合了国内十大一线品牌，分别是××木门、索菲亚衣柜、蒙娜丽莎瓷砖、九牧卫浴、欧派橱柜、友邦集成吊顶，安吉尔净水、欧特朗照明、蓝天豚硅藻泥、松下电器。这10家品牌在咱们尉氏不管是占有率还是服务以及口碑都是品类中的领航者，最重要的是它们都有自己独立的售后服务部门。另外，本次活动不需要任何前期的认筹和预订。只要您想参加本次活动，在我们各品牌落地的当天晚上，我拉你进微信群就可以了，所有福利政策都会在群内公布，优惠政策只限 2 个小时，不会占用您太多时间的，活动结束以后群就解散了。

（4）进群前话术

你好，哥，现在还在忙吗？今天是 TATA 木门的专场，刚才我问了一下他们经理，今天晚上他们会讲解木门的小技巧以及施工需要注意的事项，对咱们家肯定有用。另外，他们还会发放一些红包福利。由于报名业主比较多，待会儿我拉你进群的时候需要你同意才能进群，6 点 40 分的时候我拉你进群，你留意一下微信。如果今天你需要预订，直接给我转账就可以了，结束以后我给你打电话。

（5）新客户邀约话术

你好，哥！给你说个事儿。我们十多家建材品牌成立了一个家具建材装修风水知识讲座的红包群，你每天晚上都可以在群里面抢红包、抢礼品，还能参加抽奖，同时还可以学习一下家装风水的知识和产品的知识，你手机号是你的微信号吗？我加一下你的手机号，你通过一下，我拉你入群（加了客户以后，告诉客户群内规则，平时不允许说话、发图片等）

（6）提起哪一天通知顾客参加活动话术

哥/姐，工厂通知下来了，明天晚上工厂给我们标杆城市员工亲朋好友和商场领导做《员工内购会》，有没有要买东西的？到时候我把您拉到那个群里，您不要说话，看好了订就行，工厂额外给的优惠占了再说。有人问你，你就说是××的朋友。上面都是内部员工价，一年就这一次！哥/姐，我有销售任务，又是一等一的大品牌，工厂过来人，保价 3 年！（顾客只要有需要，就加微信）

2. 前两天微信群预热

在微信群不满足爆破之前，每晚 7：30 进行群内活跃，讲座是噱头，以发红包为主，资金投入 200～500 元，根据联盟视情况而定。

软文：

本群为家具建材业主特价产品，礼品、红包赞助群。

装修咨询、讲座，发放红包雨和礼品，待群内人数达到一定数量，各商家会提供免费产品、免费礼品，还有限量特价产品。这是一个业主福利群。

今晚 7:30 发放红包礼品等，谢谢大家，请大家关注。

群里除群主能发红包以外，任何人禁止刷屏、发图片、私自聊天、私自发红包，有事找群主，如表 10-2 所示。

私自加人者公布微信集体封杀，但是不许攻击群主。

表 10-2　拉客户入群的流程表

序	时间	动作	内容	负责人	备注
1	10:00	告知顾客明天有内购会专场	确认产品，明天一定进群	团队	
2	11:00	会场准备	条幅、战略、白板等		
3	8:30	早会	明确指标＋形式＋流程	团队	
4	12:00	店长跟进	检查每个导购邀约聊天记录	店长	预估总体进群数
5	16:00 以前	二次通知	发起微信确认		
6	16:00	开始建群	《员工内购群》	张三	随时准备移走人：群公告，红包不断发，直到活动开始
7			拉客进群	团队	
8			发布群公告	李四	
9			发红包	李四	
10	8:00	团队展示	团队分组展示	老板	
11		分组：PK	团队分组 PK	老板	
12		公布奖励	公布奖励	老板	
13		任务明确	进群/收订	老板	

序	时间	动作	内容	负责人	备注
14		拉顾客进群	拉顾客进群冲刺	老板	询问进群任务
15	8：00	精准顾客进群	老板/经理/店长—梳理	团队	
16		流程明确	最后讲一遍流程		确认是否明确

群内操作注意事项：

（1）说明本群作用。

（2）8点准时播放品牌介绍简单资料（时间可调动）。

（3）4点开始发红包，本群全程只有工厂总监发言。

（4）本群全程禁言，有疑问私下问导购，顾客收到红包不要回复谢谢及表情。

3. 开始前红包预热

软文：

通知：××品牌，今晚送惊喜！大礼、红包、特价送不停！走过路过不要错过！今晚7：00正式开始！今晚给大家准备了限量特价产品、免费礼品、红包雨。大家不要错过！准点参与！

4. 开始点到

活动开始倒计时1分钟！大家敬请期待！

活动马上开始，在的伙伴请回1。

5. 告知签单规则

本次活动微信定金只需要 200 元，不满意可退 220 元。

今天产品价格只限微信订购，店内不享受微信签单价格！

由于名额有限，有需求和意向的朋友请加微信客服！

请各位订单顾客不要在群里发红包！请私聊客服！

6. 砍掉后顾之忧

200 元意向金享受的特权：

特权 1: 200 元增值 400 元。

特权 2: 200 元可送价值 398 元礼品一套。

特权 3: 200 元意向金可以获得效果图纸一套。

特权 4: 200 元意向金可无条件退款 220 元。

本次活动微信定金只需要 200 元，不满意可退 220 元。

今天价格政策仅限今晚 9: 00 前交订金 200 元的业主朋友方能享受。今晚交订金的 VIP 客户到店选购产品，不限时间，如不满意，全额退还！没有任何风险！

工厂是以大家今天的 200 元订金锁定补贴政策。后期我们没办法做到这样的力度！这次的力度很明确告诉大家，比我们任何活动的力度都要大很多。请大家抓住机会抢购！

7. 红包最佳领取礼品

先和业主互动，抢红包收集最佳获得礼品（礼品图片发群里）。

8. 公司品牌简介

这是开始讲解，要先把品牌讲解包装（提前准备好文字讲解文案、品牌证书图片、广告小视频等）。

9. 公司、团队简介

公司简介、团队图片、录制小视频（体现专业性，说明此次活动真实有效，给客户信任感）。

10. 产品简介

产品简介（图片、视频、演示等提前准备好）。

11. 爆款报价、优惠政策

爆款报价、优惠政策，如表 10 - 3 所示。特价、爆款做成图片，价格政策也做成图片，让客户一目了然。

表 10 - 3　爆款特价、优惠政策介绍流程

1	20：00—20：03	工厂代表发言流程	品牌介绍	主持人	图文＋语音
2	20：03—20：06		全国联动盛况		文字＋语音

3	20:06—20:15	工厂代表发言流程	全国联动活动政策	主持人	图片＋文字＋语音
4	20:15—20:20		为什么今天晚上有微信活动		图片＋文字＋语音
5	20:20—20:22		今天晚上的政策		图片＋文字＋语音
6	20:22—20:28		顾客如何让参与		图片＋文字＋语音
7	20:28—22:00		报单开始	团队	截图＋文字
8	22:00		活动结束		

12. 礼品展示

签单礼品拍照片展示到群里。

13. 签单、逼单

（1）微信收定

①5分钟之内，导购开始让自己的亲朋好友交钱上传微信群，10分钟之后，导购开始联系顾客收定500元；

②先联系精准客户，后联系把握不大的客户；

③群内上报格式及注意事项。

A. 上传截图：顾客交钱和聊天记录截图上传。

B. 上传文字、员工××亲朋×先生成功下定一单。

注意：顾客微信备注不要标记小区、客户等字样。

10 分钟下单时间，下单客户信息截屏发群里！（不断地提醒签单客户信息、名额的有限、价格的优惠、时间的紧迫、结束恢复原价等）

（2）逼单话术

①你好哥/姐，刚才政策你看了吧！××木门主打的就是静音和环保，最适合咱家这种户型。另外，他们今天推出的木门各种风格都有，选择性比较大。刚才他们经理也说，2017 年只有最后几天了，抛开所有利润只要数量，完成总部给的年度任务，拿到公司返点，所以公司承诺保价 3 年，买贵 100 倍退还。这是 2017 年的最后一次优惠政策，咱们家正好需要木门，今天刚好可以订下来。大家都知道，根据每年的物价上涨，建材的价格也必然增长 10% ~25%，今天交 200 元就可以锁定今天的政策。明天你来我带你去他们店里看看实物，然后再送你价值 168 元的暖心情侣杯一套。待会儿你给我转账 200 元就可以了，备注××木门定金，明天到店里取收据；

②比较难搞定的客户（第二个电话）：

哥/姐，刚才打电话也给你说了，××木门今天的价位是历史最低的，你后期就是买二、三线品牌也得这么多钱，你完全可以先订下今天的政策，后期对比一下，200 元就能预订的也不多，而且后期不想用他们家的木门也是可以退单的。还有，今天的预订活动，我可以让他们店里的专业设计师去给你免费设计一套价值 3600 元的 3D 效果图，即使退单，效果图和装修方案也送给你。我相信今天你能订下优惠政策，以后你就不会退单。你抓紧时间给我转账吧，你看群里已经有 40 多户预订了。

（3）微信群逼单要点

主持人，厂家经理要分开；

把提前准备好的意向金截图发到群里；

利用活动时间来逼单，距离 20：00 活动结束还有××时间；

活动中发负面信息的客户，及时从群里清除；

微信群只有主持人来回答问题，其他人不要回答客户问题；

个性化的问题，建议他去问导购，不要在群里回答；

现场顾客未交定的，导购要主动给顾客打 3 遍以上的电话；

活动结束，微信群解散。

14. 结束、表示感谢

大家抓紧最后的 20 分钟，活动结束即恢复原价！需要下单的客户，要抓住机会尽快下单！时间已到，本次微信活动到此结束！感谢大家对我们品牌的信任！今天下单的业主朋友们，后期到店可进行详细的选购！

本群任务到此结束！本群稍后即将解散！下单的客户联系自己的销售顾问到店进行选购，谢谢大家的参与！（同时公布公司店面地址、电话、联系人等信息）

15. 线下转单邀约

当日签单完毕，第二天进行回款邀约，3 日内进行回款的客户还可获得额外签单礼品。具体内容可自行制定。

附录

重要工具补充

一、老板对接会

老板对接会主要对接联盟公约、组织分工、通讯录、奖惩条例、资源汇总、前期准备工作重点、时间推进表等内容。

会议时间：   地点：

会议议事：第一次的老板会议，沟通培训、活动流程、活动内容及相关物料准备等

（1）确定签定联盟公约和带单制度

（2）确定联盟品牌

确定联盟品牌，如表1所示。

表1 联盟品牌

品牌	负责人	电话	品牌	负责人	电话

（3）确定联盟成员组织架构及相关负责人

确定联盟成员组织架构及相关负责人，如表2所示。

表2 联盟成员组织架构及相关负责人

职务	负责人（老板）	主要职责
会长（1人）		总指挥、总协调，配合策划方完成工作分配
财务（1人）		负责联盟款项收支、物料礼品采购
出纳（1人）		负责联盟账目记录、物料礼品采购
秘书长（1人）		负责会场对接、会议通知及其他外联活动
广告物料制作（2人）		负责活动物料制作及投放
小区公关（3人）		负责小区物业公关、资料收集、广告投放、人员监督
电话营销（1人）		负责资料汇总，保障电话组工作畅通

续表

职务	负责人（老板）	主要职责
送卡组（4 人）		负责电话组出单派送工作及反馈派卡结果
巡街宣传（2 人）		负责街面带队宣传，包括人员巡街、宣传车宣传
关系协调		负责城管、工商、交通关系协调

（4）推广过程老板分工

推广过程老板分工，如表3所示。

表3　前期沟通及老板分工

前期沟通及老板分工表				
组别	工作职责	负责人	落实时间	备注
传单内容沟通	1. 活动主题、地点、时间；2. 联购礼品确定；3. 抽奖礼品；4. 满章礼品；5. 返现充抵政策；6. 每家2～3个外拓人员			
物料制作组	传单、邀请卡（邀请函寻宝卡、现金抵扣支票本）、手提袋（联盟常用）、联盟公章、各品牌印章；门店推广物料（车辆、橱窗、喷绘条幅、地贴、门型展架、吊旗、三角门牌、音箱）户外广告（小区广告、街面广告、门前2米×4米展架） 培训物料：条幅、品牌旗帜、桌牌、笔记本、笔、水、工装			邀请卡推广前6天开始制作
培训场地	300平方米左右，有音响、话筒、投影、长条桌、凳（能挪动）			保证所有音响、话筒、投影正常使用，确定后照片反馈
培训服装	红马甲45件			
小区信息	重点小区客户资料（电子版）			
异业联合	影楼、火锅店等			2个行业正好

组别	工作职责	负责人	落实时间	备注
宣传车	鼓车一辆（地暖）＋宣传车4辆＋彩旗			鼓车四周喷绘包围，宣传车首尾2辆都播放广播
培训落实	全员参加			
小区物业公关	1. 以物业或地产商为协办方或赞助方，协助联盟邀约业主在物业处领取福利，办理邀请卡（物业处邀约业主，联盟推广人员在物业处现场讲解活动，办理邀请卡，送礼品）； 2. 以物业费为中心，联盟、物业、业主三方合作，下单替交物业费			
各品牌旗帜		各品牌		
礼品	金蛋礼品、联购礼品、抽奖礼品、进店礼品、集章礼品等			

（5）活动日程安排

①×月×日—×日启动培训会及活动话术培训，时间2天。

②×月×日—×日宣传推广。

③×月×日—×日，17:30—20:30全员爆街，地址：商业街广场。

④×月×日—×日9:30分场地（桁架和广告公司到现场），18:00前定稿现场喷绘，19:00聚餐。

⑤×月×日—×日喷绘制作完毕，开始晾晒，晚上确定活动现场各项礼品及厂家经理、活动现场各种物料。

⑥×月×日—×日，全员爆街2天。

⑦×月×日布展完毕，厂家经理必须沟通完毕。

⑧×月×日活动执行（详见细节）。

⑨×月×日—×日，转单、数据统计分析，×日晚上表彰大会。

（6）启动会培训

①2 天（1 天活动培训，1 天话术培训）。

②早上 8 点 20 分开始入场，老板员工全员到场。

③参会人数统计：老板人数：_____人；员工人数：____ 人。

④定培训会场（要求：有音响、有话筒、有投影仪、有方桌）：×××酒店。

（备注：订好的培训会场一定要到现场看看，检视相关物件）

⑤沟通门店上下班时间，确定以后晨会、夕会时间（晨会：8：30，夕会：18：00）。

⑥沟通与员工激励奖金：每单 50 元（现场发奖金）。

⑦商家老板代表发言（商家代表：_____ QQ：_____ ）。

⑧提前准备培训相关物料：

• 水：农夫山泉（负责人：_____ 件数：_____件 ）；

• 笔、本、文件夹：统一采购；

• 工装：××套（负责人：已订购）；

• 培训当天的中餐安排：各品牌自理/统一安排；

• 会场物料（由公司设计，联盟制作）：条幅 3 条、连队桌牌、品牌旗、饮用水、工装、空白纸、打印承诺书（负责人：×××）。

条幅内容：

各品牌人员确定，如表 4 所示。

表 4　各品牌人员确定

品牌	人数	姓名
品牌	人数	姓名
总计		

连队编组，如表 5 所示。

表5 连队的组成

连队	人数	连长	政委	组成品牌	成员
1连					
2连					
3连					
4连					
5连					
小区组					
电话组					
街宣组					

（7）积分评比

（团队积分和销售积分分别取 1、2、3 名设定奖金，按 50% 、30% 、20% 配比）

老板每人出 500 元纳入积分奖金池，12 个老板共 6000 元。

员工每人出 100 元纳入积分奖金池，23 个员工共 2300 元。

公示积分制度表格。

培训第一天晚上提出 1000 元，用于当天积分最高的团队积分奖励。

宣传期间，会不定期为当天总积分最高的连队进行奖励，以提高士气。

活动结束，表彰大会上的现金奖励设定：团队冠军奖、团队亚军奖、团队季军奖、销售冠军奖。

（8）邀请卡诚意认购金数额确定及提成

邀请卡：20 元。

分配：员工前期售卡 10 元，顾客到场再奖 10 元。

当天销售邀请卡的款项由各团队连长收齐，晨会时间交给执行总监，表彰大会统一发放。

老板在每天晚上七点的夕会上报各品牌当日礼包、订单、邀请函数据（模板表格），各连长报各连队总数据（连长每天岗位工资20元）。

（9）电话营销

电话机的准备。

办公地址要求：打印机、无线网络、电话营销场地。

（10）活动内容讲解

现金抵用券：每品牌下单可抵100元，兑现：活动之后付全款时可兑现。

寻宝卡：凭卡到各店盖章送礼品。礼品兑现：到场签到，退场时凭卡领礼品。

金蛋礼：现金20元、50元、100元。

订单抽奖联奖品：一等奖：42英寸液晶电视1台；二等奖：全自动洗衣机2台；三等奖：微波炉3台。

联购礼：3单：挂烫机（现场发放礼品）；5单：吸尘器；8单：电动车；10单：××；12单：××。

现场定金：1000元/单，未交齐1000元需老板签字。

（11）活动现场流程

8：00所有人员准时集合。

9：00前所有展位收拾干净，所有礼品全部就位，手提袋装放完毕。

9：30开全员动员会，发放收据票本，确定所有岗位人员，讲述现场下单优惠、开票收银流程及抽红包、砸金蛋、抽家电规则，电话邀约客户，POS机（充电器、纸）、验钞机、订书机（钉）、插线板、手拍、空气清新剂、所有印章印油、水性白板笔、计算器，金蛋红包摆放完毕。

11：00准时吃饭。（场外吃饭，清场）

11：30所有人员全部就位。（签到人员、安保人员就位开始工作，全场时间不得离开）

（12）活动所需印章

联盟章、品牌章、定金收讫、3－5－8－10－12单联购退单退礼品、20元红包退单退礼品、大米红包退单退礼品、食用油退单退礼品、皮凳金蛋礼退单退礼品、衣帽架金蛋礼退单退礼品、好神拖金蛋礼退单退礼品。

（13）微信及 QQ 群推广

老板群：已建　群主：

员工群：待建　群主：

群信息发布，事件沟通，固定信息发布时间。

老板群：上午 8：00—9：00，下午 7：00—8：00，在此时刻内发布的消息如果不回复，进行处罚（处罚办法：全体老板男俯卧撑 20 个，女起蹲 30 个）；紧急事件可随时发，及时回应，没回应的要电话联系跟踪处理结果。

员工群：早上 6：00—7：40，在此时段发布正能量信息可加分，正能量信息以文字、文章为主；表情、图片无效，不加分。

活动期间，所有老板和员工的头像换成单页正面。

微信推广信息用公众号发到群里，要求员工和老板全部转发朋友圈并配发文字信息，每天 5 次以上，每次连发 3 遍，相互查看监督。不定期点名公布不转发、不推广的员工和老板。

在规定时间内，老板和员工活动推广文章集赞最多的，给予积分或现金奖励。

每个邀请卡和邀请函售出后，必须跟客户合影，互加微信好友，进店顾客加好友并转发微信推广的，送精美礼品。

（14）宣传物料数量确定（负责人：＿＿＿＿＿＿＿＿）

邀请卡信封：数量。

邀请函寻宝卡：数量。

现金抵用券：数量。

提前沟通处理的事情

1. 异业联盟合作政策

跨行业合作品牌及优惠券。（建议电影院、商业银行、蛋糕店、影楼、火锅店、金店、旅行社等）

2. 物业合作洽谈

与各小区物料洽谈合作：代交物业费；按单提成；进驻小区以物业名义邀约业主。

3. 工装、宣传服装

各品牌日常工装、活动宣传服装。（建议：马甲）

4. 邀请卡

内容：邀请函、现金抵用券、寻宝卡、礼品券（集章）、畅饮券、问题卡、异业联盟礼品卡、DM 单页等。

5. 小区信息汇总

小区资料登记表。

6. 客户资料汇总

小区客户资料、近 1 年成交客户资料、近期意向客户资料。（各品牌准备电子文档）

7. 提前订场地

狮群培训场地（2 天，现场需有话筒、音响、投影仪）；
活动落地场地。

8. 培训地物料

条幅 3 条、连队桌牌、品牌旗、饮用水、工装、工作证、空白纸、打印承诺书。

9. 晨会音箱及各品牌店前宣传音箱

晨会音箱：移式便携式，带话筒，声音大。

二、砍价与被砍

第一部分　砍价部分

1. 开场破冰

（1）服装。

（2）发型。

（3）首饰。

（以上须注意细节，并说明这样做的理由）

（4）话术。

①第一句话就要煽动气氛；

②如何介绍自己很重要；

③怎么用台上礼品达到最佳互动效果；

④如何从厂商代表那里拿钱；

（此处需幽默中严肃地扮演好砍价师角色）

⑤如何用钱及礼品即时互动，并打开业主心扉；

⑥如何教业主议价，并产生信任；

⑦即将破冰完毕时如何将第一个砍价商家自然引上台并砍爆；

（备注：以上破冰部分时间和节奏的把握，需根据地区差异，进行适当调整和补充）

⑧如何跟主持人或者说唱师进行配合。

2. 砍价部分

（1）大婶砍价总纲为技巧＋幽默＋严肃。

（2）大婶砍价方案设定。

①前面给商家洗脑，给厂商代表洗脑，需开个砍价启动会（另附砍价培训细则）；

②需自创砍价各品类方案至少三套。

（3）砍价过程。

需与主持人、主控师、逼单师穿插进行舞台控制。（其中必须有妳自己的性格在里面，要经过包装）

3. 各品类详细砍价方案及物料和台上角色配备

（1）形象。

（2）包装。

（3）段子。

（4）技巧。

（5）方案设立。

4. 破冰

（1）主持人或说唱师逼单过程。

此过程主持人需不时穿插神秘人物上台。

（2）砍价师上台仪式（礼仪、保安）。

最好自己去设立创建 3 分钟的 VCR。

（3）主持人在开场前进行抽奖仪式，此为第一遍聚焦。

（4）主持人宣布演职员进行开场表演，唱歌、舞蹈、小品、魔术。

（5）主持人进行砍价师造势上台活动，开始播放 VCR。（此处必须让业主就座或聚焦于舞台，并强制命令商家和业主进行配合）

（6）播放完 VCR，主持人应激情引导业主和商家一起宣布欢迎砍价师上台。

（7）砍价师上台后第一句话要适当降温并引导业主注意力聚焦。

（8）明确议价核心是说服商家听话，此处要用深得人心的理由让商家能很自然地进行放价活动。

（9）礼品及钞票的派发需关注这几类人。

①没开单的业主如何互动；

②开单多的业主如何互动；

③男女老少如何互动；

④重点是女士、小孩；

⑤如何控制前面礼貌人群。

（此处也经主持人、主控、商家及时协作处理）

（10）开场后砍价前的商家集客团队展示以及与舞台的呼应。

（11）大婶议价系统具体工作流程。

①接到工作通知后，迅速跟第三方索要微信链接海报；

②先了解海报中签到礼、整点抽、舞台物料的通用情况；

③了解海报中所在城市的当地民风、消费习惯；

④逐项看，衔接其中的每个品类，模糊环节马上进行学习和研讨；

⑤逐步了解商家集客信息及第三方诉求；

⑥要尽早将自己的工作流程报备给第三方，并请第三方协助完成物料及流程准备工作；

⑦商量好订票工作，并通知抵达时间；

⑧自备新笔记本，单独设计方案表格，方案确认后经责任方签字；

⑨到达城市后，让第三方通知开砍价启动洗脑会时间；

⑩到达后先跟主控师会面，详细了解本次落地现有状态，了解每个商家意愿，并知道谁是核心商家；

⑪安排好个人住宿后，不接受任何一方单独吃请，跟主控接触完后，尽量和商家中一部分人进行沟通；

⑫开砍价启动会（砍价启动会流程手机已存）；

⑬对接方案：

对接方案规矩为一户一对，房间里除了第三方及砍价师，其他人不得在场。

⑭第二天9点之前必须起床。如果方案记不住，一定要巩固。整理

发型、衣服，收拾行李。

第二部分　各品类方案

1. 瓷砖

方案一：抛光特价，抛釉特价。然后玩背景墙，再以卫生间墙砖做爆点。

方案二：背景墙用几块微晶石做套餐特价，然后砍抛釉，再是瓷砖单价，再砍背景墙送出去，再送电视机。

方案三：先拿出十包预拌砂浆做特价，然后砍大砖、小砖套餐，再送水泥预拌沙浆，最后提出贴砖师傅的工钱也送了，于是返现。

方案四：砍大砖的价格，买一块大砖送一块小砖升级成买一块大砖送2块小砖，再送背景墙。

2. 木门品类

方案一：传统方案，砍出特价，砍合页、门吸然后送锁。

方案二：拿出一款普通的平面门来砍价，再砍一款雕刻门，再砍五金送。

方案三：以一款特价平开卫生间门做铺垫，然后砍门送五金，再买金屋木门送卫生间门。

方案四：先砍平面门，升级成手工雕刻门后再砍成平面门的价格，再送锁，再是第一扇门超特价，第二扇门、第三扇门超特价。

方案五：做三道门套餐，送锁及五金，再送五米窗套，再送十米踢脚线，再送一个入户大门槛。

3. 衣柜类

方案一：砍衣柜送鞋柜，然后把鞋柜加宽加高升级成衣柜，再 PK 木工，做好送进鞋柜。

方案二：砍小百叶移门，升级成带腰线移门，然后一平方米移门送一平方米衣柜。

方案三：砍床加床垫加床头柜，然后砍衣柜，买全屋家具的，将床等做超低特价送进去。

方案四：三个柜全砍特价，其中一个衣柜直接作价 500 元，一户限一柜。

4. 木地板类

方案一：砍木地板，然后砍人工，送踢脚线。

方案二：地板砍特价，然后拿出一个再打八折，再送多少米踢脚线。

方案三：拿出拖把等大礼包，地板砍出特价后，直接送大礼包。

方案四：砍复合板，升级成实木板，然后砍强化板，砍出超特价。

方案五：砍出一个房间特价，第二个房间再打折，然后小孩房超特价。

方案六：演示地板抗刮擦抗火、防水功能，之后以 100 块板做套餐，买 100 块再送 20~50 块板，再送踢脚线。

5. 窗帘布艺类

方案一：先送一个百叶卷帘造势，赢得好名声，然后砍布、砍纱，最后以 5 米窗帘 99 元一个全套作为爆点。

方案二：先送一个百叶帘，然后砍布、砍纱，再砍送一个窗帘的幔和绑带，再送十米轨道。

方案三：先送百叶帘，连布带纱一个版本，砍出一米特价，然后买三米送一米，再送一个幔和绑带。

方案四：错位砍，先砍麻料的，再砍绒布的，把绒布砍成麻料特价，再送辅料。

6. 卫浴类

方案一：四件套一个特价，然后单砍马桶特价。

方案二：花洒、毛巾架、肥皂盒等小件一个超低价。

方案三：马桶 + 花洒 + 毛巾架砍出一个套多价，然后加 199 元送浴室柜。

7. 墙纸类

方案一：5~9 卷直接做套餐，然后砍人工砍辅料，再砍送背景墙。

方案二：先砍 PVC，然后砍单价，再砍小孩房超特价，最后送人工辐辅料。

方案三：砍墙纸每卷特价，然后买 2 卷送 1 卷，在演示中送洗衣机。

方案四：砍出一个房间特价，辅垫好，再由此房间送 2 个房间（不砍人工辅料）。

8. 灯具类

方案一：10 米灯线、0.5 米灯带 5 个开关 5 个插座打包，然后砍出一个大的客厅灯价格，顺便送 2 个平板灯。

方案二：以天猫价做铺垫，水晶灯砍出特价，然后砍出一款水晶平板灯价，特价基础上送 5 个射灯。

方案三：砍一款平板水晶灯，然后以买平板水晶灯加 288 元送水晶吊灯作为爆点。

方案四：定制一款宣传得高大上的水晶项链，然后砍套餐，砍完套餐后将灯带、灯线、开关送进，再限时下单送水晶项链。

方案五：直接砍套餐，之后砍送几米灯带等，然后拿出一部分1000元当1300元使用的优惠券作为爆点。

9. 小品类

因各家不同，不做详述，比如家电、集成灶，主要看被砍的商家上台如何做场景化演讲，砍价师配合。

第三部分　砍价师砍价理由

第一个理由：这次人多，你可以一下收好多单。

第二个理由：厂家搞联动都比这个价格便宜，你有什么理由不放价。

第三个理由：这么多人帮你做宣传，广告费省了多少。

第四个理由：为什么上次你们做某某宾馆的工程，给的价格这么低都能做？

第五个理由：又不是让你天天放这个价格出来，就今天一下午，冲这么多人气，过后就恢复。

第六个理由：你一下收了几十万元订单，虽然单价亏了，这几十万元放银行难道不涨利息吗？

第七个理由：兄弟，别以为我们不知道你的猫腻，你凭这么多订单要挟厂家给你返回扣，你照样有的赚。

第八个理由：兄弟，刚才业主砍的你，你给业主面子，也总得给我一些面子吧。好歹人家是个非著名砍价师。

第九个理由：这样兄弟，主材这一部分我们也不再砍你，副材部分你总要让一点儿，这才合情合理。

第十个理由：引诱被砍者说错话，比如降到这个价钱还不等于白送吗？砍价师就可以顺着说了。

第十一个理由：用加一点儿这个招数引诱对方先同意。

第十二个理由：就减一块钱行不行，然后从数字左边开始减。

第十三个理由：天猫京东才卖这个价钱，你难道比它们还要贵？有道理吗？

第十四个理由：知不知道这款你在武汉卖的最低价是多少？为什么到这儿你就贵了？

第十五个理由：兄弟，五一、十一、元旦你们这款活动价都比这低啊。今天不放说不过去吧？

第十六个理由：兄弟，你再降一点儿，我马上要求业主开始排队准备下单，你看如何？

第十七个理由：这样兄弟，这么降价你们不但亏，而且放得厉害，那么就限二十户总可以吧。

第十八个理由：爱出者爱返，福往者福来，我给你 100 元，然后你要不要还我？

第十九个理由：我们现场大声呼喊你的品牌给你做广告，你总该回报一下吧！

第二十个理由：真不降是吧，好，你应该知道这样做的后果是一单都没有。不降我要求收银区暂时关闭，一单不给你下。

第二十一个理由：经销商上台，用经销商利害关系帮被砍做决定。

第二十二个理由：兄弟，你看那位大姐就等你点头准备交钱了。

第二十三个理由：兄弟，我今天答应每个品类帮业主省下五千块了，哥你不答应，那么我只有和业主一起去其他品牌砍价了。看谁吃亏。

第二十四个理由：兄弟，有困难我们其他品牌帮你运一下，好不好，省点儿运费。

第二十五个理由：兄弟啊兄弟，你说现在这生意多难做啊，就算没怎么赚，那总有人气对不对？

第二十六个理由：兄弟，你们这款爆品每年都卖三十多亿元，没理由不反馈给业主啊！

第二十七个理由：兄弟，要不然这样，既然你降不了，咱就升级成好一点儿的材料总可以吧？

第二十八个理由：既然降不了，那咱们送点儿辅材总行吧？

第四部分　被砍理由要求及话术

1. 被砍按职业划分

（1）原厂大区经理。

（2）附近兄弟单位经销商。

（3）演职人员、主持人。

（4）专业被砍。

（5）自己人或自己。

2. 被砍按上台气势分

（1）夸大其词表演型。

（2）徐徐道来理智型。

（3）卖弄装傻型。

（4）真傻型。

（5）只顾介绍产品木讷型。

（6）浪费时间型。

（7）职位转换型。

3. 被砍第一次亮相说辞

（1）问候，需体现与众不同。

（2）介绍我是谁，我来此地干什么，完成不了承诺会怎样。

（3）拿出红包礼品进行广告互动。

（4）集体跟砍价师宣誓。

4. 被砍服装发型语言

（1）正装。

（2）略显个性装扮。

（3）发型清楚。

（4）口齿清晰，说话有节奏感。

（5）说辞应与众不同，产生互动共鸣。

5. 与商家对接流程

（1）确定品牌，以最快速度搜集该品牌各种相关资料，发现最大卖点。

（2）让商家交定金。

（3）购票并通知商家到达时间。

（4）准备行李。

（5）到达后赴商家店里详细了解该品类卖点、特点。

（6）询问商家本次售卡情况。

（7）确认商家以前的方案。

（8）和商家确认本次砍价方案，并且迅速知晓本方案的卖点、亮点及砍价点，并确立收点。

（9）和商家一起到砍价师处对接，并跟砍价师沟通卖点、亮点、砍点、抗点、收点。

（10）通知商家准备的材料，红包、礼品、记号笔。

（11）适当给商家做收单培训。

（12）通知商家付报酬时间。

（13）晚上整理笔记，确定两边上台话术，熟悉卖点及抗价理由。

（14）第二天尽量早起，巩固方案熟悉度。

（15）跟商家确认上台顺序，并进行相应的方案调整与补充。

第五部分　被砍上台语境设置

被砍主砍面临的第一个主要问题是：自带气场。所谓气场，是跟平时的阅历分不开的，比如读书的功底，比如从事何种工作，比如如何装饰自己，好的被砍师必须内外兼修，商家收单就看你上台的 10 分钟能不能锦上添花。

（1）被砍上台第一句话就要特别吸引人。

（2）被砍手头的物料是聚客基础，要知道怎么运用，比如小礼品、小红包之类。

（3）被砍上台是否放松很关键，只有放松，才能发挥自如。

（4）被砍要学会设置话术陷阱，需要给自己的话术方案埋坑和设置惊喜。

（5）被砍上台的表情要根据砍价师的节奏走。

（6）被砍收单时要干净利落，不拖泥带水。

（7）被砍需要有服务精神，一心赶场的被砍不是好被砍。

第六部分　优秀砍价师具备的条件

（1）气场要足，形象服装得体，阅历、经历必不可少。

（2）要会设置方案。

（3）要帮助商家分析和分解方案。

（4）要能替第三方分担一些工作。

（5）要会讲段子。

（6）要有超强记忆力。

（7）要有原则，不接受商家单独吃请。

（8）要因地制宜控场。

（9）要有多种互动破冰之法。

（10）要培养临时被砍上台收单能力。

第七部分 被砍控价理由

第一个理由：砍价师，我这款产品光运费都要几百元，怎么可能降到这个价？

第二个理由：砍价师，我这款产品，人工每平方米都要几百元，你要我怎么放价？

第三个理由：砍价师，说实在的，这个价你生产出来卖给我，我全部报销行不行？

第四个理由：砍价师，你买块铁多少钱？你买双皮鞋多少钱？你买条浴巾多少钱？难道比他们还便宜？

第五个理由：你这么说跟送有什么区别？

第六个理由：这样，砍价师，别砍我价，我加送这个还不行吗？

第七个理由：砍价师，我管理金旺一千家门店，在这里一放价，其他地方怎么做？

第八个理由：这样，砍价师，我给你分解一下这款产品的成本。

第九个理由：砍价师，就算我同意了，我们的供销商也不会做。

第十个理由：砍价师，我们搞金旺联动、全省联动，双十一也没有过这样的价格啊！

第十一个理由：砍价师，你根本不是砍价，如果这价我放给你，我回到公司乌纱帽都得丢掉。

第十二个理由：你这个砍价师，我们公司老总说过要提防你，果然是在乱来。

第十三个理由：晚上出去请你吃饭还不行吗？

第十四个理由：砍价师，你这价格我先不说能不能答应你，你可以先搜索一下现在铝材、石材、木材价格涨成什么样了。

第十五个理由：这么砍我答应不了，我这材料用的是进口的××，你看一下材质，然后我来演示一下，这些是小品样能做出来的吗？

第十六个理由：这款产品若是不能一下子有几十个宝库，我根本没有办法把成本降下来。

第十七个理由：砍价师，说错话了而已，哪有那么降的，你再加一点儿。

第十八理由：为了不扫大家的兴，我只能限十户，多一户我也不签单，大家也别骂我。

第十九个理由：我为什么说不降，上海某某工程那么大的量，我都是这个价卖的。

第二十个理由：不要拿手机拍我，我害怕这么降价被同行揍，求大家了。

第二十一个理由：说实话，我不怕你们比较，我们的产品在天猫官网的价格够低了。今天这个价，难道不是良心价吗？

第二十二个理由：砍价师，天猫过来要不要运费，要不要安装费，我现在把这些费用都免了，还怎么降。

第二十三个理由：砍价师，我真心降不了价。我现在给我们大老板打电话，他同意我就降价，他不同意我降不了价，你也别为难我，我只是一个打工的。

第二十四个理由：砍价师，刚才这款我放价放得这么低，现在这款还这么低，我们好歹也是做生意的，不是雷锋。

第二十五个理由：相信在座的业主都是明事理的人，你们凭良心说，这样的低价能不能买到我们这款产品。

第二十六个理由：砍价师，你见过奢侈品卖成杂货摊价格的吗？

第二十七个理由：砍价师，我们老板小姨家也没给过这样的价格，你这是胡闹。

第二十八个理由：砍价师，我这么跟你说，我们下面的经销商家里在装修，要开后门走这个价，我们厂方都没同意。

第二十九个理由：这样，砍价师，我们现在带业主到市场上看看，同类产品会不会给这个价好不好。我都不说大品牌了，如果小品牌肯给这个价，我白做还不行吗？

爆免接近收单时，不用讲清楚抗价理由，只要语无伦次，激动到感动自己即可；收单时需要饥饿营销，限时限户或者说马上要走，尽量放狠话；个性化抗价。

第八部分　拓展训练

（1）破冰游戏

①滚雪球/直呼其名（破冰）

时间：10~15分钟。

人数：不限，人多可划分成若干个小组。

概述：这个游戏主要用来帮助大家记住彼此的名字。

目的：相互认识，消除彼此间的陌生和尴尬，方便后面的项目。

步骤：选一块宽阔平整的游戏场地，全体同学围坐成一个圈，然后由你自己开始按照顺时针方向起立，自我介绍说："各位朋友好，我叫张××。"第二个人起立说："张××你好，我叫杨××。"第三个人起立则说；"张××，杨××，你好，我叫刘××。"以后的人依次把名字说下去，强迫大家把每个人的名字记住。

注意事项：衣冠整洁，方便照相。

②缩小包围圈（破冰）

时间：5分钟。

人数：不限

概述：这是一个不可能完成的任务，但是它会给游戏者带来无尽欢笑。

目的：使小组充满活力；创造融洽的气氛，为后续培训活动的开展奠定良好基础；让队员们能够自然地进行身体接触和配合，消除害羞和忸怩感。

步骤：让队员们紧密地围成一圈，包括你自己，然后让每个队员把胳膊搭在相邻同伴的肩膀上。接下来告诉大家我们将要面临一项非常艰巨的任务，大家要一起向着圆心迈3大步，同时要保持大家已经围好的圆圈。等大家都听清楚游戏要求之后，让大家一起开始迈第一步。迈完第一步后，给大家一些鼓励和表扬。第二步迈完之后，你可能就不必挖空心思去想那些表扬与鼓励的话了，因为大家已经忍俊不禁了。迈第三步的结果可能是圆圈断开，很多队员摔倒在地。尽管很难成功地完成任务，但是这项活动会使大家开怀大笑，烦恼尽消。

注意事项：在迈第三步的时候尤其要注意安全，不要让有些队员摔得过重。

变通：如果参加游戏的人较多（比如多于40个人），可能分成小组来做游戏会更好一些。还可以把队员们的眼睛蒙起来做这个游戏。

③能量传输

概述：整个团队每个队员手拿一根半圆形的球槽，将球连续传动（滚动）到下一个队员的球槽中，并迅速地排到队伍的末端，继续传送前方队员传来的球，直到球安全到达指定目的地为止。

目的：培养学员良好的工作心态和勇于接受挑战的精神。充分体现团队的领导力、沟通协调能力，感受团队间有效的配合、衔接以及自我控制能力，为共同的目的以及团队的责任感做好每一个环节。

通过组别与组别之间的竞赛，让学员在不可预测的快节奏的活动过程中，利用成员间的相互协作，学会应对和适应，从而在预定的时间内实现更多的工作目标，提高工作效率。

步骤：小组所有队员将各自的半圆形球槽相连，然后将球连续传动（滚动）到下一个队员的球槽中，并迅速地排到队伍的末端；当圆球自出发点前进时，必须经过每名队员的轨道，不能让球回流；在行进过程中，当目标圆球落地后，该小组所有成员必须马上返回起点重新开始；球在运行过程中手不能碰到球，也不能让球停下来；全队不能发出任何声音；目标圆球在不落地的情况下到达预定目的地为成功。

思考问题：链条。我们每个学员都是项目运作中的一个"链条"，都非常重要，在任何一项工作完成时，都要考虑是否能让你的下一个"链条"顺利承接；

节奏：不必一味贪快，控制节奏非常重要，一切只为最后的胜利；指挥。一个团队必须要有一个统一的指挥；配合。当你的同伴出现问题时，要及时提醒，这样才能确保共同的成功。

④透支

时间：10分钟

人数：队内所有成员

道具：一段长5米的绳子

概述：这是一个适合在培训之初开展的有趣游戏

目的：为了说明即使优秀的人也会在一些游戏中失败

步骤：把绳子拉直后放在地上，让队员们在距绳子30厘米处站立，然后下蹲，双手紧握脚后跟。他们的任务是跳跃通过绳子，只能向前跳跃，不能滚动或者倒下，同时双手紧握双脚，不能放松。时间到后，告诉大家，在培训游戏中有时可能根本不能"赢"，成功和失败不是最重要的——关键是通过参与学到东西。

讨论问题示例：这个动作有可能完成吗？游戏的目的是什么？如何将该游戏和我们将要开展的培训联系起来？

⑤太空椅

人数：至少15人以上。

目的：锻炼团队的协作能力，加强团队之间的沟通。一个成功的团队没有失败的个人，一个失败的团队里也不会有成功的个人，我们大家相互依靠，就能"聚沙成金，积水成渊"，把一件看似不可能办成的事办成，一个团队只要上下一心，其力定能断金。

游戏规则和程序：所有学员围成一圈，每位学员都将手放在前面学员的肩上。教官下口令"坐"，所有队员一起坐下，每位学员都坐在他后面学员的大腿上，培训者可以再喊出相应的口号，例如齐心协力、勇往直前。可以以小组比赛的形式进行，看看哪个小组坚持的时间更长，获胜的小组可以要求失败的小组表演节目。

⑥解手链

时间：10～15分钟

人数：通常情况每个小组不超过24人

概述：这个游戏可以打破人际交往的坚冰，培养团队精神，同时使小组充满活力。

目的：使小组充满活力，让大家动起来、笑起来。增强团队精神，锻炼新团队的沟通、执行及领导力。

步骤：队员们紧密地围成一圈，大家都举起左手，右手指向圆心。然后，用自己的左手抓住同伴的右手，在不松手的情况下，把自己从"链子"中解开。解开后仍要保持大家站成一个圆圈的状态，面向哪个方向不限。

有时会出现大家都把自己解开了，但是却形成了几个小圆圈，而不是仍保持原来的大圆圈的情况。如果你不希望这种情况发生，可以做一个闭环测试。随意在圈中选出一个人，让他用自己的右手捏一下同伴的左手，左手被捏的人接着用自己的右手去捏下一个队友的左手，直到"捏手信号"返回到第一个人的左手为止。如果"捏手信号"传不回来，你就需要重新开始了。你可以根据实际情况，决定是否需要进行闭环测试。

⑦第六感

时间：20分钟

人数：不限

道具：眼罩

概述：这是一个最基本的配合游戏，没有搭档将无法开展

目的：展示第六感的力量

步骤：每名队员选一个搭档，每对搭档面对面站立，相距约1米左右，相互伸胳膊摸到对方的手后，把手收回。之后所有队员紧闭双眼，旋转三圈，然后面对自认为搭档应该站立的位置，伸手摸搭档的手（在游戏中，大家要始终保持沉默）。

讨论问题：游戏结束后，谁能摸到搭档的手？你们是如何摸到搭档的手的？一些人真的有第六感吗？

注意事项：可能有些人旋转后会感到不适，可以让他们做监护员。

变通：3人一组，继续做同样的游戏。

⑧坐地起身

时间：20～30分钟。

人数：不限。

场地：空旷的场地一块。

目的：这个任务体现的是团队队员之间的配合，主要是让大家明白合作的重要性。

游戏规则：4个人一组围成一圈，背对背坐在地上，然后不用手撑地站起来，随后依次增加人数，每次增加2人，直至10人。在此过程

中，工作人员要引导队员坚持、再坚持，因为成功往往就是再坚持一下。

⑨驿站传书

时间：30 分钟。

人数：两队以上，每队至少 5 人。

目的：使学员强烈意识到，充分沟通对团队目标实现的重要意义；制度规则的建立与修正。

游戏介绍：全队成员排成一列，每个人就相当于一个驿站。培训师会把一个带有 7 位数以内数字信息的卡片交到最后一位伙伴的手中。你们要利用聪明才智把这个数字信息传到最前面的伙伴手中。这位伙伴收到信息以后，要迅速地举手，并把信息写在纸片上交给培训师。比赛总共进行四轮，在信息传递的过程中，会有一些规则来约束。

游戏规则：培训师喊开始，信息从后面一位伙伴传递那刻起，不能讲话、不能回头。后面伙伴的任何部位不能超过前面伙伴身体的肩缝横截面以及无限延伸面。当信息传到最前面的伙伴手中时，他要迅速举手示意，并把信息写下来交到培训师手中。计时截止时间为举手那一刻。不能传递纸条或扔纸条。项目的最终解释权和裁判权归培训师（要解释清楚，某些很有争议的方法，如果我们培训的整个中心相吻合算正确，背离则算错误）。第一轮时间≤2 分钟（给 8 分钟的讨论时间，然后 PK）；第二轮：以前的规则继续生效，增加新的规则，第一轮所有方法不能再使用，不能传递和扔任何物品。第二轮时间≤1 分钟（给 7 分钟的讨论时间，然后 PK）；第三轮：以上规则继续生效，增加新的规则，第一轮第二轮所有方法不能使用。第三轮时间≤40 秒（给 6 分钟的讨论时间，然后 PK）；第四轮：以上规则继续生效，增加新的规则，前三轮所有方法不可用，屁股不可以离开地面。第四轮时间≤20 秒（给 5 分钟的讨论时间，然后 PK）。

⑩传染病

时间：10 ~ 15 分钟。

人数：不限。

场地：一处宽敞的运动场。

概述：这是一个非常有趣的快跑游戏。

目的：活跃团队气氛，让队员们能够自然地进行身体接触和配合，消除害羞和忸怩感。

准备：事先标出运动场的边界线。

步骤：告诉队员这个游戏类似于捉迷藏。首先让一名队员当捕手，其他的人尽量避免被抓住。任何队员只要被捕手接触，就算被抓住。然后他的手就和捕捉者的手绑在一起，成为一个新捕手，继续捕捉其他队员。重复前面的过程，直到最后一个人被抓住为止。

开场白如下：你们当中有一人将要感染一种非常罕见的传染病。他得了这种病以后，接触到其他任何人，彼此的手就会粘在一起而不能分开。如果他俩接触到别人，对方的手也会被粘过来。这种病还影响了人的思维，病人不是尽量隔离，反而沉迷于去传染别人。你们的任务就是尽量延长自由时间，不要感染这种病。祝你们好运！

给大家指出运动场的边界。选出一个志愿者并告知他已经携带了病毒，他的任务是将病毒传染给其他人。

讨论问题：游戏中谁是最后一个被感染的？对这个游戏你们有何感想？

注意事项：密切注视粘连队伍，确保队尾的成员在活动中不会失去平衡。

⑪齐眉棍

时间：30分钟左右。

人数：10~15人。

场地：开阔的场地一块。

道具：3米长的轻棍。

目的：在团队中，如果遇到困难或出现了问题，很多人马上会找别人的不足，却很少发现自己的问题，队员间的抱怨、指责、不理解对于团队的危害……这个项目告诉大家："照顾好自己就是对团队最大的贡献。"提高队员在工作中相互配合、相互协作的能力。统一的指挥＋所有队员共同努力对于团队成功起着至关重要的作用。

概述：全体分为两队，相向站立，共同用手指将一根棍子放到地上，手离开棍子即失败。这是一个考察团队是否同心协力的体验。所有学员将按照培训师的要求，完成一个看似简单却最容易出现失误的项目。此活动深刻揭示了企业内部的协调配合之问题。

⑫地雷阵

时间：15~30分钟。

人数：至少10人，越多越好。

道具：蒙眼布、界线绳一条、障碍物若干（用来代表游戏中的"地雷"）。

目的：建立小组成员间的相互信任，促进沟通与交流，使小组充满活力。

步骤：用绳子在一块空地圈出一定范围，撒满各式道具（如娃娃、球等）作为障碍物。学员两人一组，一人指挥，另一人蒙住眼睛，听同伴的指挥通过地雷阵，只要踩到任何东西就要重新开始。指挥者只能在线外，不能进入地雷阵中，也不能用手扶伙伴。

安排不想参加游戏的人做监护员。当参加游戏的人较多时，游戏场地会变得非常喧闹。这是一个有利因素，因为这会使穿越地雷阵的人无所适从，难以分清听到的指令是来自同伴，还是其他小组的人。

讨论：请问各位在通过地雷阵的时候有什么感觉？平时你在跟其他人互动时是否需要刚才所讲的想法、做法？若再有一次机会，我们还可以加强些什么？

注意：不可用尖锐或坚硬物做障碍物；不可在湿滑地面进行；需要注意两位蒙眼者是否对撞。

⑬五毛和一块

人数：十几个人就可以，人多些更好玩。一定要有男有女，比例不限。

场地：稍微宽敞一点儿就可以，没有特别要求。

裁判：一名，负责发号施令。

规则：在游戏中，男生就是一块钱，女生则是五毛钱。游戏开始前，大家站在一起，裁判站在边上。裁判宣布游戏开始，并喊出一个钱数，游戏中的人就要在最短的时间内组成那个数的小团队，比如喊出的是 3 块 5，就需要三男一女或七女或一男五女之类的小团队。请记住动作要快，因为资源是有限的，人员也很少有机会能平均分配，该出手时就出手，动作慢的人可能会因为少几块或几毛钱而惨败；当然动作快的人不要一味地拉人，有可能裁判叫的是 3 块 5，但你们团队里已经变成 5 块了，这时候你就需要踢人了。

⑭电波的速度

时间：10 分钟。

人数：不限，越多越好。

道具：秒表。

概述：一个快速而且简单的小游戏。它可以使整个小组协同工作，并给他们带来欢笑。

目的：增强小组凝聚力；激励小组挑战自我、超越自我。

步骤：让所有队员手拉手站成一圈。随意在圈中选出一个人，让他用自己的左手捏一下相邻同伴的右手。问第二个人是否感受到了队友传递过来的捏手信号，我们把它称为"电波"。收到"电波"后要迅速把电波传递给下一个队友，也就是要快速地捏一下下一位队友的手。直到"电波"返回起点。把秒表记录的"电波"跑一圈所需要的时间告诉大家，同时鼓励大家，重新再做一次电波传递，希望能更快一些。让队员们重复做几次电波传递，并记录下每次所用的时间。等大家都熟练后，变更"电波"的传递方向，由原来的沿顺时针方向传递变为逆时针方向传递。几次之后，再一次让队员们逆转"电波"的方向，同时让队员们闭上眼睛或是背向圆心站立。为了使游戏更加有趣，在游戏快要结束的时候，悄悄告诉第一个人同时向两个方向传递"电波"，而且不要声张，看看会带来什么有趣的效果。

⑮南辕北辙

时间：15～30 分钟。

人数：不限。

道具：每个队员一个眼罩。

概述：这是一个在队友之间建立信任的绝妙游戏。

目的：建立小组成员间的相互信任，培养团队精神。

步骤：让大家互相结为搭档，每组搭档发一个眼罩。然后把大家带到场地的一端，在场地另一端选一个物体作为目标。每组搭档中一人蒙上眼罩，另一人跟在他身后，防止他绊倒或撞上某些障碍物，但不能给蒙眼睛的搭档指路或做任何暗示告诉他该向哪里走。蒙住眼睛的搭档觉得到了目标时停下来，取下眼罩，看距离最终目标到底有多远。随后两个搭档转换角色，重复游戏，直到所有人都蒙过眼罩为止，询问他们为什么大多数队员距离最终目标那么远。给每组搭档再发一个眼罩，让他们仔细观看前方的目标后，都蒙上眼罩，挽着胳膊或携手一起走向目标（一定要用相机给他们拍些大特写，留作纪念）。当他们发现两个人的行动并不比单个人好多少时，建议所有队员联合起来尝试一次。当所有队员都停下后，每人都指向自认为目标所在的方向。同时，用另一只手拿下眼罩。

这个游戏说明，虽然每个人对目标在哪儿都有自己的想法，但是团队作为一个整体比前面的单个人或一组搭档还是更能接近目标。

讨论问题示例：为什么最终整个团队比单个人或一组搭档更靠近目标？

注意事项：保证地上没有障碍物绊倒队员。

变通：队员们倒退着走向目标。

⑯信任背摔

时间：30分钟。

人数：12~20人。

道具：背摔台、束手绳。

目的：挑战自我，建立小组成员间的相互信任。懂得团队的重要性，互相帮助很重要。体验站在下面看上面的人时和自己站在上面时完全不同的感觉，从而明白每个人在工作中的位置不同，感受也不同的道理。同时学会战胜自己和敢于相信同伴、信任部下。

概述：这是一个经典的拓展项目，每个队员都要笔直地从高台上向后倒下，而其他队员则伸出双手保护他。每个人都希望可以和他人相互信任，要获得他人的信任，就要先做个值得他人信任的人。对别人猜疑的人，是难以获得别人的信任的。这个游戏能使队员在活动中建立及加强对伙伴的信任感及责任感。

规则：满分10分，挑战失败或不参加游戏者，如有队友主动要求代替其做任务的，可以不予减分，否则减1分。

步骤：背景：大家都是一艘即将沉没的海船上的船员，船上仅有的救生艇都已经坐满了人，可是还有一位同伴在甲板上。如果三分钟内这个同伴没有安全地搭上救生艇，那么我们就将失去这位可爱的同伴。与此同时，救生艇已经达到饱和，如果站在甲板上的同伴就这样跳上救生艇，很可能会冲击到救生艇，从而使得大家都沉入大海。所以，我们必须寻找一个最安全最稳妥的办法，让这位同伴顺利上艇。

游戏开始前，让所有队员摘下手表、戒指以及带扣的腰带等尖锐物件，并把衣兜掏空。

在项目开始之前做准备活动（防止运动损伤）。背摔队员需要提前捆绑两肘关节，避免后倒时误伤其他队员。保护队员首先找到一个身高、体形与自己相仿的队员，两人成弓步站立，重心在两腿之间，双脚内侧相贴，膝盖内侧贴紧，双臂平伸，肘部略弯，掌心向上、五指并拢，双手搭在对面搭档的肩部上，搭上即可，眼睛注视背摔队员，头往后仰。切记不可拉手或者彼此攥住对方的胳膊或手腕 。全体保护队员就位，培训师用双手用力下压每一组学员的手臂，并纠正不正确的保护姿势。跌落者收紧下巴，身体挺直，两腿必须夹紧，两手紧抱于胸前并捆绑住（避免两手随意摆动）。跌落者下落时要始终挺直身体，不能弯曲。如果弯腰，后背将会戳伤某些承接员——换句话说，他们有可能会被砸倒在地。

充电口号：我叫×××，我准备好了，你们准备好了吗？答：我们准备好了，回：我来啦！答：请相信我们。然后3、2、1、倒！

尽量要求所有队员都参与跌落，如果有人不愿意参加，不要逼迫或者戏弄他们。若确实有一两个人不愿意参加，可以只让他们在平台上，面对承接队伍站一会儿，然后跳到承接队尾，好像他刚跌落完毕，或许他会改变主意，愿意跌落到承接队伍中。对于某些学员的失常表现，给学员找个台阶：本能；自控能力。

注意事项：背摔队员在背摔台要严格照动作要领来做才可保证足够

安全，特别要遵守以下四点；搭人床的第一组队员的肩膀距背摔台沿约30厘米，个子不用很高，通常可以安排为女士；第二、三组应用力度最强的四个人，当然，如果背摔者的个子较高，受力点应向后调节。每组队员的肩膀应紧密相连，勿留空隙；人床形状应保持由低渐高的坡状，剩下的队员要用双掌推住最后一组队友的肩膀处，以保持人床的牢固，所有队员在任何时候都不可以撒手或撒退；当听到背摔队员的询问：准备好了吗时，头要向后仰，同时侧向队友的背部，当队友倒下来后一定遵守"先放脚后将身体扶正"的拓展安全第一原则；做保护的队员不要迅速撒手或鼓掌，以免发生其他意外。二、三组队员在承接几名队员后要互相交换组位以免疲劳。

如有严重外伤病史或有严重心、脑血管及精神病，高度近视，颈，背，腰有疾病的人不宜做此项目。

变通：对于那些既成的团队，可以考虑给跌落者蒙上眼罩，增加游戏难度。

讨论：在背摔项目中，面对未知世界的挑战，我们每个人都表现得非常出色，给我们自己一个掌声。下面请大家谈谈对背摔这个项目的体会。最初你们对此游戏有何认识？参加游戏之后你们有何感受？你们在台下接队友时何感想？当站在平台上准备向后倒时，你有何感想？为什么我们每个人敢背对大家倒下呢？（信任队友）怎样赢得别人的信任？

结论：信任——引申出管理问题（个人能力有限，领导对下属的授权问题）；责任：并非与生俱来的；奉献精神：台下每位成员全身心投入，牺牲自己为队友付出；团队精神：团队互相鼓励是完成项目的基础。团队成员相互配合，依靠集体的力量使每个学员安全着陆；换位思考：台上感觉与台下感觉截然不同，台下可能抱怨他人，笑话他人，上台后自己也会有害怕、担心的感觉；沟通：台上学员与台下学员之间的沟通也是项目良好完成的基础；激励：学员之间互相的激励，增强了上台学员的信心；榜样的力量：第一个从背摔台倒下的学员是否对其他学员产生了榜样效应？现实中应如何理解和利用榜样效应？氛围：形成一个良好的环境氛围、良好的团队基础，是项目成功的基本保障。现实生活中氛围在完成某项具体任务时至关重要。人最危险的部位是身后，当你把最脆弱的一面展现给他人时，首先要求你对同伴绝对信任。而当你处在必须对他人负责的角色时，必须表现出足够的责任心和积极的态度，使同伴完全相信自己。

⑰生死电网

时间：30分钟。

人数：不限。

概述：这是一个著名的户外游戏，它是幻想和挑战的完美融合。虽然这个游戏需要培训专员进行一定的准备工作，但是这些准备工作一定会带来超值回报。

目的：确立方案，明确分工，有效的组织协调是团队成功的关键；有效地利用搭配资源，是团队成功的保证；相互协调和精心操作，才能保障计划的顺利实施；感受面对困难时，应有的态度和做事的方式；摆正个人在团队中的位置（自我定位），是团队成功的基础

步骤：开场白：在一次战斗中，你们所有人都被敌人俘虏了，关押在一个用电网包围的监狱中。有一天，你们突然发现这个电网有些地方的空隙比较大，用一些技巧可以穿越电网逃出监狱获得自由，于是你们趁敌人睡觉的时候开始行动。但是非常不幸，敌人很容易被惊醒。在穿越电网的过程中，任何人一旦碰到电网，不论轻重，警笛立马报警，蹲在远处的狙击手会直接开枪射击，导致全体阵亡！（每个网洞只能用两次）。您和您的队员需要穿越的是一张与地面垂直的"电网"（绳网），网上的一个洞就是一条生路。

游戏规则：网的有效范围为场内所有圆环；底层网洞1人/次，上层网洞不限次数；在穿越电网的过程中，任何人（包括保护学员）身体的任何部位及其附属物（衣服、鞋子、头发等）都不能触网，碰到即为"触电"。中途触碰电网，所有人需重新挑战，否则减1分，满分为10分；任何人不得绕过电网到另一侧帮忙；不允许做空翻、鱼跃等危险动作。

讨论问题：你们在游戏过程中碰到了什么问题？你们是怎样分析问题的？每个人的任务是什么？你们是如何克服困难的？哪些因素有助于成功地完成游戏？游戏过程中是否产生冲突？你们是如何处理的？游戏

过程中有无领导者产生？其他人是否属于被迫接受领导？这个游戏揭示了什么道理？如何将这个游戏和我们的实际工作联系起来？

总结：有很多事靠个人的力量根本无法完成，必须依靠集体的力量协同配合，这就是组建团队的意义和价值。一个团队成立时，一定要建立强有力的组织指挥体系，进行合理的分工和协作，才能保证团队工作有序地开展。

大小不一的电网格子，有的非常小，象征着不同的环境和艰难的条件。游戏就像是社会竞争，不要试图轻易改变游戏规则或者社会环境，唯一能做的就是在最短的时间内适应环境。同时，游戏的规则会不断改变，犹如社会环境和竞争环境也在改变，竞争是一个不断学习、改进的过程，要不断寻找它的突破点。

大的格子非常有限，我们不能让瘦小的女生占用大格子，必须留给身材高大的同伴。这说明资源是有限的，必须学会合理分配。因此，任何一项工作开始之前，团队领导人要审时度势，根据实际条件和资源，统筹计划，合理安排。

组织中虽然各有分工，但是所有人都对结果和最终的绩效负有责任。任何一个工序的失误，都可能导致"触电"，团队的成果将前功尽弃、毁于一旦。我们在"抱、抬、托、举"的时候，都必须留意一下其他同伴的动作，团队所有成员都必须在相互协作中善意提醒、彼此关注。

每托起一个同伴，我们都小心翼翼。工作中，我们不正是需要这种严谨、认真、负责的态度吗？

一个人的成功不能代表整个团队的成功，只有团队成员群策群力，鼎力相助，才能最终完成团队的目标。

⑱雷区取水

时间：30分钟。

人数：至少10人以上。

道具：手套若干、矿泉水10瓶、雷区绳若干。

目的：团队协作、创新。

步骤：接下来，我们进行一个获取资源的生存训练，这也是我们拓展项目中非常经典的一个项目"雷区取水"。

背景：战争期间，盟军被包围，所有的物资，包括生存必要的水资源，都被封锁在一个雷区里，要想生存，就必须获得水资源，而我们只有一个绳子。

规则：30分钟内用10种不同的方法取出10瓶水；只能用绳子和人身体本身，不能借用其他任何工具；在取水过程中，身体的任何部位不能接触雷区，如碰雷区，需重新开始，否则减1分，满分10分。如触电人数较多，可定为阵亡（阵亡的人不再参加游戏）。

注意事项：进行人员组织，维护项目规则；工作人员不得对队员进行指导和提示；工作人员密切注意队员，禁止出现危险动作。当有小队进行此项目时，要求其他小队到其他看不到项目进行的地方。

点评：队员的创新能力；有效资源的优化配置；队员之间的协助，合作团结；不要刻舟求剑，市场变化了，我们也应以变应之；目标的渐进性，一个一个做好。

⑲孤岛求生

版本一：

珍珠岛任务。

a. 有两个房间，一个房间有三个电源开关，另一个房间有三盏日光灯，但你不知这三个开关分别是属于哪一盏灯的，假如让你分别进每个房间一次，写出你怎样才能分辨出这三个开关分别是属于哪一盏灯的？

b. 数学题：$ABCDE \times 3 = EDCBA$，A、B、C、D、E各是几？

c. 利用一定的物理原理和器械，将所有的人集中到一个岛上。

时间：30分钟

规则：岛的周围是激流，任何人和物品一旦落水都将被冲到盲人岛。

哑人岛任务。

将所有的人集中到珍珠岛。

规则：只有哑人可以协助盲人移动；只有哑人可以移动木板；只有盲人完成了第一个任务后才能移动木板；哑人不得开口说话；岛的周围

是激流，任何人和物品一旦落水都将被冲到盲人岛。

盲人岛任务。

将一个球投入水中的一个桶中

所有的人集中到珍珠岛

规则：第一个任务完成后才能离开盲人岛；岛的周围是激流，任何人和物品一旦落水都将被冲回盲人岛。

器材：50×50cm 木台 12 个，高度 20cm；80×20cm 木板 2 个；木桶或塑桶 1 只；乒乓球或网球 3 只；任务卡片；眼罩

版本二：

器材：正方形木盒 3 个，木板 2 条，眼罩若干个。

人数：不限。

时间：30 分钟。

背景及规则：所有人在海上航行，由于遇到风浪，战舰沉没，所有人员被迫漂流到了一个岛上，由于岛上的食物有限，你们需要转移到其他安全的岛屿，但是由于除了船长之外的所有人误服毒果，导致双目失明而且变哑。你们只能听令于船长，根据船长的指挥，利用一定的技巧将所有人转移到安全岛上去，那里有足够的食物和水，能够让你们等到救援船只的到来。

规则：所有人员在游戏开始时戴上眼罩，游戏中途不许摘下眼罩，否则取消游戏参赛资格。满分 10 分，游戏中途偷看、人员触地或板触地可重新开始游戏，否则减 1 分。除船长外的所有人都不可以说话，否则视为犯规，取消游戏参赛资格。

⑳盲人方阵

时间：30 分钟。

道具：25 米长绳（分成不相等的三四段）、眼罩若干。

场地：空旷的大场地。

规则：要求全体学员在规定的时间内，蒙目的情况下，把教官提供给大家的几段长绳做成一个最大化的正方形，并要求大家相对均匀地分布在这个正方形的四周。在项目进行过程中任何人不允许摘下眼罩，否则将被判出局。如果你们认为已经完成了任务，必须向培训师申请并得

到确认。

这个项目教会所有学员如何在信息不充分的条件下寻找出路，大家耗用时间最长、最混乱、所有人最焦虑的时候是在领导人选出、方案确定之前，当领导人产生、有序的组织开始运转的时候，大家虽然未有胜算，但心底已坦然了许多。而行动方案得到大家的认同并推进，使学员们在同心协力中初尝胜利的喜悦。

目的：这个任务体现的是团队队员之间的配合和信任，一个有领导、有配合、有能动性的队伍才能称之为团队，本游戏主要为锻炼大家的团队合作能力。

总结：请大家思考一个问题，这个项目很难吗？是大家根本无法完成的吗？为什么我们却没有完成？究竟是什么原因？（领导的作用）如果游戏满分是 100 分的话，你们刚才完成的情况可以打多少分？

㉑心心相印（背夹球）

人数：每队 12 人，6 男 6 女。

场地：一片空旷的大场地。（比赛赛距：20 米）

道具：每组一条长约五米的绳子。

方法及规则：每组 2 人，背夹一个圆球，步调一致向前走，绕过转折点回到起点，下一组开始前进。向前走时，不得用手、臂碰球，如违反均视为犯规。每碰球一次记犯规一次，每犯规一次比赛时长加 2 秒；球掉后从起点重新开始游戏。最先完成者胜出。按时间记名次，按名次计分。进行接力时，接力方必须在规定区域内完成接力活动。比赛中应绝对服从裁判，以裁判员的判罚为最终判决。

目的：旨在提高队友之间相互的默契度，其中用劲儿的适度起着至关重要的作用。

㉒松鼠与松树

规则：角色设置：松鼠、松树、猎人（精灵）、监督员；

口令设置：A 猎人来了——松鼠逃跑，松树原地不动；B 森林失火——松树逃跑，松鼠原地不动；C 地震了——松鼠和松树全部逃跑角色具体说明：a. 猎人（精灵）可以充当任何角色在口令 A 中可和松鼠竞争位置，在口令 B 中可以与松树竞争位置，在口令 C 中可同时竞争松鼠和松鼠的位置。

b. 松鼠和松树只能竞争原来角色的位置。

c. 监督员是监督游戏中被淘汰的松鼠和松树的。

人数：不少于11人。（精灵原则上设为一名，但为加强竞争可适当添加人数）

步骤：先任命一个监督员，再随机抽一名队员充当精灵。其他队员手牵手围成一个圆，从一名队员开始123报数。报1、3的队员充当松树，两人面对面站立、举手，手心接触形成树洞，报2的队员充当松鼠，蹲在树洞里，三人一组按圆形均匀分布，监督员和精灵站在圆中间，由教练发口令（随意）队员按上述规则行动。

每一次口令下达后，监督员要找出被淘汰的松树和松鼠，被淘汰队员将现场给队友们表演一个节目，然后被淘汰队员充当精灵。

目的：此活动是为了培养队员的团队意识，使团队雏形基本成型。

重点内容：三种意识——危机意识、竞争意识、合作意识；一种心态——积极心态

㉓炸药

时间：5分钟。

人数：每组2~4人。

道具：（每个小组）一个气球。

概述：这个游戏在很大程度上是要利用其他游戏剩余的气球来搞笑。

目的：培养整体观念。

步骤：队员们每3人组成一个小组，给每组发一个气球，让大家把自己的气球吹起来，不要把气球吹到轻轻一压就会爆的程度，让气球内的空气量达到其最大容量的75%即可。让每个小组都面对面围成一个紧密的圆圈，同时让每个小组都把气球放到圆圈的中间，气球的高度与腰齐平。让队员们向圆心的方向走，直到3个人能够用腹部夹住气球。然后，大家都要把手从气球上拿开，注意不能让气球落地。告诉队员们他们的任务是走3步，并挤爆气球，第一个挤爆气球的小组将会获得特别奖励。如果有些小组始终不能挤爆气球，让那些成功

完成任务的小组帮助他们一下。

变通：如果由两个人组成小组来挤气球的话，这会成为一种非常亲密的举动。为了加大游戏的难度，可以让4个人一组来挤气球。还可以蒙上队员们的眼睛，并且让大家保持绝对的安静，然后再按照上面的规则来玩这个游戏。如果大家是在游泳池里，那么可以让大家在水里玩这个游戏。

㉔袋鼠赛跑（二人游戏）

时间：5~10分钟。

人数：不限。

道具：给每两个队员至少准备一个气球，两根绳子（标明起始线和终结线），一处运动场。

概述：任何团队都能开展的有趣游戏。

目的：活跃团队气氛，促进团队合作。

步骤：将两根绳子沿着运动场某一边缘平行放置，相距10米远。让大家互相结对儿，给每对搭档发一个气球。让拿着气球的队员站在一条线上，他们的搭档站在运动场边缘的另一条线上。让带球的队员把气球放在膝盖之间，放好之后手不能再碰气球。带球的队员听到你的信号后，像袋鼠一样跳跃通过运动场（保证气球夹在膝盖之间），到达运动场对面的终点线时，将气球传递给搭档——仍旧要求不能用手碰气球（如果气球落地必须队友帮助）。交换气球后，搭档夹着气球跳回起始线。最先跳回起始线的那对搭档获胜，在此过程中要求气球始终夹在膝盖之间。

讨论问题：是谁最先返回起始线的？什么因素加大了游戏难度？什么因素可使游戏更为简单？

变通：比赛结束后，给大家1~2分钟的设计时间，然后再重复一次游戏。允许搭档们商量谁第一个带球跳跃，并讨论怎样才能提高速度。记下所有搭档所耗时间。

㉕推手游戏

时间：5~10分钟。

人数：不限。

概述：这是一个无需任何道具．并且具有竞争性的快速游戏。

目的：使队员彼此对抗。

步骤：每名队员选一个搭档，各组搭档要双脚并齐，面对面站立，一臂之隔。两人都伸出胳膊，四掌相对。整个游戏过程中，不允许接触搭档的其他部位。每对搭档的任务是尽量让对方失去平衡，以移动双脚为准。未移动的一方将积一分。如果双方都失去平衡，均不得分。若队员触摸到对方身体的其他部位，则扣除一分。让搭档们准备好后大喊一声"开始"。

讨论问题：各组的优胜者是谁？为什么？游戏过程中什么办法最有效？这个游戏告诉我们在竞争中应该讲究什么技巧？如何将这个游戏和我们的实际工作联系起来？

变通：要求队员不能快速推对方。各组的获胜者继续结对，开始下一轮淘汰赛。重复下去，直到诞生总冠军为止。

㉖无敌风火轮

时间：10 分钟左右。

道具：报纸、胶带。

场地：一片空旷的大场地。

玩法：12～15 人一组，利用报纸和胶带制作一个可以容纳全体团队成员的封闭式大圆环，将圆环立起来全队成员站到圆环上边走边滚动大圆环。

目的：主要为培养学员团结一致、密切合作、克服困难的团队精神；培养计划、组织、协调能力；培养服从指挥、一丝不苟的工作态度；增强队员间的相互信任和理解。

㉗七彩连环炮

人数：一队 6 名队员，3 男 3 女。

道具：气球若干。

场地：空旷的大场地。

方法：男女间隔排列，先男后女，以接力的形式，第一名同学跑到指定位置吹气球，直到吹破，然后跑回原位置换下一个同学。如此轮换，以 2 分钟为限，计时完毕时按吹破气球个数记录成绩。

规则：男女必须间隔排列（为了增加公平性）；必须在上一个队员吹破气球后，下一个同学才能开始吹，否则将在总个数里面进行相应扣减。

目的：旨在挑战心理极限，增强对他人的信任。

㉘十人九足

场地：一片空旷的大场地。

道具：每组一条长约 5 米的绳子。

规则：以系别为单位，共 7 个队伍。每队 10 人，5 男 5 女交叉排成一横排，相邻的人把腿系在一起，然后跑向终点，用时最短的队胜出。分成三组进行比赛，抽签决定比赛次序。

目的：该项目体现的是团队队员之间的配合和信任，主要为锻炼大家的团队合作能力及协调能力。

㉙袋鼠跳

场地：空旷的场地一片，最好是操场。

道具：布袋若干。每组所用布袋均为同一规格，用明显的标记划出各队的起跑线和跑道线。A、B 两队起跑线间距离 30 米，每条跑道宽1.2 米。

规则：每组比赛 4 队参加，每队 10 人，全部由男生组成。每支队伍平均分为 2 个小队，记为 A、B，相向排成纵队。比赛开始前，每组A 队的第一名队员将布袋套至腰部，听裁判员发令后向 B 队前进，中途布袋不得脱离双腿，至 B 队时脱去布袋，由 B 队队员套上布袋向 A 队前进，如上述循环直至最后一名队员。

比赛过程中，如摔倒可以自行爬起，但布袋必须始终套在腿上。如有滑落，必须重新套上后方可继续比赛。从开始脱下布袋交接，至下一名队员的布袋完全套好前，整个交接过程必须在跑道端线以外进行，不能越线。所有队的比赛结束后，以用时较短的次序排出前三支队伍。

目的：不仅锻炼了大家的身体，还锻炼了学员们的团队合作能力及协调能力。

㉚链接加速

人数：6 名，3 男 3 女。

场地：一片空旷的大场地。

方法：参加游戏者6人一组，后边的人左手抬起前边人的左腿，右手搭在前边人的右肩形成小火车，最后一名同学也要单脚跳步前进，不能双脚着地。场地上划好起跑线和终点线，其距离为30米（以一个篮球场宽为准，来回）。游戏开始后，各队从起跑线出发，跳步前进，绕过障碍物回到起点，最先到达起点为胜。按时间记名次，按名次记分。

规则：游戏过程中队员必须跳步前进，不允许松手（一直保持抬起前边人的左腿），防止出现断裂现象，队伍断裂必须重新组织好，从起点重新开始游戏。如果不重新组织，继续前进，则成绩视为无效，记为0分；以各队最后一名队员通过终点线为准；比赛过程中，参赛队必须在规定的赛道进行比赛，不许乱道，犯规一次扣时2秒，依次累加。

目的：旨在培养队员们的团结协作精神。

㉛搭桥过河

人数：每队派6人上场，2男4女。

场地：一片空旷的大场地。

道具：小地毯。（报纸或者毛巾布等）

方法：赛道两头各一组，每组分3人，自由组合，起点组手持四块"小地毯"，由第一名队员向前搭放"小地毯"，第三名队员不断地把身后的"小地毯"传给第一名队员，三人踩着"小地毯"前进30米（以一个篮球场宽为准，来回）。要求脚不能触地，绕过障碍物回到起点，待三人全部过界后另一组将接过"地毯"，以同样的方式往回走，最先到达起点为胜。按时间记名次，按名次记分。

规则：参赛队队员在起点线外准备，待一组队员全部到达终点时另一组才能开始接力。比赛过程中只要有脚触地的情况，均视为犯规，并按触地次数，增加比赛用时。

目的：旨在培养团队协作能力和战略战术，训练团队内部的协调能力。

㉜盲人足球

道具：1个足球（要用含气量不足的足球，这样每踢一下，球不会滚得太远）、蒙眼布。

场地：空旷的大场地。

步骤：每个队员在自己的小组内找一个搭档，每对搭档中只有一个人戴蒙眼布，被蒙上眼睛的队员踢球，他的搭档负责告诉他向什么方向走、做什么。在规定的时间内，看哪一组进的球最多，哪一组就获胜。

目的：这个任务体现的是团队队员之间的配合和信任，主要为锻炼大家的团队合作能力。

㉝疯狂的设计

时间：30分钟。

人数：至少两个小组，每组10人左右。

道具：小纸条、笔。（工作者提前准备）

目的：增强组员的团体合作能力。

规则：第一轮：小组成员派一个代表抽出工作者提前准备的26个字母中的两个，然后用最短的时间摆出这个字母；第二轮：小组成员派一个代表抽出工作者提前准备的一个单词，然后用最短的时间摆出这个单词。

㉞杀人游戏

特点：简单易学。任何人只要明白规则或看别人玩过一盘，马上就会玩了。参与性强：只要认真对待所扮演的角色，无论是老朋友还是第一次见面的新朋友，马上会"杀"成一片。

环境：室内室外均可，最好大家围坐一起。光线暗一点效果更好。

人物：法官：控制游戏进程的人。明确每个人的身份，要做到绝对公正。

杀手：白天隐藏在好人中间；黑夜出来杀人。被杀后没有遗言，并不得再发言。

好人：白天和大家一起抓出坏人；黑夜闭眼，对杀手行凶完全不知；被杀后有遗言，然后不得再发言。

规则：以9人为例。根据人数准备好9张牌，按照不同的花色事前规定好法官1人、杀手2人、好人6人。每人取一张牌，明确自己的身份，除法官外，不要让任何人知道。法官宣布——所有人闭上眼睛，杀手睁眼相互认识。法官知道谁是杀手后，宣布杀手闭眼，所有人睁眼。

接着开始个人发表意见，按照座位顺序依次发言，相互指证，找出坏人。所有人发言完毕后，被指证最多的人有一次为自己申辩的机会。申辩完毕后，大家举手投票决定是否处决这个人。没过半数则该人存活。得票过半则处决，法官宣布亮牌，让大家明确是成功抓到一个杀手，还是错杀一个好人。如错杀好人则有最后的遗言，杀手则没遗言。法官宣布天黑，所有人闭眼，杀手出来杀人。杀手用眼神相互交流，统一杀害的目标，并用眼神告诉法官杀谁。杀手杀人完毕后闭眼，所有人睁眼。法官宣布哪个好人被杀，被害人留遗言。继续新一轮的讨论。因为大家都发过言了，并且也有人被指证、被杀害，因此线索会越来越多……思维会更活跃，讨论会更激烈。如此重复，若好人将杀手全部抓出，则好人获胜；若好人全部被害，则杀手获。

㉟同舟共济

时间：5 分钟。

人数：队内所有成员。

道具：报纸 50 张。

目的：让大家可以尽快地融入到集体当中，同时对成员有进一步的了解。

步骤：第一次，从队中选出 5 个人站在一张报纸上；第二次，从队中选出 12 个人站在两张报纸上；第三次，队中的所有人都要站在 4 张报纸上。在每个步骤规定的 30 秒内，如果没有完成任何一次任务，教练根据情况惩罚队长。

㊱倒跑接力

道具：自制纸质接力棒、口哨、创可贴。

方法：每组选出 10 人参加比赛，女生必须全部参加，其余人员作为拉拉队员为跑步选手加油。强调安全第一，比赛第二的游戏原则。比赛的 10 人按照男女间隔的规则分别站在起点和终点，且站在起点的人员背向起点，站在终点的人员背向终点。裁判发出开始口令后，站在起点的队员手持接力棒倒跑向终点，跑过终点的第一个队员后把接力棒交给终点第一个队员，接到棒的队员以同样的方式交棒，如此重复进行，直至终点的第五名同学持棒到达起点。裁判员根据各组表现评分。

㊲城堡攻防

玩法：城堡古时候有天使、魔鬼、法师，天使怕魔鬼，魔鬼怕法师，法师怕天使。他们各自的代表动作：天使——扬翅膀，魔鬼——伸爪，法师——双手合十。将人员分成两批，相距约 30 米，各自划定一区域作为本方的城堡，本方说的话不能让对方听到，中间相距 5 米划两条线，作为各自的攻击发起线。双方在自己的城堡商量好准备做的动作及先后次序，然后前行至攻击发起线准备，听口令 1、2、3 开始，同时做动作。按照"天使怕魔鬼，魔鬼怕法师，法师怕天使"的原则，赢的一方开始追赶输的一方，输的一方则开始尽力逃回本方城堡，在回到本方城堡前被赢方任何人碰到身上任何部位，即成为对方俘虏，停止逃跑；等逃的一方未被俘虏的人员逃回本方城堡后，获胜方带着俘虏回归本方城堡。然后双方重新商量好后重新开始游戏。当一方全体被俘或者游戏到一定时间后，活动停止，人多方获胜。如果第一次出的动作相同，则按事先商量好的次序继续做动作，因此事先要商量好 3～5 个动作次序。分出胜负后继续游戏。

注意事项：如果做错动作，即自动成为对方俘虏，到对方城堡等候处理。

㊳三个进球

时间：5～10 分钟。

人数：不限。

道具：每个小组 1 个大垃圾桶（用来接球），40 个网球（放在袋子或盒子里）。

概述：这个游戏说明了指令明确在协同工作中的作用。

目的：展示良好的沟通对于提升成绩的作用。

注意事项：不要被乱飞的球砸到。

步骤：每组选出一个选手和你一起站在前面。让选手面向某一个方向站好，目视前方。不可以左顾右盼，更不能回头。然后，把装有 40 个网球的袋子交给他。把垃圾桶放在选手的身后，垃圾桶与选手间的距离约为 10 米。注意，不要把垃圾桶放在选手的正后方，要让它略微向旁边偏出一些。告诉选手他的任务是向身后的垃圾桶里扔球，至少要扔进3个球才算成功。选手不许回头看自己的球进了没有，落在了哪里。让其他队员指挥选手，告诉他如何调整投掷的力量和方向才能进球（只允许通过语言传达指令）。等选手扔进了3个球后（这可能会颇费周折），问他"是什么帮助他实现了目标"，问其他队员是否也觉得很有成就感，并引导队员就如何在工作中加强沟通展开讨论。

讨论的问题：哪些因素帮助你实现了目标？哪些因素增加了实现目标的难度？负责指挥的队员是否感觉好像自己进了球一样？如何才能更快更好地实现目标？这个游戏揭示了什么道理？如何将这个游戏和我们的实际工作联系起来？

变通：可以蒙上队员的眼睛，而且不让他正好背对着垃圾桶，这样，其他队员必须先指挥他调整方向，直到基本上背对着垃圾桶，然后他才能开始投球。这种做法可以增加游戏的难度和趣味性。

㊴反向执行

规则：教练员发口令，所有队员按口令的反向意思执行，如：口令是左转，队员们就向右转；口令是抬左手，队员们抬右手。

目的：锻炼队员们的反应能力，可快速抓取一些人表演节目。

（2）踩气球（二人游戏）

竞赛目的：活跃气氛，增进协调性和协作能力。

参赛人员：每个代表队参赛人数为2名，男女各半，一男一女组成一组。

所需道具：气球5包、秒表1个。

竞赛步骤：比赛分两轮进行，第一轮两场比赛，每场8个参赛队。每场比赛代表队男女各半，一男一女搭配，两人各伸出一只脚捆在一起，另两只脚各捆4个气球，裁判宣布活动开始后，互相踩对方的气球，并保持自已的气球不被别的组踩破，如果自已的气球被踩破完了即被淘汰出局，必须立即离开规定区域，第一轮按照淘汰顺序每组最后8个淘汰的进入第二轮。第二轮八个参赛队伍根据被淘汰先后排出名次。

竞赛要求：竞赛过程中不得有故意伤人或过激的推、扯、踩、踹的动作，比赛不能跑出制定区域，如有犯规者取消参赛资格。

（3）信任之旅（二人游戏）

竞赛目的：本活动旨在训练学生良好的心理素质和方向感，及团队协作精神。

参赛人员：每参赛队一组，共2人。（一男一女）

游戏道具：水桶8个，水杯4个，秒表，口哨，眼罩8个，量筒1个。

竞赛规则：比赛分四场进行，每场四个代表队，各学院抽签决定比赛轮次。每组由1人指挥A（女生），1人蒙上眼睛B（男生），在相隔10米的赛道两端各放一水桶（一边盛有水，一边是空桶），在A的指挥下B在规定时间内（10分钟），用手里的杯子把水运到空桶内，直至比赛结束，空桶内的水最多获胜，比赛按水的深度总体排出名次。

竞赛要求：在比赛过程中，不允许出现A、B身体接触的现象。如有接触，视为犯规，取消比赛资格。

（4）集体离地拍照

游戏规则：所有队员站在一起，教练发口令1—2—3，当喊到3时所有队员都向上跳起，此时摄影师将对队员们进行拍照。

活动看点：这是对整个培训活动的一次测验，团队经过一天的训练，团队的各种精神和意识将在此得以体现。

小游戏及惩罚措施

在素质拓展的过程中我们进行最多的是各种有趣的游戏，这些游戏不仅可以调动气氛，还可以增强凝聚力，是不可或缺的环节，我个人是非常喜欢这些小游戏的，很有启发性。我先来介绍游戏中的惩罚措施——

❖卡通跳

分为男式和女式，相同的都是跳起时大腿和膝盖要并拢，小腿要分开，就像漫画中的姿势。不同在于：男式的向上跳起时左右脚前后分开，双手自然前后摆，同时嘴里要发出"呦吼"的声音；女式的向上跳起时左右小腿要向两旁分开，双手食指和中指在胸前做"V"的姿势，同时嘴里要发出"耶"的声音。

◈屁股写字

顾名思义，就是用屁股写字。怎么写呢？双手放在腰上，然后扭动臀部，就像用手在空中比画一样把字写出来，一边扭，一边要把写的比划说出来，就像跳屁股舞一样，哈哈，很好玩的。

◈青蛙跳

◈俯卧撑

介绍完惩罚措施，我就来说说那些小游戏吧。

● 一行人站成一纵列，前后贴紧，同时将右手伸出，弯曲放在体侧和肩膀持平，手指做枪击姿势后，将一根竹竿放在每个人的食指上，大家要在规定时间内将竹竿由肩部移到膝部，不能移动身体，食指不能离开竹竿，每个人的食指都必须贴在竹竿下方。

● 一行人围成一圈，一至三报数，报到一和二的面对面站立，双手手掌相抵，平放在胸前，报到三的站在两人中间，蹲下。一和二的人做松树，三做松鼠。圈中还有一人，他是讲述故事场景的人。，当发生故事场景时，松树和松树必须根据场景来移动。，也就是要和其他的树和松鼠交换位置，但不能和身边的树和松鼠交换位置。讲述故事场景的人也要抢做树或松鼠。移动错误或未抢到位置的人就要受罚，做讲述故事场景的人。故事场景有三个：一是"着火"——此时树和松鼠都要移动；二是"猎人来了"——此时树不动，松鼠动；三是"地震"——此时树动，松鼠不动。

● 兔子舞，分为低难度、中等难度和高难度。步法都相同：左脚向左跳一步，收回；再右脚向右跳一步，收回；然后双脚并拢向前跳两步，再向后跳两步。首先一行人围成一圈，左转。低难度的就是双手搭在前面的人肩上，然后按照步法跳；中等难度的就是左手抬起，右手从左腋下穿过，和后面人的左手相握，然后按步法跳，或者每个人两脚开立，弯腰，右手从双脚中穿过，和后面人的左手相握，然手按照步法跳；高难度的就是人与人之间贴紧，膝盖弯曲，前面的人坐在后面人的大腿上，后面的人手搭在前面的人肩上，然后大家往前跳两跳，再往后跳两跳。

● 大风吹。大家围坐一圈，中间站一个人。此人说大风吹，众人问

"吹什么"，此人回答吹一样东西，满足该东西的人就必须交换位置，不得和两边的人交换位置，此人参与抢位置的过程，未抢到位置的人站在中间继续说。比如此人可说"吹戴首饰的人"，那么戴首饰的人就必须交换位置。

●大象、老虎和老鼠。这三种动物之间分别是吃和被吃的关系：大象吃老虎、老虎吃老鼠、老鼠吃大象。两队人分别出一种动物，如果构成被吃的关系，则被吃的那队就输了。此游戏新颖的地方在于说出动物名字的时候，要模仿动物的样子：大象是左手向前平举，拇指向上，右手从左手腋下穿过捏住自己的鼻子；老虎是要双脚前后交叉，双手在脸侧做出弯曲的姿势；老鼠是双脚并拢，弯曲，双手放在脸侧，四指和拇指相碰。

●大家围坐一圈，但是都面朝外，背向里。在规定时间内，分别从1依次报到30，不允许相邻的人报相邻的数，也不允许两个人报同一个数，当出现沉默时不能超过5秒，每个人起码要报三个数。

●同舟共济。每队发到九块地毯拼片，拼成一个正方形，然后逐渐减少拼片的块数，看哪队人能在拼片上坚持的时间最久。可以让对手来选择减少那一块，以增加难度和对抗性。

●坐地起身。要求四个人一组，围成一圈，背对背的坐在地上；在不用手的情况下撑地站起来；随后依次增加人数，每次增加2个直至10人。在此过程中，工作人员要引导同学坚持，坚持，再坚持，因为成功往往就是再坚持一下。

活动目的：这个任务体现的是团队队员之的配合，该项目主要让大家明白合作的重要性。

●解手链。所有的队员手牵手结成了一张网。队员们这时是亲密无间紧紧相连的，但是这个时候的亲密无间紧紧相连却限制了大家的行动。我们这时需要的是一个圆，一个联系着大家，能让大家朝着一个统一方向滚动前进的圆。在不松开手的情况下，如何让网成为一个圆？这是团队的严峻挑战。活动目标：锻炼新团队的沟通，执行及领导力。

●三人抱团。规则：每次参与活动为10人以上，听主持人的口令"三人抱成团"，参与者在最短的时间内找到两人抱好，这样就剩一人被淘汰。主持人可按实际情况喊口令。

● 萝卜蹲。将参与者分成四队以上，每堆人手牵着手围成一圈，给每堆人以颜色或数字命名（每队要有一个队名和一个招牌动作。在开始不要告诉大家干什么时，先定动作，此时往往会出现某些组的动作比较复杂，到时就够惨了），任意指定一堆萝卜开始统一下蹲，同时还要念词，再指定别的萝卜堆做同样动作，目标要一致，依此类推但不能马上回指。以一实例加以说明。有红、白、黄、紫四堆萝卜，白萝卜先蹲，蹲的时候念"白萝卜蹲，白萝卜蹲，白萝卜蹲完红萝卜蹲。"念完后所有白萝卜手指一致指向红萝卜堆。红萝卜们马上要开始蹲且口中一样要念念有词，之后他们可以再指定下一个但不能是白萝卜。此游戏比较适合团队协作，考察大家的合作的情况下的目标一致性。

● 蛙跳水。全体围坐成圈。由主持人开始说："一只青蛙"，第二人："一张嘴"，第三人："两只眼睛"，第四人："四条腿"，第五人："扑通！"第六人："跳下水"。

继续下个人开始："两只青蛙"，第二人："两张嘴"，第三人："四只眼睛"，第四人："八条腿"，第五人："扑通！"第六人："跳下水"……

三、积分系统

1. 装饰公司积分系统

如表 6 所示。

表 6　装饰公司积分系统

装饰公司积分系统	
考核项目	积分标准
客户一访	5 分
客户二访	5 分
客户签单	30 分
老业主回访	10 分
微信营销	1 分
工地营销	10 分
社区营销	100 分
合作伙伴	5 分
每日任务完成	50 分
每日总结学习	10 分
团队纪律	20 分
团队 PK	50 分
团队氛围	10 分
合　计	

2. 商场军团积分制度

如表 7 所示。

表 7　商场军团积分表

商场军团积分表					
序号	类别	考核对象	考核内容	考核标准	分值	备注
1	加分类	军团综合考评	1. 军团完成当日售卡任务	基础售卡目标	3000	
2			2. 军团每日售卡数量	第一名	3000	
				第二名	2000	
				第三名	1000	
3			3. 军团每日售卡数量	1 张卡	200	每一张卡加200 分
4			4. 军团每天传播正能量	晨会开始前	100～2000	根据团队自行展示氛围加分
5			5. 每日舞蹈期间上台领舞	主动上台领舞	500	
6			6. 军团舞蹈 PK	第一名	1500	根据团队舞蹈整体参与度
				第二名	1000	
				第三名	500	
7			7. 微信朋友转发（数量排名）	第一名	3000	根据执行老师要求转发
				第二名	2000	
				第三名	1000	
8			8. 微信朋友转发（数量）	1 条微信转发	100	转发 1 条加100 分
9			9. 军团被项目组表扬	表扬一次	500	
10			10. 军团内员工被项目组表扬	表扬一次	200	

商场军团积分表

序号	类别	考核对象	考核内容	考核标准	分值	备注
11	加分类	军团综合考评	11. 军团完成项目组布置的任务	第一名完成	1500	
12				第二名完成	1000	
13				第三名完成	500	
14			12. 晨会期间军团整队	第一名完成	300	
15				第二名完成	200	
16				第三名完成	100	
17			13. 军团内部互相带客户	带客户去其他门店	500	
18			14. 军团内部带单成功	带客户去其他门店成单	1000	联动1次加500分
19			15. 跨军团互相带客户	带客户去其他门店	1000	联动成单1次加1000分
20			16. 跨军团带单成功	带客户去其他门店成单	2000	联动1次加1000分
21	减分项		1. 日常会议人员迟到	30分钟以内	−1000	联动成单1次加2000分
22			2. 日常会议电话铃声响起		−500	
23			3. 日常会议旷会	无故旷会	−500	
24			4. 传播负能量，消极情绪	大众场合公然起哄	−500	
25			5. 军团人员缺人	缺1人	−1000	
26			6. 员工销售虚假卡	项目组审核认定	−5000	1＋2开晨会
27			7. 岗位员工擅自离岗，回到门店	门店拍照留证	−1000	
28			8. 员工不听从亚太动力统一指挥	项目组审核认定	−10000	均由项目组监督

备注：1. 4个军团划分为2个集团军　2. 集团军内部积分第一名奖励现金1000元
3. 每阶段评比结束后积分清零

3. 联盟积分系统

如表 8 所示。

表 8　联盟积分系统表

联盟积分系统			
序号	内容及说明	积分标准判断	备注
1	迟到、早退	非迟到早退团队	+10 分
2	发言	发言积极主动	+10 分
3	互动响应	反响最热烈	+10 分
4	会场场地整洁	培训会、晨会环境整理	+10 分
5	PK，对赌	主动积极参与	+30 分
6	卖大礼包	有效销售大礼包 1 个	+50 分
7	签单	有效签单 1 单	+100 分
8	带单	每带 1 个品牌成功签单	+150 分
9	门店宣传布置速度	布置完成并发图片到微信群的前 3 名	+50 分、+40 分、+30 分
10	落地会场布展速度	布展完成并检查合格的前 3 名	+100 分、+50 分、+30 分
11	团队展示	团队展示前 3 名	+100 分、+90 分、+80 分
12	活动销量签单最多	当次活动签单量前 3 名	+100 分、+80 分、+60 分
13	交头接耳私聊		−5 分
14	玩手机	培训会场或晨会玩手机 1 次	−5 分
15	会场吸烟	培训、晨会会场吸烟 1 次	−10 分
16	中途离开会场	团队活动中途离场 1 次	−5 分

续表

	联盟积分系统		
序号	内容及说明	积分标准判断	备注
17	手机响、接打电话	手机响或接打电话1次	−10分
18	旷工、旷课、旷会	团队活动未到场1次	−10分
19	错误执行	活动中错误或不执行安排事务1次	−10分
20	退大礼包	卖出的大礼包在会后未签单且退掉	−50分

说明：培训导师和导训有额外加、减分权力

4. 店面梦想积分系统

如表9所示。

表9　店面梦想积分系统

	店面梦想积分系统			
积分指标	积分细化指标	积分标准	积分	备注
店面	正常考勤	正常工作上下班考勤达标	1分/天	
	整月考勤	整月考勤全部达标	50分/月	正常休假除外
	仪容仪表	发型、服装、化妆	1分/天	
	店面卫生	专人检查是否合格	1分/天	.
销售	邀约	成功邀约进店客户	5分/人	
	邀约成单	导购或业务人员邀约客户进店并成单	10分/单	
	订单	每成功签一单	10分/单	
	最大单值	当月最大单值者	100分	
	周冠军	每周完成销售冠军	40分	

续表

积分指标	积分细化指标	积分标准	积分	备注
销售	活动邀约总目标	完成活动邀约总目标	60分	
	活动销售总目标	完成活动销售总目标	100分	
	邀约冲刺目标	活动期间完成个人邀约冲刺目标	50分	
	销售冲刺目标	活动期间完成个人销售冲刺目标	100分	
	推广	最高端产品销售或单值超5万元以上	20分/单	
客户	客户满意度	客户主动致电或微信、短信表扬员工	30分/单	
	客户带单	客户带单并成交	50分/月	
	客户满意度及带单	客户主动致电或微信、短信表扬员工并带单成功	100分	
后勤	非销售带单	非销售人员带单并成交	30分/单	
运营	建议	给公司提建议并被公司采纳，为公司带来价值者	100~500分	
	开源	主动提出公司好的开源建议并被采纳，为公司节约成本者	100~500分	
	节流	主动提出公司好的节流建议并被采纳，为公司带来价值者	100~500分	

5. 梦想积分系统

如表10所示。

表10　梦想积分系统奖励兑换表

梦想积分系统奖励兑换表						
梦想模块	梦想类别	梦想	梦想内容	价值	积分	备注
个人梦想	电子类	手机	最新一款一线品牌手机	4000+		
		笔记本	苹果最新款	8000+		

梦想积分系统奖励兑换表						
梦想模块	梦想类别	梦想	梦想内容	价值	积分	备注
个人梦想	电子类	平板电脑	iPad 最新款	3500＋		
		单反相机	佳能、康佳	5000＋		
	旅游类	省内	3A 级以上景区	2000＋		1～2 天
		国内	标志性景区	4000＋		3～5 天
		亚洲	韩国、新加坡等	8000＋		5～7 天
		欧洲	英、德、法等	15000＋		7～10 天
	奢侈品类	手表	品牌机械表	10000＋		
		包	国际一线品牌	6000＋		
		皮带	国际一线品牌	2000＋		
		钱包	国际一线品牌	2000＋		
		西装	全套职业装	2000＋		
		礼服	出席正式场合用	2000＋		
		首饰	金、铂金、水晶等	2000＋		
	卡类	健身卡	健身房年卡	1000＋		
		美容卡	连锁美容机构会员卡	1000＋		
		游泳卡	年卡/季卡	500＋		
		体验卡	全面体验卡	500＋		
		油卡	汽车油卡	500＋		
家庭梦想	旅行类	省内游	全家省内 3A 以上景点	5000＋		1～2 天
		省外游	全家省外 3A 以上景点	8000＋		3～5 天
		亚太游	韩国、新马泰等	15000＋		5～7 天
		欧洲游	德意法等	25000＋		7～10 天
	教育类	教育保险	孩子的教育保险费	5000＋		
		子女补习班	孩子的课外补习班费用	3000＋		
		教育基金	孩子每学期的教育补贴	3000＋		
	生活类	家电	生活电器	1000＋		

梦想积分系统奖励兑换表						
梦想模块	梦想类别	梦想	梦想内容	价值	积分	备注
家庭梦想	生活类	装修基金	装修设计/施工/材料费	10000 +		
		父母生日礼物	黄金饰品等	2000 +		
		拍全家福	专业影楼拍摄	500 +		
		父母体检卡	全面体检	1000 +		
		父母保险	医疗保障类	3000 +		
	健康类	孩子保险	教育、医疗类	5000 +		
		父母保健产品	治疗仪等	1000 +		
		家庭健身器械	健身器材	1000 +		
成长梦想	培训类	针对性培训课程		3000 +		
	技能类	驾照	B – C 级驾照	5000 +		
		专业技能培训	专业证书	5000 +		

四、微信推广软文

（1）《××大动作》来了！山东全省联动，1212 橙门免费送！！我宁愿卖贵的，为价格解释一阵子，也不卖便宜的，为质量道歉一辈子！为了这份口碑，不管多少人跟我说贵，我就一句话：一分价格一分货，你永远不可能掏白菜的价格买到黄金，诚信为本，合作共赢，一次合作终身的朋友！

（2）《××大动作》来了！山东全省联动，1212 橙门免费送！！农夫山泉一遍一遍放广告，不是让你看了马上去买，而是告诉你他们对水质的执着；奔驰一块一块立广告牌，不是让你立马去 4S 店提车，而是告诉你他们对汽车的态度；我一次一次发朋友圈，只是想让你买门买××品牌更省钱、更省时、更省力、更省心！《××大动作》余票不多，抢票热线×××。

（3）《××大动作》来了！山东全省联动，1212 橙门免费送！！没有大优惠、哪敢惊动您！这是我见过的最辣眼睛的告白，《××大动作》全省联动火爆开启！我们已经准备好了，随时恭候您的到来！

（4）《××大动作》来了！山东全省联动，1212 橙门免费送！

充电 5 分钟，通话两小时，它是手机。

见面 3 分钟，喜欢一阵子，它是爱情！

用上一阵子，满意一辈子，它是××品牌！

（5）《××大动作》来了！山东全省联动，1212 橙门免费送！不参加活动，过后请别找我们要价格。我不是厂家！有需求的朋友及时联系我，姓名×××电话×××。

（6）《××大动作》来了！山东全省联动，1212 橙门免费送！不看不知道，一看吓一跳，果然出大事了，东西这么便宜？您没看错，确实这么便宜，××品牌全省联动，买到就是赚到。赶快行动吧，联系人×××电话×××。

（7）《××大动作》来了！山东全省联动，1212 橙门免费送！

宁买××贵三千，

不买杂牌用三天！

有缘千里来相会，

××品牌真不贵！

万水千山总是情，

家没××真不行！

天涯何处无芳草，

拥有××需趁早！

天若有情天亦老，

××品牌就是好！

（8）《××大动作》来了！山东全省联动，1212橙门免费送！

你要质量，我们做到了！

你要服务，我们做到了！

你要环保，我们做到了！

你要品牌，我们绝对是大牌！

……什么？你都想要？还想省钱！

那就参加"××大动作"全省联动吧！

12月1日—12月18日，与您相约××旗舰店！

（9）《××大动作》来了！山东全省联动，1212橙门免费送！

有一个品牌，叫××；有一种掌声，叫好评不断；有一种品质，叫口碑相传；有一种效果，叫100%回头！愿你在最好的年华，遇到一生最适合你的品牌——××品牌

（10）《××大动作》来了！山东全省联动，1212橙门免费送！

千百商家。

万名导购。

望长城内外，如此火爆。

长江南北，气势正高。

遍地开花，时时捷报，敢于任何商家誓比高。

待年底，看群里××，填满腰包。

模式如此霸道。

引各路英豪竞折腰。

惜其他品牌，略输文采。

宏宇汇亚，更逊风骚。

一代天骄，联动直销，直惠让人掏腰包！

俱往矣，数风流人物，看看今朝，就数××英豪士气高……

（11）《××大动作》来了！山东全省联动，1212橙门免费送！

卡在手，跟我走，双11必须要出手！

真低价，惠亲友，价保全年不用愁！

买新房，要装修，××品牌必须有！

咨询热线：×××

（12）

: ⌒ 让路 ‖　　我要去买品牌
: ⊙—⊙⌒　└—⊙—⊙—⊙

: ⌒ 去哪 ‖　　××专卖店
: ⊙—⊙⌒　└—⊙—⊙—⊙

: ⌒ 咋联系　　1×××
: ⊙══⊙⌒　└—⊙—⊙—⊙

《××大动作》来了！山东全省联动，1212 橙门免费送！！

（13）《××大动作》来了！山东全省联动，1212 橙门免费送！

有一场联动叫：全省联动。

有一个品牌叫：××。

有一种活动叫：《××大动作》。

有一个定位叫：老百姓用得起的品牌。

有一个品质叫：100％放心的优等品。

有一种感觉叫：高端大气上档次。

有一种口碑叫：值得信赖的品牌。

有一种时尚叫：用过，从此爱上。

有一种荣耀叫：用××，我放心。

有一种力量叫：势不可挡××品牌欢迎您！

有一个地址叫：河南全省各地专卖店。

有一个时间叫：12 月 1 日—12 月 18 日。

（14）《××大动作》来了！山东全省联动，1212 橙门免费送！

老干妈里没干妈，我认了……

榨菜肉丝里没肉，我认了……

老婆饼里没老婆，我也认了……

雷峰塔里没雷锋，都情有可原……

可是，你需要买门却没用我的××品牌……

那我觉得你该好好找我聊一聊了

12 月 1 日—12 月 18 日《××大动作》全省联动，惠不可挡。赶紧行动吧！

(15)《××大动作》来了！山东全省联动，1212 樘门免费送！

求嫁：

姓名：××品牌。

性别：你懂滴。

娘家：全省各专卖店。

彩礼：￥50。

嫁妆：（可多了）工具箱、现金大返现、抽红包、免单 2980……

嫁人条件：大女神、小女神（爱老婆的男神更好）。

优点：出身良好、性价比高，五证齐全……

限时：12 月 1 日—12 月 18 日。

超低"嫁"，等你"娶"。

联系方式：1××××

五、互动游戏

如表 11 所示。

表 11　互动游戏的规则

名称	细则
名字接龙	大家围成一圈，每人可以说自己的名字并加一项内容，如爱好，第一个人说"我叫 XXX，我喜欢打篮球"，第二个人必须说，"我是站在喜欢打篮球的 XXX 旁边的喜欢吃醋的 YYY"，第三个人必须说前面两个人的特性和名字，以此类推，说不出来就接受惩罚

名称	细则
黑芝麻，白芝麻	先分为两大组，然后分别一个对一个！ 1. 两个人面对面，双手呈"小狗爪"状放置胸前。 2. 设定两人的一侧为白，一侧为黑，分别对应白芝麻和黑芝麻。 例如：自己的右手方是白芝麻，左手方是黑芝麻，而对手的右手方就是黑芝麻，左手方为白芝麻。 3. 双方需要喊口令（白芝麻或者黑芝麻），同时用拇指指向口令相对应的方向，当两人同时指向白芝麻一侧时，需要喊一声"汪"然后再继续，同时喊黑芝麻时，需要喊"汪，汪"两声再继续游戏。如果双方口令不同或者没有犯错，则继续喊叫。如果有错则接受惩罚
007游戏	围成一个圈，由开始一人发音"零"，随声任指一人，那人随即亦发音"零"，再任指另外一人，第三个人则发音"柒"，随声用手指作开枪状任指一人，"中枪"者手作投降状，但"中枪"者旁边左右两人则要发"啊"的声音，而枪手不做任何动作
瞎子踩气球	1. 各队轮流派出1人。 2. 把气球放在起点前方5步的地方。 3. 回到起点蒙眼旋转三次以后出发。 4. 能够准确前进5步，第6步踩到气球多的一组获胜。输者接受惩罚。 参考：进行中对方可以用错误的指示来扰乱
衔纸杯传水	八人一组，男女交替配合。共选十六名员工，分两组，同时进行比赛。另有两名人员辅助第一名人员倒水至衔着的纸杯内，再一个个传递至下一个人的纸杯内，最后一人纸杯内的水倒入一个小缸内，在限定的五分钟内，看哪组缸内的水最多，哪组就获胜。输者接受惩罚
吸管运输	分出若干人为一组，分两组。每人嘴里叼一支吸管，第一个人在吸管上放一个有一定重量的钥匙环之类的东西，比赛开始时，大家不能用手接触吸管和钥匙环，而是用嘴叼吸管的姿势把钥匙环传给下一个人，直到传到最后一个人嘴叼的吸管上。用时最短者赢，输者接受惩罚
三人夹球跑	每组三人，以一只气球作为比赛器材，三人背靠背、手挽手，将气球夹在三人当中进行折返跑，过程中气球不许落地、不许挤破、也不许被吹走，通过计时计算成绩。用时最长为输，接受惩罚
天气预报	抽几位家人上台，开始游戏。游戏规则：小雨拍肩，中雨拍腿，大雨鼓掌，狂风暴雨跺脚。主持人喊口号，错误者淘汰，接受惩罚
传递空水瓶	全员分为四组，每组一个空的矿泉水瓶，所有人用头和脖子夹住，传递到最后一个人。用时最慢的一组接受惩罚

名称	细则
找变化	抽6~8名家人，分为3~4组，每组分别背对背，1分钟时间，在自己身上做3个变化，回过头，彼此找对方的变化，再背对背，给2分钟，做4个变化，回过头，彼此找找对方的变化，找到最少的为输，接受惩罚
顶气球	道具：一个大气球、一根绳子。抽10人左右，分为两组，两方互顶气球到终点，只许用头，落地者输，接受惩罚
吃水果	一个人坐在板凳上手背后，另一个人喂他吃，看哪个最先吃完。一个人吃水果，一个人回答问题。1分钟吃的多或者回答问题最多的为赢，吃得少或者回答问题最少的为输，接受惩罚
交头接耳	主持人准备一句较长并绕口的话，各组不少于10人，派一名代表上前记住这句话，然后依次传递下去，不能超过1分钟，最先传到并回答正确的赢，其余三组输，派2名代表接受惩罚
看动作猜成语	由主持人先准备10个左右的成语，分为五组，一个猜一个比划，先猜出的赢，最后三名接受惩罚
老师说	面对面站两排，听主持人喊口令，口令前面带有老师说三个字就遵照执行，否则原地不动，做错者淘汰出局（例如：主持人喊："立正"则不动，主持人喊"老师说立正"，全员做立正姿势。主持人喊口令频率加快，出错的人会越多
添字游戏	主持人将一个"口"字写到黑板上，然后将每个参赛组的名字排列写在黑板上。在"口"的基础上添上两笔，形成另外一个字。分成两个小组，每个小组为一个竞赛单位，从第一个小组开始，不能重复，30秒钟之内说出，如果在指定的时间内说不出，或和以前的重复，即被淘汰。最后剩下的一组为优胜组
大树与松鼠	事先分组，三人一组。两人扮大树，面对对方，伸出双手搭成一个圆圈；一人扮松鼠，并站在圆圈中间；培训师或其他没成对的学员担任临时人员。培训师喊"松鼠"，大树不动，扮演"松鼠"的人就必须离开原来的大树，重新选择其他的大树；培训师或临时人员就临时扮演松鼠并插到大树当中，落单的人应表演节目。培训师喊"大树"，松鼠不动，扮演"大树"的人就必须离开原先的同伴重新组合成一对大树，并圈住松鼠，培训师或临时人员就应临时扮演大树，落单的人应表演节目。培训师喊"地震"，扮演大树和松鼠的人全部打散并重新组合，扮演大树的人也可扮演松鼠，松鼠也可扮演大树，培训师或其他没成对的人亦插入队伍当中，落单淘汰

续表

名称	细则
逛动物园	假设大家正在逛动物园，会看到各种动物。大家发挥想象力，说出究竟看到了什么动物。首先由主持人开头，比如"1区四条腿"。1区就紧接着说出四条腿的动物"老虎"，然后立即接着说"3区2条腿"，3区紧接着说出2条腿的动物"老鹰"。所有动物只能使用1次，不可重复。过程中若有有停顿，主持人与观众一起喊"5、4、3、2、1"倒计时，完毕后仍连不上者遭淘汰。一直坚持到最后的区获胜
拍七令	从1~99报数，但有人数到含有"7"的数字或"7"的倍数时，不许报数，要拍下一个人的后脑勺，下一个人继续报数。如果有人报错数或拍错人则淘汰
开火车	在开始之前，每个人说出一个地名，代表自己，不能重复。游戏开始后，假设你来北京，而另一个人来自上海，你就要说："开呀开呀开火车，北京的火车就要开。"大家一起问："往哪开？"你说："上海开"。代表上海的那个人就要马上接着说："上海的火车就要开。"然后大家一起问："往哪开？"再由这个人选择另外的游戏对象，说："往××地方开。"如果对方稍有迟疑，没有反应过来就输了
官兵捉贼	准备分别写着"官、兵、捉、贼"字样的四张小纸。人数：4个人，将四张纸折叠起来，参加游戏的四个人分别抽出一张，抽到"捉"字的人要根据其他三个人的面部表情或其他细节来猜出谁拿的是"贼"字，猜错的要罚，有猜到"官"字的人决定如何惩罚，由抽到"兵"字的人执行。猜错者淘汰
歌曲接龙	由主持人开头唱一句歌曲，下一个人用主持人唱的最后一个字开头，以此类推，五秒中内没有接的淘汰出局
大西瓜，小西瓜	大家对面站成两排，主持人，喊"大西瓜"大家用手比划小西瓜，主持人喊"小西瓜"大家要比划大西瓜，如此接下去，错的人淘汰
青蛙跳水	由主持人选择开头青蛙数量，第一个人说几张嘴，第二个人说几只眼睛，第三个人说几条腿，第四个人再说一个数字，依此接下去，说错者淘汰
我爱你VS不要脸	听上去有些"暧昧"，实际上是个练反应的好游戏。规则：众人站成一圈，规定只能对自己左边的人说"我爱你"，对右边的人说"不要脸"。两人之间只能连续对话3次。一旦有人说错，即淘汰
猜动物	大家分成三组，有主持人告诉第一个人一种动物的名字，再由第一个人传给下一个人，由最后一个人说出理解的动物名字，说得太离谱的一组受惩罚

名称	细则
击鼓传花	大家站成一个圈，由主持人播放音乐，大家传递抱枕，音乐随时停止，谁接到抱枕就淘汰（可以添加很多元素在里面，比如接到抱枕的人必须转一圈传给下一人，也可以每个人加个动作。）
听口令	大家站成一圈，主持人站在中间，约定喊"1"向左转，"2"向右转，"3"原地不动，"4"向前一步；谁做错了淘汰
老鼠狮子大象	两组人成两排，面对面站立。排头第一人说一个代号，然后向自己的队员耳语传递，每个人都知道后，裁判喊开始，两队人一起大声喊出自己的代号，大象抓狮子，狮子抓老鼠，老鼠抓大象
解手链	每组圈着站成一个向心圈，每组圈着站成一个向心圈，先举起你的右手，握住对面那个人的手；再举起你的左手，握住另外一个人的手；现在你们面对一个错综复杂的问题，在不松开的情况下，想办法把这张乱网解开（10人一组最佳）
牵牛花	牵牛花1瓣围成圈；杜鹃花2瓣好做伴；山茶花3瓣结兄弟；马兰花4瓣手拉手；野梅花5瓣力气大；茉莉花6瓣好亲热；水仙花7瓣是一家。所有人随意站立在指定的圈内，游戏开始，主持人击鼓念儿歌，主持人的儿歌随时回停止，当主持人喊到"山茶花"时，场内的参赛者必须迅速结成3个人的圈，当喊到"水仙花"时，要结成7个人的圈，"牵牛花"就只要1个人站好就可以，凡是没有能够与他人结成圈，或者数字错误的，都被淘汰出局，到最后圈子里剩下的为赢家
抓手指	所有人围成一个圆圈，面向圆心站好，然后把左手张开伸向左侧人，把右手食指垂直放到右侧人的掌心上。主持人发出"原地踏步走"的口令后，全体踏脚步。主持人可用"1、2、1"的口令调整步伐。当发出"1、2、3"的口令时，左手应设法抓住左侧人的食指，右手应设法逃掉，被抓住者淘汰
大瞎话	由一人蒙上眼睛扮"瞎子"，坐在"瞎子"左侧的人开始不断地指在座的每一个人。当他指向其中的一个人，就问"瞎子"这个行不行？"瞎子"如果说不行，就继续指下一个人。直到"瞎子"同意，被指的那个人就是被游戏选中的人。"瞎子"摘下眼罩，根据每个人的表情来猜测谁被选中了，而参与的人不能告诉"瞎子"。当然，被选中的也可能是"瞎子"自己。"瞎子"要出一个题目或者指定一个节目，要被选定的人去完成

名称	细则
县太爷	参与者围坐一圈，先指定一人做县太爷，嘴里"啊啊"出声作威武状，坐其左右之人分别用手作打扇状；县太爷突然指某人，则其马上变成县太爷，嘴里要马上"啊啊"出声，屁股上下颠簸作威武状，坐其左右之人马上用手作打扇状。反应速度跟不上者罚一节目
贴牌	道具：一副扑克牌（拿走大小怪） 规则：一人抽一张牌，贴在额头上。自己不许看自己的牌面，但却能看到周围人的牌。A 最大，2 最小，同一个点数，花色从大到小依次为黑桃、红桃、草花、方块。此时，大家开始依次根据别人的牌面和表情，猜测自己牌点是不是最小的。如果觉得自己最小，可以放弃，接受轻微惩罚，但不许看牌面，游戏继续进行。直到大家都不放弃时，亮牌，最小者受罚
猜牙签	由一个人在手中握着 n 根牙签，这个 n 小于等于桌上的人数，也可以没有，然后请大家猜他手中的牙签数。每个人猜的数目必须是不一样的。谁说对了，谁就受罚，要是没有人说对（比如他手上没有，而人人都猜了一个数字），拿着牙签的人就受罚
猜五官	1. 两人面对面 2. 先随机由一人先开始，指着自己的五官任何一处，问对方："这是哪里？" 3. 对方必须在很短的时间内回答提问方的问题，例如如果对方指着自己的鼻子问这是哪里，同伴就必须说：这是鼻子。同时同伴的手必须指着自己鼻子以外的任何其他五官
刮大风	适合人多时玩，每个人都有一把椅子坐，还有一个人没有位子坐，然后这个人就开始刮风，刮什么风全由他定。比如他说"刮今天穿白色袜子的人"，所有坐着穿白袜的人必须起身换个位子，主持人就可以趁机坐下，必有一个没位子。这时候就换他刮风了，要想调动所有人的话，可以刮"所有的男生和女生""吃过早饭的人"；也可以刮"钱包里有女朋友照片的人"之类。有人突然发觉自己是被刮的人之一，会不知所措
抢椅子	道具：板凳；人数：板凳张数再加 1 游戏规则：将板凳围成一个圈，人也站一个圈。主持人拿一根木棒（或其他能敲响的）开始敲时人围着板凳转，并且按敲击的快慢有节奏地转圈。当敲击声停止，就要抢坐在板凳上。因为差一个板凳，所以注定会有一人没板凳，也注定被淘汰。如此反复，直 2 人争 1 个板凳，冠军诞生为止。 注意事项：不要因为抢椅子发生争执，以娱乐为主。

名称	细则
击鼓传花	十几人或几十人围成圆圈坐下，其中一人拿花，一人背着大家或蒙眼击鼓，鼓响传花，鼓停花止。花在谁手中，谁就摸彩，如果花束正好在两人手中，则两人可通过猜拳或其他方式决定负者。击鼓传花是一种老少皆宜的方式。按纸条规定行事，多是唱歌、跳舞、猜谜和答问等健康有益的活动，内容丰富，形式多样
嘴巴手指不一样	每个人手指出的数字，嘴巴不能说一样的
扮时钟	游戏规则： 1. 在白板或墙壁上画一个大的时钟模型，分别将时钟的刻度标识出来 2. 找三个人分别扮演时钟的秒针、分针和时针，手上拿着三种长度不一的棍子或其他道具（代表时钟的指针）在时钟前面站成一纵列（注意是背向白板或墙壁，扮演者看不到时钟模型） 3. 主持人任意说出一个时刻，比如现在是 3 小时 45 分 15 秒，要三个分别扮演的人迅速的将代表指针的道具指向正确的位置，指示错误或指示慢的人受罚 4. 可重复玩多次，亦可有一人同时扮演时钟的分针和时针，训练表演者的判断力和反应能力
绕口令	"走一步，扭一扭，见到一棵柳树搂一搂"，"走两步，扭两扭，见到两棵柳树搂两楼"……以此类推，如果人多的话，到十六步时返回从一开始 要求是必须用普通话讲，前面一个人说完，后面的人要紧跟着讲，并且不允许停顿，谁说不下来，就要表演一个节目！这个游戏看每人的表现！！主持人一定要在气氛比较活跃的时候做，效果才会好。比如讲完一个笑话之后
瞎子背瘸子	游戏过程： 当场选六名员工，三男三女，男生背女生，男生当"瞎子"，用纱巾蒙住眼睛，女生扮"瘸子"，为"瞎子"指引路，绕过路障，达到终点，最早到达者，为赢。其中路障设置可摆放椅子，须绕行；气球，须踩破；鲜花，须拾起，递给女生

名称	细则
七拼八凑	（此游戏适合最后，掀起高潮）游戏过程： 七拼八凑要求：参加人数30人～50人为佳，分成4～5组，主持人要求大家分组坐好（一定要有男有女） 将游戏规则告知大家，每组先选出一名接收者，手持托盘站在舞台上。其他小组人员按照主持人的要求提供物品放到托盘中。最先集齐物品的小组获胜 背景音乐起，主持人开始宣读物品 采集物品来自日常的例如：眼镜、手表、皮带、袜子、口红、钱等，一定要有比较难的放在最后如药片、糖果、一毛钱，主持人还可以临时选择一些东西 道具：托盘、背景disco音乐
善解人意	游戏过程： 人员分成2组，每组3～5个人，排成两纵列。主持人拿出事先准备的成语或者话句，由第一个人看过之后向后传递表达，（第一个人看到后不准讲出来是什么）成员之间不能说话，只能靠动作表达意思。到最后一个人说出他所了解的意思，答错了全列受罚
坐地起身	游戏规则：首先要大家四个人一组，围成一圈，背对背的坐在地上 （坐的意思是屁股贴地，正常来说一个坐在地上的人，是无法手不着物的站起来的） 四人手"桥"手，然后要他们一同站起来。很容易吧？那么再试试人多一点
身体模仿秀	游戏规则： （1）首先分成3组或者4组 （2）主持人事先准备好纸条，上面分别写上从1～9的数字的三位数或者四位数 （3）主持人请各组派一名上场，并抽签决定表演顺序 （4）主持人按照排定的顺序，从第一位开始表演者用身体将自己抽取的号码表现出来。在表演的过程中队员是不能观看的！背对着大家，然后依次类推开始表演 （5）由现场观众投票选出最佳表演奖
逛三园	（蔬菜园、水果园、动物园）游戏规则：从第一个人开始说"星期天"，第二个人说"逛三园"，第三个人可以说"蔬菜园、水果园、动物园"其中的一个就可以，比如说动物园，后面的就要说出动物，不可以有重复的

名称	细则
泡泡糖	游戏规则：主持人召集若干人上台，人数最好是奇数。游戏规则：当大家准备好时，主持人喊"泡泡糖"大家要回应"粘什么"，主持人随机想到身体的某个部位，台上的人就要两人一组互相接触主持人说的部位。比如，主持人说左脚心，那么台上的人就要两人一组把左脚心相接触。而没有找到同伴的人被淘汰出局。当台上的人数剩下偶数时，主持人要充当1人在其中，使队伍始终保持奇数人数。最后剩下的两人胜出
极限时速	游戏规则：主持人准备 1~26 的数字，分别写在纸上，摆成一个圈，然后分成 2~3 组分别来进行这个游戏，主持人下达开始的口令后才可以采取行动。所有队员不能进入绳圈内，不能接触除数字外的区域。拍数字必须按数字的顺序进行，不能漏拍或同拍。项目过程中，不能有队员讲话或发出其他声音。必须在规定的时间内完成
抱抱团	游戏规则：大家围成一个圈，主持放好音乐，大家听着音乐围着圈转动，当音乐停，主持人随便喊个数字，比如5，大家就要赶紧5个人抱在一起，没有抱住的就被淘汰了
警察抓小偷	游戏规则：将人员分成一个人数少的小圈，一个人数多的大圈，小圈套在大圈里面，圈中间留有过道，主持人喊一个大圈和一个小圈的人，第一个号为警察，第二个号为小偷，警察就在圈过道里抓小偷，在过道里跑一圈回到原位，抓住小偷就警察获胜，否则小偷获胜
激情拍掌	我们是最棒的团队，ye！小组围成一个圈，左拍前一人肩膀一次，右拍一次后一人肩膀一次，中间双手合拍一次，同时嘴巴说1、1、我；左拍前一人肩膀2次喊2，右拍一次后一人肩膀2次喊2，中间双手合拍2次喊我们，同时嘴巴说2、2、我们；依次拍下去8次将（我们是最棒的团队）说完，同时做Ye动作结束；时间最快完成的小组获胜
抢数字	每个小组代表一个类别取名字，比如男明星组、女歌星组、歌星组，乐队组，自己的小名组，等等；小组围成圈后，每个人报出自己的新名字，给1分组大家互相记忆，游戏主持宣布开始，小组人员开始从1、2、3后面抢数字，如果同时有2个人抢到数字3，双方互相说出对方取得新名字，先说出来的获胜，最后一个抢到数字的1人也算输
过流沙河	道具 砖块（平均每人半块砖），从 A 点到 B 点约 15 米到 20 米，起点和终点为河岸。两组 PK，要求两组人相互配合人脚踩在砖上，脚不可沾地，后面人员把砖块向前递前面得人放砖向前移，游戏开始所有人不能说话，先过去者为胜。（有人脚沾地 说话全部人员重新开始） 主持人监督，可以说一些鼓励的话，分析市场资源有限的情况如何分配，怎么抱团取暖

名称	细则
花开花落	所有人肩并肩 手搭肩站成一圈，坐下。主持人喊：花开所有人向后躺，喊花落向前趴，喊风吹 向左摆，喊草动 向右摆（花开 花落，风吹 草动主持人可以打破规律）
生肖成语	主持人喊：老师说举起右手，就举手，说举手不要动，（也可以说其他动作），把动作做错的叫到台上，抽出 12 人）组成 12 肖每人喊一个自己 所站位置生肖成语，之后再喊：洞房花烛夜，我和我老公 + 成语 + 表情动作。（子鼠、丑牛、寅虎、卯兔、辰龙、巳蛇、午马、未羊、申猴、酉鸡、戌狗、亥猪）
兔子舞	所有人围成一个圈，左手从胯下伸到后面，后面的人手牵住前面人的手做同样的动作，主持人喊：前前后后　左左右右（音乐兔子舞）
龙的掌声	向两人面对面站好保持一米距离，①向前大跨一步，同时拍手，双手伸出大拇指 嘴里喊"嘿"同时跺脚。②拍手 喊"1 2 3 4 嘿"喊嘿时伸出大拇指，跺脚。这个动作做两遍。③再喊 3 次 1 2 3 4 同时拍掌，紧接喊嘿 嘿 嘿同时跺脚 3 下
3 和 3 的倍数	第一个人可以从一喊也可以随意喊一个数字，后面得人遇见 3 或 3 的倍数要说过，说错的出列

六、门店管理顺口溜

1. 概要篇

店面要搞好，五事最重要；产品和营销，服务和提高；形象是先导，持续才有效。

2. 形象篇

装修按 VI，布置有格调；员工有礼貌，见客开口笑；卫生常常搞，整洁没死角；

室内空气好，顾客光临到；照明很重要，明亮才叫好；海报不可少，展架要摆好；

姓名用代号，好记又好叫；卖场很热闹，销量嗷嗷叫；氛围要营造，签单要拍照。

3. 营销篇

卖点自己找，感觉真的好；顾客怕久站，咱们坐下谈；讲解要全面，关键靠体验；

听摸看实验，证据摆面前；F　A　B　E，就是看证据；硬件很枯燥，生动才有效；

促销有文章，方式更多样；积分来换购，返券大抽奖；买赠最常见，顾客最喜欢；

关键时降价，降到很惊讶；降价有来由，赠品搞堆头；底线不全露，进退才自由；

异业同促销，互惠利益到；营销新手段，敢于去实验；老客户助售，别忘分块肉。

4. 话术篇

见面第一句，非常有意义；一句贴人心，句句是黄金；一句不着调，顾客准跑掉；

首句咋说呀，功能引入法；活动引入法，特价引入法；卖点千千万，需求是关键；

需求很迷茫，还得要撒网；学会设门槛，绝对不偷懒；顺序有差别，先突出重点；

（配置、价格、活动）找到敲门砖，不怕不掏钱；好处需说够，痛苦需点透；

都知讲益处，讲法很关键；专业征服他，要么感动他。

5. 激励赞美篇

员工有激情，爱拼才会赢；激励讲实效，及时才有效；物质和精神，针对不同人；

两手都要抓，业绩顶呱呱；早会啥内容，激励你最行；晚会善总结，榜样力无穷；

赞美是良药，常吃才有效；天天维生素，踏上成功路；花儿要有水，女人要赞美；

你让他有面，他觉得你帅；男人要面子，我们要票子；逢男夸模样，逢女就说靓；

宝宝说可爱，老人年轻态；招数虽然烂，现在开始干。

6. 培训篇

培训要常搞，水平才提高；水平不提高，一定卖不好；要说培训啥，知识和技巧；

情景细分析，正反不能少；标杆一树立，都能争口气；团结又努力，你我结友谊。

7. 服务篇

服务是心态，持续才叫帅；前后一个样，客户把心放；前后大变样，客户要算账；

及时灭困难，业务能久远；客户分级别，盯紧财神爷；按级回访要，服务更周到；

服务超预期，感动哗哗的；营销做得高，广告费用少；口碑美名飘，学学海底捞。

8. 陈列篇

价签需清晰，亮点别藏匿；价签有褶皱，产品很陈旧；写好ＰＯＰ，就有好业绩；

忌多忌复杂，简单几句话；让顾客猜谜，顾客让你急；颜色不过三，文字太孤单；

宣传单易取，方便联系你；品类很齐全，才有发言权；样机一两个，卖好很困难；

陈列有规律，需求立即现；结构需讲究，高中低全有；高端树品牌，低端进门来；

样机要点亮，整洁不走样；产品会说话，你可别惊讶；关机能省电，客户也省钱；

启用新物料，旧的快撤掉；物料确实无，抓紧挂条幅；活动搞堆头，进门有理由；

动静需结合，产品才鲜活；演示须规范，体验更方便；用好分屏器，清样省力气；

机型有重点，抓住黄金眼。

9. 店长篇

店长不容易，努力还受气；既当打火机，还当灭火器；既是打气筒，又做出气筒；

随时要充电，还要把兵练；店长是画家，愿景天天夸；开门七件事，日复又一日；

清洁打头炮，整洁太必要；晨会定基调，拼搏趁年少；每天两分析，一定做笔记；

激励分正负，陈列要规范；七事都复核，工作才做完。

七、项目战神考核标准

21 天：（过程模式）

考核/项目地_____主控_____副控_____品牌数_____

目标单量_____

商务考核人员考核：

调查表/未提供罚 100 元

情况_____

（要求：A 电子版；B 同案例要求填写；C 需回传手写版本；D 商务交接时需移交项目人员）

第 1 天（启程前）【态度战功/图片】【数据计划/电话】——满分100 分，如表 12 所示。

表 12　启程前考核内容及评分标准

1. 单页/15 分；实际得分	要求：A. 无错别字；B. 地址日期无误；C. 电话无误；D. 品牌 LOGO 特价无误；E. 版本无误；F. 亮点逻辑合理
2. 商家通讯录/10 分；实际得分	要求：A. 无错别字；B. 地址日期无误；C. 电话无误；D. 品牌 LOGO 特价无误；E. 版本无误；F. 亮点逻辑合理
3. 联盟分工明细/10 分；实际得分	要求：A. 电子版；B. 电话号码无误；C. 必须最新版本
4. 六大物料表/15 分；实际得分	要求：A. 公司要求的物料必须齐全；B. 必须最新版本
5. 目标执行规划/25 分；实际得分	要求：A. 电子版；B. 出发前必须上交直属领导；C. 汇报形式 – 电话告知考核人/当面汇报签字
6. 项目对接进度表/15 分；实际得分	要求：A. 电子版；B. 回访完成时间

续表

7. 数据计划/5分；实际得分	1. 签单目标；2. 带单目标；3. 售卡目标；4. 整体打分目标；5. 抢功目标
8. 人才培训与举荐计划/5分；实际得分	1. 培养新人姓名＿＿＿＿＿；2. 提供人才线索＿＿＿＿条；"举荐人"奖金计划＿＿＿＿元

第 2 天（老板见面会）【态度战功/图片】——满分 100 分，如表 13 所示。

表 13　老板见面会考核内容及评分标准

1. 调研商务部提供信息	实际（要求：调研结果书面上传并抄送直属领导）
2. 组委会成员名单与接洽	实际（要求：A. 名单含品牌＋姓名＋职务＋电话；B. 洽谈汇总表上传并抄送直属领导）
3. 信息调查表	实际得分＿＿＿＿（要求：按实际商家数量进行填写）
4. 会场纪律通告张贴（内容不低于5条）	
5. 白板或白纸含胶带＋白板笔＋印泥	
6. 教练装（迷彩服＋迷彩裤＋军靴）	
7. 执行人员佩戴胸牌或臂章全员四周站立	
8. 军令状按手印及内容	
9. 会议记录需解决事项＋安排事项/10分	要求：字迹工整，有条理性
10. 加分项/图片：会议罚款100元/10分	要求：A. 此项不低于20分，否则考核为零；B. 罚款必须有理有据有提前通知，以罚单＋钱为依据
11. 扣分项/电话	全天执行人员参加商家任何形式的宴请扣200分；电话＿＿＿＿说明：特殊情况启动会主讲老师除外，扣分依据电话同主讲老师核对）

第 3 天（誓师会现场）【态度战功/图片】——满分 100 分，如表 14 所示。

表 14　誓师会现场考核内容及评分标准

1. 酒店	要求：地毯、窗帘、音响、投影、麦 + 备用电池、200 平方米以上、有茶水、横幅、主讲宣传展架
2. 人员	要求：执行人着迷彩服，分工明细表，主持人暖场，音控师调音，助教专业打分，拍照，导师
3. 物料	要求：战队旗，当下冠军旗，当下警示旗，头巾，口哨，A4 纸，纸牌，其他游戏物料
4. 拓展游戏图片，每个游戏 5 张	
5. 采用积分制 PK 规则（积分牌）	
6. 分组及过程中呈现疯狂场面收 PK 金 5 张	
7. 主讲老师 5 张 + 整体人多照片 10 张	
8. 培训心得微信分享截图不低于 20 张	体现公司与主讲人名称及不低于 50 字
9. 颁奖仪式照片不低于 5 张	含公司证书
10. 集体合照不低于 5 张（人多）	
11. 导购目标分解	该品牌所有导购上台每品牌 1 张整体，目标承诺按手印合集齐全文件 1 分
12. 电话卖卡与 3 天内人员邀约 PK 及结果展示	电话名单以 3 个月老客户数量为准，电话话机、充电器
13. 组委会会议照 5 张和工作安排表 1 份	含未来 3 天目标达成安排，门店布展，集体巡店，带单 PK
售卡 3 张/品牌（低于此项为零）	
邀约 3 天内上门 30 个/品牌（低于此项为零）	
整体参与会议导购通讯录 1 份	

第 4～18 天（执行过程）【态度战功/图片】——满分 200～400 分，如表 15、表 16、表 17 所示：

表 15　执行过程考核内容及评分标准

第 4 天：1 门店布展经典照片 15 张及评比打分表		
第 4 天：2. 品牌卖点（介绍 + 价格区间）描述表		
第 4 天：3. 带领联盟成员熟悉品牌门店照片 5 张		要求：旗帜、人群、讲解现场，人数不得少于 20 人
早会	1. 团队整体队形	团长点名，面对面站，大旗，公司人迷彩服，音响 + 麦，流动荣誉锦旗
	2. 暖场互动游戏或团队舞蹈	
	3. 三醒羊皮卷	内容段 3 选 2，禁止拿纸念
	4. 团队 PK 表	对象、方式、内容、签字
	5. 抽奖软件抽微信群奖	发客户见证，经验分享
	6. 人员朋友圈每天五遍文字 + 链接分享	拍督察情况表为据
	7. 创意微信文字内容（50 字起）	有气势，有能量，有创意，全员参与
	8. 当下冠军 & 警示旗或荣誉锦旗	
	9. 调动氛围照片	
	10. 数据 KT 板	
	11. 现场奖励照片	奖钱 2 张，欠条 + 押金 2 张，给分享券 2 张
	12. 特写	整体人多照片 2 张，主控 2 张，商家 2 张
	13. 早会创意（打分人对比之前）	

表 16　执行过程夕会内容表

夕会	1. 白板＋笔	
	2. 兑现处罚照片	可以是 21 点以后加水印的加班照
	3. 受处罚照片 3 张，含商家特写 2 张	执行人员对赌自罚，主控处罚副控人员，此项也可放在早会
	4. 当日数据总表核对	品牌数据表，督查反馈表
	5. 组委会给老板开会照 5 张	总结，调整
	6. 多品牌中同品类互动（坐一起，拥抱）	

表 17　执行过程微信、巡店、扣分项内容表

微信	1. 商家群与作战大群进入人员	上级主管，打分人，策划部，全体执行人
	2. 抽奖凭证 5 张	本品牌＋姓名＋自/带单品牌＋业主小区＋姓氏需配图，本品牌＋姓名＋分享 30 字以上成交经验
	3. 主控作战群中互动不低于 30 次	每次不低于 10 字，鼓励表扬的语，正能量语，树立榜样，抽奖提醒
	4. 分享频率	作战群中成员分享不低于每品牌每天 3 次，打分人对比前一天群中动态
巡店	1. 每天每品牌巡店不低于 4 次	拍"品牌数除以 2"家品牌×4 张加水印巡店照片＋迷彩服执行人员
	2. 各品牌数据表	进店人数，带人数，被带人数，自签单数，签单率，带单数
	3. 门店督察反馈表	参照评分表的布展，出错照片 3 张，导购服装，3 样水果＋1 样花，9 大门店系统物料落实
	4. 卖场外围拦截引导照片任选 2 个	停车场，电梯，厕所，商场出入口，商场驻点，人海拦截
	5. 能量照 10 张	签单送礼物，与优秀导购或老板合影自拍，驻点礼物慰问
扣分项	睡前发报平安视频上车与到住处发定位	

（1）数据

①结款；（按期前期款到位，补贴与车费到达3天内结清，每阶段结束准时结款）

②第一阶段，总签单目标完成35%以上加20分；第二阶段，总签单目标完成55%以上加20分；第三阶段，总签单目标完成75%以上加20分；第四阶段，总签单目标完成90%以上加20分。

（2）荐人

①培养副控人员2人（考核经验分享，教舞蹈，教项目流程，教演讲）以视频＋副控200字心得为准。注：被培养副控累计达20小时且项目结束后升为主控，公司奖励培训人员2000元/人；

②推荐优秀导购（品牌＋姓名＋电话＋评价＋工资要求）每条2分。推荐成功按照人事部"伯乐奖"标准奖。

（3）作风

①不违纪（不在项目上违反十大军规，不议论和传递任何公司领导人负面信息，不泄露公司机密信息）；

②不疏远家庭（一天一个电话或视频，项目结束回家一份礼物）；

③不疏忽安全（睡前报平安视频，上车与到住处发定位）。

（4）阶段

①阶段销售数据公示＋分析；

②奖惩兑现；

③下阶段任务目标表制定；

④整体照片5张。（人气图，组委会发言、主控、执行人员）

第19～20天（落地）【态度战功/图片】

前期，如表18所示。

表18　前期工作内容详表

1. 签到氛围照片3张	
2. 落地师接待	专车接，星级酒店，水果
3. 砍价（放价）方案对接表	
4. 落地物料表	
5. 落地方式培训	

续表

6. 抓单培训	
7. 执行过程售卡、签单、带单数据汇总	
8. 岗位分工明细表	
9. 品牌签单目标确认表	过程统计完毕，现场任务超额制定
10. 会场布展照片 5 张	

现场工作考评内容如表 19 所示。

表 19　现场工作内容详表

1. 战前动员舞蹈	
2. 欢迎仪式演练	
3. 签到氛围照片 3 张	
4. 现场布展照片	门口、签到处、收银处、礼品处、舞台
5. 带公司 LOGO 门头	
6. 收银火爆场面照片 5 张	
7. 展位业主爆满照片 5 张	
8. 礼仪 + 保安	
9. 舞台红色文件夹 + 胸花 + 浴缸	
10. 业主区手拍 + VIP 专座 + 礼品袋 + 有事请找我	
11. 礼品堆头图片 5 张	
12. 落地师特写 10 张	
13. 落地师与业主互动 5 张	
14. 抽奖合影 5 张	
15. 项目人员工作状态 5 张	
16. 全员合影（3 张）	
17. 现场签单数据	
18. 现场结款明细表	
19. 照片当天回传策划部	

总结考评内容，如表 20 所示：

表 20   总结内容详表

1. 数据总表	
2. 整体照片 10 张	
3. 颁发奖杯或者锦旗（5 张照片）	
4. 转单培训	
5. 人员活动中贡献值分析表	
6. 储备人才谈话照片 3 张	

八、落地爆破说唱主持文稿

《省钱时代》说唱词

搭配音乐：《一人我饮酒醉》（伴奏）、《稻草人》

来吧！朋友们，让我们一起来感受省钱的时代！打开！打开！打开！

各位朋友好，欢迎您来到，家具建材团购会，是省钱又实惠！

疯狂又热卖，产品人人爱，老板直说亏，客户心里美！

今天客户多，要买赶紧说，男士抢到手，媳妇直拍手；女士抢到手，老公直夸口！

抓紧时间快下定，所有奖品全都送！

疯狂又热卖，产品人人爱，用过的朋友都说好，大家快点来捡宝！

东奔西走累，一站购物和消费，省钱、省心、省疲惫！

大品牌质量好、品牌好啊产品好、价格好啊服务好、热情周到，人也好，

快快抢定要趁早！错过机会无处找！快快抢定要趁早！错过机会无一处一找！

疯狂又热卖，省钱的时代，

厂家在放血，老板在流泪，员工喊疲惫，全都无所谓，

就当打了广告费，打了广告费！

月薪您过万，也要精打和细算，精打和细算，是今天最划算，

客户头发都等白，终于等到了现场来，

不要再犹豫，不要再徘徊，徘徊没机会，优惠说拜拜！

娶新娘，盖新房，建材联盟来帮忙！

买橱柜，选地板，走来走去挑花了眼！

排排队，交交钱，优惠就在您眼前！

省了力，省了钱，老婆孩子笑开颜！（倒着重复后三段）

话外音

来吧朋友们，让我们一起来感受省钱的时代！

今天是××建材联盟带来的一场大型家具建材促销活动，一次装修省钱的好机会，全场十二大品牌将全力以赴以最大的优惠回馈给我们在场广大消费者朋友们！

来吧！来吧！走过路过的朋友，好机会不容错过！打开！打开！打开！

说唱词从以下方面来说：

装房辛苦、价格便宜、质量保证、活动省心、买了开心、优惠政策、催促下单、特价爆款！

九、徐石林老师内部分享

执行分为五个方面。一是活动对接；二是流程；三是道具；四是工作标准；五是奖惩激励方式。

1. 活动对接

活动对接包括五个小板块。活动对接越早越好，尽量在活动启动之前一个星期开始。主要对接：

（1）物料

包括：单页、吊旗、内容、方案、地贴、户外广告，或者其他广告形式，以及员工的统一工装、工牌、马甲等，还有执行的道具、表格、话术等。

（2）人员及团队

活动开始之前从对接人那里了解公司规模、经营状况、各部门人员配比、团队整体凝聚力、战斗力如何等情况。如果我们对人员及团队状况不了解，就很难把控整个项目。有些项目在开始之前，我们对活动、对这家公司一无所知，到项目地后才真正开始对接。活动开始后我们至少要用一周左右的时间去相互适应，这样就浪费了时间、影响了整个活动进程。如果在开始阶段没有达到理想效果，员工和老板对我们的认可度就会很低，这样工作就很难推进。

（3）公司运营情况

运营情况我们不需要了解太久，只需要了解前面三至五个月的情况。现在市场变化太快，三个月以内的事最能反映一家公司的情况。如果是一月份的活动，十一月份、十二月份是一个淡季，一般十一月份、十二月份业绩会比较差。如果是四月份的活动，一月、二月、三月这三个月做的业绩就会很好。如果老板说我们公司不管人员多也好少也好，没怎么搞活动，我也签了多少单。这就有些不切实际，在淡季能够签多少单那才证明真实的实力。我们为什么要平均三到五个月，只有这样才能够判断这家公司的整体实力怎么样。

还有第二点人员的流动情况。如果公司文化好，人员就比较稳定，流失率低，这说明团队凝聚力强。

（4）信息量

商家一定要提供活动所在时间节点前后三个月的楼盘客户资源信息。这样我们手里面资源信息都是待开发或正在开发的信息。客户的意向是比较足的。如果前后三个月的信息都没有，我们仅靠单纯地追踪老客户，这是很难的。如果单纯地去做老小区的挖掘，我们和员工的压力都会很大。另外，我们要让商家标出这些小区里的重点小区，了解一下这些小区的消费实力，是不是商家的目标客户群体。

除了小区信息量外，我们还要让商家统计出未签单的意向客户数量。这样我们就能够大致确定保底目标定多少，而且定的目标会比较贴切，大家的压力才不会那么大。

（5）礼品

如果商家是整装公司、大包公司，自己有品牌有展厅，礼品、奖品一般都是自己来采购。如果是半包公司，有合作的商家品牌，可以要求商家提供有他们 logo 的定制礼品，然后装饰公司也自己准备一些带有 logo 的礼品及手提袋。

如果装饰公司没有自己代理的品牌，依然可以要求合作商家提供一些小礼品。这样既可以给商家做广告宣传，又减少了装饰公司礼品采购费用。

以上内容是第一个板块，即活动开始前对接板块。我们要尽量在活动开始前一周内做好相关准备工作，为下一阶段执行工作做好充分准备。

2. 流程

流程也分为五个方面。

（1）接待流程

在活动启动大会结束后，我们要在开始执行之前根据展厅的情况、人员的情况、部门的配比情况把详细的接待流程梳理出来，并在活动过程中按照这个接待流程执行。

（2）签单流程

签单流程和接待流程有一定区别。接待是待人接物，如何让客户认可你、认可公司、如何不反感，愿意坐下来听你讲，愿意跟我们沟通。

签单流程要融入很多东西，包括签单工具和道具的使用、签单话术的分解、活动内容的分解、公司情况的讲解、公司实力的包装等。比如公司主材、设计、产品、品类、风格、施工工艺、服务等如何去包装和分解？这些在签单沟通的整个流程中都要融入进去。然后通过各种话术让客户认可。这是签单板块的大概流程。

（3）会议流程

会议流程包括早会、午会、夕会，常规的三会，这三个会议一般会有一个固定流程。我们要根据公司的情况，适当地增加或减少。要发挥我们每个老师的优势，有的老师舞蹈跳得好，就可以把舞蹈这块儿做起来；有的老师游戏互动做得更好，游戏互动就可以利用起来；有的老师培训课讲得好，总结分享讲得好，我们就把培训这块儿利用起来，发挥自己的优势，在三会里让员工对我们认可、让老板对我们认可。

（4）总结会流程

会议有很多种，早会、午会、夕会、总结会、客情分析会等。目标达成、任务完成比例分析、签单率分析、目标计划完成情况总结、新阶段目标任务的制定，都要在总结会展现。

（5）客情分析会

客情分析会在夕会之后顺带去做。工作总结之后要分析总结今天客户的邀约情况，谈单手的沟通过程，中间有什么问题。在执行过程中有两种情况，要么有问题，要么有结果。如果没有问题，那就必须拿出结果。如果今天结果不满意，那一定是出了问题。没有一家公司是一直没有问题的，没有问题请告诉我结果在哪里。如果有问题我们就解决问题。

每天问题不能太多，要控制在 5 个以内。因为时间太久，员工会有抵触情绪。每天解决问题要养成习惯，每天解决一部分问题，第二天要把我们解决问题的方案总结汇总后运用到工作中。这样员工对执行老师的认可度就会很高，老板对团队状态和能力的提升也能够亲眼看到，我们的价值也就体现出来了。

客情分析会及总结会上解决的是共性的问题。开小会或个人沟通，解决的是个性问题，个性问题要拿出来单独开小会沟通解决。如果我们执行老师能解决就现场给出答案，如果不能解决，我们做头脑风暴大家共同来商讨答案。

以上这些内容就是流程板块的内容，主要是接待流程、签单流程、三会流程、总结会流程、客情分析会流程，各种流程里大家一定要注意重要节点。我们要理顺这些重要节点，流程顺了就要把方法道具融入进去。

3. 道具

在培训的时候有很多东西都已经讲过，但是在培训过程中讲到的这些话术、方式方法等都是大而广的，是面上的东西、通用的东西。而道具就是针对这个公司、针对这场活动，甚至针对某个小区的客户而设定的。

所以执行老师准备的话术和培训老师准备的话术是不一样的。因为我们是目标达成指导老师，我们是针对每一场活动、每一家装饰公司的具体情况制定话术的。

（1）邀约话术

邀约话术除了我们在培训会上讲的那些基本的话术以外，活动邀约话术一定是接地气的。比如我们如何有针对性地渲染某家公司活动的优惠力度、活动的紧迫性、活动的保值和有效性。

（2）签单话术

签单话术和邀约话术一样随机应变。我们每天演练的邀约、签单话术一定是千变万化的。邀约和签单话术的改变要根据公司的整体情况、公司代理的品牌、公司自身的品牌、设计师谈单的重点、活动的优惠重点、活动跟踪的重点小区的整体情况及户型情况，有针对性地制定不同的签单话术。

话术制定以后一定要反复地演练。执行老师作为引导者在旁边进行监督执行，根据员工演练情况提出建议。我们是目标达成指导老师，也是督导执行老师，督导就是监督和指导。我们的执行力就在监督，要求的事情一定要督促执行落实。指导就是他们提出的问题，我们要给出建议。

（3）单页和优惠单

单页指 DM 单页。优惠单是活动详细内容分解介绍，优惠单是谈单手、设计部、执行老师还有老板共同商讨，或者由成本核算部核算出来的，是根据活动优惠、单页引申出来的优惠方案。谈客户的时候我们先谈单页优惠，单页优惠内容讲完，我们讲优惠单，当优惠单上的内容讲完就说明我们的底牌打完了。

优惠单讲完，如果客户还没有签单，我们要反复地利用这些道具。

（4）户型图及设计方案

有一定规模的公司都会为一场活动提供这些数据。比如已签单小区的户型、重点小区的户型。如果是重点小区爆破，在活动开始之前一定要准备好设计方案，而且不止一套方案。在前期对接的时候也可以在重点小区划定以后，提醒老板或对接人提前做好这项工作，在活动开始的时候这些东西一定要到位。

（5）合同

在谈单的时候，设计师一定要把这些东西带在手上。我们在逼单过程中，客户只要有意向，我们就直接拿合同签字，收钱收定。所以定金合同要有，甚至收据本也要带着。

（6）道具

就是协议类物料，包括保值协议、砸无赦协议、优惠协议、公司总部特批协议等。要做成类似红头文件的形式，有图有真相，更有说服力。客户有哪一方面的异议，我们就拿出对应的道具。客户急着装修，我们就直接讲优惠；客户不急着装修，我们就讲保值；客户对售后有异议，我们就讲砸无赦；客户有什么问题、顾虑，我们就有什么工具、对策解决。这样我们的专业性才能体现出来。

（7）客户见证

客户案例或客户见证，这是客户对我们的支持。主要包括客户见证墙、合影照、样板工地展示、客户回访记录、客户感谢锦旗等。

（8）奖品、礼品、红包、金蛋

活动开始的时候，这些物料一定要到位。如果在谈单沟通的过程中，客户觉得价格高，我们可以讲活动优惠，有礼品、有奖品、有红包抽，这些东西都可以体现我们的真情实意和实实在在的优惠。

（9）礼花

礼花起到营造活动氛围的作用。

（10）手机

手机的作用一是拍照，二是发朋友圈，三是现场监督。在客户最开心的时候，我们要求客户转发朋友圈，或者要求客户发现场签单的图片，配上文字。比如某某公司很不错，我选择了，希望大家关注；或者某某公司真的很不错，我的房子交给他来装了，希望大家共同来监督；或者配上图，我今天签单了，我很开心，希望我的朋友也能够选择这家公司，朋友圈里有没有做装修很专业的，可以跟我一起监督这家公司的施工。还有其他形式，大家自己编辑这些文字。第一时间对客户的朋友圈产生影响。如果客户没有发朋友圈，我们要做好后续跟踪。

每一个已经签单的客户肯定对我们公司是认可的。客户的宣传比我们在朋友圈里单纯地发广告推广，效果要好得多。所以在执行的过程中一定要监督到位，给员工、领导宣导到位，让大家执行到位。如果客户没有转发，要在签单仪式结束以后，时刻提醒他，今天这么开心，要不要发个朋友圈；今天抽中大奖了，要不要发个朋友圈；你看今天来我们公司装修就有这么大的优惠，要不要发个朋友圈告知您身边的朋友。

4. 工作标准

工作标准是我们在活动执行过程中要做到的基本点，这些基本点做到了，哪怕是刚入行的助理，按照这个方式控场一个小公司也是没有问题的。

工作标准的基础就是一句话：所有的业绩都是盯出来的。只有你盯了，才能发现问题，通过我们的方式方法手段解决这些问题才有结果，有结果才会有业绩的显示。如何盯就要通过以下工作标准执行。

（1）每日四会

就是早中晚三个常规的会议加上客情分析会，每日去发现问题，解决问题。业务员和谈单手或者设计师对接每个到店客户的情况，然后共同分享解决问题的方式方法。坚持每天三个总结会加上客情分析会，一定会有很多的收获。

（2）工作目标与计划的安排

这一块儿每日必做，关键在早会和夕会上。早会制定目标计划及工作安排，夕会总结加客情分析，这一条和第一条是相互结合的。

（3）上午下午的时间分解

如果一个项目是小公司、小团队，就由一个老师来做，可以分为两个阶段，上午一个阶段，下午一个阶段。上午我们依然是盯，还是那句话，"业绩和结果都是盯出来的"。上午执行老师安排完工作、制订完目标、开完晨会以后，大家都开始进入工作状态，执行老师也必须进入工作状态，我们的工作就是监督执行。

监督执行就是盯，上午的工作重点在于盯邀约，邀约过程中有哪些问题，哪些没有按照标准来做，我们要记录下来，然后和大家分享总结。

下午重点盯签单。如果上午把邀约盯好，客户进店量就有保证。盯好每天的准客户量是多少，针对准客户及时跟进回访，下午进店量才有保证。我们很难保证上午开门就有客户，但是如果上午的邀约跟踪好，就算第一天没有客户，第二天一定会有客户。这是只有盯才能有保证的。

如果是两个以上的执行老师在执行项目，或者团队比较大，就需要明细分工。由于每个执行老师负责的部门不一样，或者负责的工作种类不一样，可以一个盯邀约、一个盯签单。盯好所负责的板块和重点工作内容，要盯紧、盯死、盯出结果。

（4）每个小时休息汇总一次

主要是指上午的邀约，因为下午的谈单很难把控客户在一个小时之内一定签单。每个小时休息汇总时我们要与员工互动，告诉他们如何高效工作。针对小区营销，如果是陪同一起跑小区就好把控；如果不是跟踪跑，我们可以用微信群管理的形式管理跑小区的人员。

电销人员，打40分钟电话，休息20分钟。这20分钟之内，我们用10分钟左右的时间办理自己的杂事；另外10分钟，我们要对在执行过程中盯到的一些小问题拿出解决方案，把问题解决掉。

（5）晚上夕会奖罚之后小组开客情分析会

夕会重点是目标兑现，要兑现就肯定会有奖惩，这是必不可少的。如果是小公司，员工不多，大家可以在一起讨论，最好是市场和客服或者市场和谈单手一起沟通。

主要讨论要求情况及客户在谈单的过程中的问题，大家共同找出答案及解决方案。

（6）确定每天的工作目标，监督工作人员写工作总结

要求就是我们每天要提醒他们去做，监督要到位。比如我们要求晚上十一点之前必须发工作总结，监督就是截至十一点看有哪些人写了，写的什么内容，我们可以抽出几个人进行点评，没写的人员又有哪些。可以在群里公布没按时交工作总结人员的黑名单。

第二天宣布处罚的时候，他也不会有任何怨言。

另外，执行老师在会议中起到的作用有哪些？

①主持

早会、午会、夕会、客情分析会、活动总结会、落地爆破会等，我们都要介入做客串主持。作为客串主持我们不一定很专业，但要能够基础控场。在开会的时候，我们内心要有框架流程，能主持这个会议。

②分析

分析主要是分析问题，针对我们观察、记录的，还有员工和团队的负责人提出来的问题，我们要进行分析，只有分析才能找出问题的根本原因，以便进行问题汇总及解决。

③点评

作为主持人对每个人的发言，我们要有点评，点评之后提出大家的理解，还有自己的理解。

④总结

总结的过程，就是把大家所有的优点汇总到一起，拿出一个最佳解决方案。

⑤创新

在优选方案的基础上，提出新的看法，把从其他公司或其他培训老师那里学到的一些新的技能，融入进行创新。

这五个方面在会议过程中能充分体现每一位执行老师的专业性和职业素养，还能看出执行老师整体经验是否丰富，有没有能力把控项目。

5. 奖罚激励方式

在执行过程中必不可少的，就是奖罚等激励方式。针对奖惩方案，我们要制订新标准和玩法。我们制定的标准一定是自己能够接受并做得到的。这个标准和玩法是要先自己执行，再要求员工执行。如果我们自己能够做得到，那么员工必须要做得到。

如何去玩，相信每个老师的套路是很多的。

下面是我的几点建议：

（1）奖励过程和结果

不管每一场活动的执行标准如何、奖惩机制如何，如果深入研究、认真观察，就会发现我们奖励的一定是过程和结果。只要员工在执行过程中认真做，或者有一定结果，不管结果好坏，就一定能够拿到奖励，例如邀约客户。员工的邀约量大、邀约进店客户多，不管进店客户有没有签单，员工只要在这些过程中做好工作，就一定能够拿到奖励。当然，如果结果好，奖励肯定更多。

（2）处罚态度和状态

什么是态度和状态？比如迟到、早退、顶撞老师、上班玩手机、工作时间做其他事情、无故不参与会议等，这些就是态度和状态的问题，是一定要罚的。因为这不仅是个人问题，还会影响老师的执行。执行老师要一视同仁，不搞特殊。

（3）不考核能力

比如他签不了单不是因为他不努力，而是因为他是新来的，他的表达能力就是不行，就算逼他做一万个俯卧撑他也签不了单，我们的考核就失去了意义，我们只能去引导他，所以不考核能力。

（4）处罚尽量不罚员工的钱

员工做活动的时候工作压力大。如果还想从他兜里再掏出些钱，哪怕掏三元、五元他都不开心。所以，我们要多利用积分卡、积分券、奖励卡等道具，尽量多奖励少处罚，多引导多疏通。老板如果出错，把处罚的钱作为基金奖励给员工。这样大家觉得很刺激，也会有一定的激励效果。

以上就是我的一些建议和想法，跟大家分享。

推荐作者得新书!

博瑞森征稿启事

亲爱的读者朋友:

感谢您选择了博瑞森图书! 希望您手中的这本书能给您带来实实在在的帮助!

博瑞森一直致力于发掘好作者、好内容,希望能把您最需要的思想、方法,一字一句地交到您手中,成为管理知识与管理实践的桥梁。

但是我们也知道,有很多深入企业一线、经验丰富、乐于分享的优秀专家,或者忙于实战没时间,或者缺少专业的写作指导和便捷的出版途径,只能茫然以待……

还有很多在竞争大潮中坚守的企业,有着异常宝贵的实践经验和独特的洞察,但缺少专业的记录和整理者,无法让企业的经验和故事被更多的人了解、学习……

对读者而言,这些都太遗憾了!

博瑞森非常希望能将这些埋藏的"宝藏"发掘出来,贡献给广大读者,让更多的人从中受益。

所以,我们真心地邀请您,我们的老读者,帮我们搜寻:

推荐作者

可以是您自己或您的朋友,只要对本土管理有实践、有思考;可以是您通过网络、杂志、书籍或其他途径了解的某位专家,不管名气大小,只要他的思想和方法曾让您深受启发。

可以是管理类作品,也可以超出管理,各类优秀的社科作品或学术作品。

推荐企业

可以是您自己所在的企业,或者是您熟悉的某家企业,其创业过程、运营经历、产品研发、机制创新,等等。无论企业大小,只要乐于分享、有值得借鉴书写之处。

总之,好内容就是一切!

博瑞森绝非"自费出书",出版费用完全由我们承担。您推荐的作者或企业案例一经采用,我们会立刻向您赠送书币 1000 元,可直接换取任何博瑞森图书的纸书或电子书。

感谢您对本土管理原创、博瑞森图书的支持!

推荐投稿邮箱:bookgood@126.com   推荐手机:13611149991

1120 本土管理实践与创新论坛

这是由 100 多位本土管理专家联合创立的企业管理实践学术交流组织,旨在孵化本土管理思想、促进企业管理实践、加强专家间交流与协作。

论坛每年集中力量办好两件大事:第一,"出一本书",汇聚一年的思考和实践,把最原创、最前沿、最实战的内容集结成册,贡献给读者;第二,"办一次会",每年 11 月 20 日本土管理专家们汇聚一堂,碰撞思想、研讨案例、交流切磋、回馈社会。

论坛理事名单(以年龄为序,以示传承之意)

企业案例·老板传记

书名.作者	内容/特色	读者价值
你不知道的加多宝:原市场部高管讲述 曲宗恺 牛玮娜 著	前加多宝高管解读加多宝	全景式解读,原汁原味
借力咨询:德邦成长背后的秘密 官同良 王祥伍 著	讲述德邦是如何借助咨询公司的力量进行自身与发展的	来自德邦内部的第一线资料,真实、珍贵,令人受益匪浅
娃哈哈区域标杆:豫北市场营销实录 罗宏文 赵晓萌 等著	本书从区域的角度来写娃哈哈河南分公司豫北市场是怎么进行区域市场营销,成为娃哈哈全国第一大市场、全国增量第一高市场的一些操作方法	参考性、指导性,一线真实资料
六个核桃凭什么:从0过100亿 张学军 著	首部全面揭秘养元六个核桃裂变式成长的巨著	学习优秀企业的成长路径,了解其背后的理论体系
像六个核桃一样:打造畅销品的36个简明法则 王 超 范 萍 著	本书分上下两篇:包括"六个核桃"的营销战略历程和36条畅销法则	知名企业的战略历程极具参考价值,36条法则提供操作方法
解决方案营销实战案例 刘祖轲 著	用10个真案例讲明白什么是工业品的解决方案式营销,实战、实用	有干货、真正操作过的才能写得出来
招招见销量的营销常识 刘文新 著	如何让每一个营销动作都直指销量	适合中小企业,看了就能用
我们的营销真案例 联纵智达研究院 著	五芳斋粽子从区域到全国/诺贝尔瓷砖门店销量提升/利豪家具出口转内销/汤臣倍健的营销模式	选择的案例都很有代表性,实在、实操!
中国营销战实录:令人拍案叫绝的营销真案例 联纵智达 著	51个案例,42家企业,38万字,18年,累计2000余人次参与……	最真实的营销案例,全是一线记录,开阔眼界
双剑破局:沈坤营销策划案例集 沈 坤 著	双剑公司多年来的精选案例解析集,阐述了项目策划中每一个营销策略的诞生过程,策划角度和方法	一线真实案例,与众不同的策划角度令人拍案叫绝、受益匪浅
宗:一位制造业企业家的思考 杨 涛 著	1993年创业,引领企业平稳发展20多年,分享独到的心得体会	难得的一本老板分享经验的书
简单思考:AMT咨询创始人自述 孔祥云 著	著名咨询公司(AMT)的CEO创业历程中点点滴滴的经验与思考	每一位咨询人,每一位创业者和管理经营者,都值得一读
边干边学做老板 黄中强 著	创业20多年的老板,有经验、能写、又愿意分享,这样的书很少	处处共鸣,帮助中小企业老板少走弯路
三四线城市超市如何快速成长:解密甘雨亭 IBMG国际商业管理集团 著	国内外标杆企业的经验+本土实践量化数据+操作步骤、方法	通俗易懂,行业经验丰富,宝贵的行业量化数据,关键思路和步骤
中国首家未来超市:解密安徽乐城 IBMG国际商业管理集团 著	本书深入挖掘了安徽乐城超市的试验案例,为零售企业未来的发展提供了一条可借鉴之路	通俗易懂,行业经验丰富,宝贵的行业量化数据,关键思路和步骤

互联网+

书名.作者	内容/特色	读者价值
新营销 刘春雄 著	新营销的新框架体系是场景是产品逻辑,IP是品牌逻辑,社群是连接逻辑,传播是营销逻辑	助力品牌商实现由传统营销到新营销的理念和行动的跨越,助力企业打赢升级转型之仗
企业微信营销全指导 孙 巍 著	专门给企业看到的微信营销书,手把手教企业从小白到微信营销专家	企业想学微信营销现在还不晚,两眼一抹黑也不怕,有这本书就够

	书名	内容	简评
互联网+	企业网络营销这样做才对:B2B 大宗 B2C 张 进 著	简单直白拿来就用,各种窍门信手拈来,企业网络营销不麻烦也不用再头疼,一般人不告诉他	B2B、大宗 B2C 企业有福了,看了就能学会网络营销
	互联网时代的银行转型 韩友诚 著	以大量案例形式为读者全面展示和分析了银行的互联网金融转型应对之道	结合本土银行转型发展案例的书籍
	正在发生的转型升级·实践 本土管理实践与创新论坛 著	企业在快速变革期所展现出的管理变革新成果、新方法、新案例	重点突出对于未来企业管理相关领域的趋势研判
	触发需求:互联网新营销样本·水产 何足奇 著	传统产业都在苦闷中挣扎前行,本书通过鲜活的案例告诉你如何以需求链整合供应链,从而把大家熟知的传统行业打碎了重构、重做一遍	全是干货,值得细读学习,并且作者的理论已经经过了他亲自操刀的实践检验,效果惊人,就在书中全景展示
	移动互联新玩法:未来商业的格局和趋势 史贤龙 著	传统商业、电商、移动互联,三个世界并存,这种新格局的玩法一定要懂	看清热点的本质,把握行业先机,一本书搞定移动互联网
	微商生意经:真实再现 33 个成功案例操作全程 伏泓霖 罗晓慧 著	本书为 33 个真实案例,分享案例主人公在做微商过程中的经验教训	案例真实,有借鉴意义
	阿里巴巴实战运营——14 招玩转诚信通 聂志新 著	本书主要介绍阿里巴巴诚信通的十四个基本推广操作,从而帮助使用诚信通的用户及企业更好地提升业绩	基本操作,很多可以边学边用,简单易学
	阿里巴巴实战运营 2:诚信通热卖技巧 聂嵘海 著	诚信通 TOP 商家赚钱的密码箱,手把手教你操作,拿来就用	图文并茂,内容齐全,直接可以对照使用
	抖音营销如何做:未来抖商 刘大贺 著	解密从 0 到 1 亿粉丝的实操路径,深度剖析抖音营销全系统策略	企业做抖音营销的第一书
	微商团队长:从入门到精通 罗品牌 著	由浅入深,涵盖微商团队长必学技能的方方面面	只要照着做,就能当好微商团队长
	互联网精准营销 蒋 军 著	怎么在互联网时代整体策划、包装品牌和产品,并在此基础上为企业设计商业模式,技术实现并运营落地	为有基础的小微企业(大企业的新项目)1 年实现销售额过亿,2 年对接资本,3 年左右准 IPO
	今后这样做品牌:移动互联时代的品牌营销策略 蒋 军 著	与移动互联紧密结合,告诉你老方法还能不能用,新方法怎么用	今后这样做品牌就对了
	互联网+"变"与"不变":本土管理实践与创新论坛集萃·2016 本土管理实践与创新论坛 著	本土管理领域正在产生自己独特的理论和模式,尤其在移动互联时代,有很多新课题需要本土专家们一起研究	帮助读者拓宽眼界、突破思维
	创造增量市场:传统企业互联网转型之道 刘红明 著	传统企业需要用互联网思维去创造增量,而不是用电子商务去转移传统业务的存量	教你怎么在"互联网+"的海洋中创造实实在在的增量
	重生战略:移动互联网和大数据时代的转型法则 沈 拓 著	在移动互联网和大数据时代,传统企业转型如同生命体打算与再造,称之为"重生战略"	帮助企业认清移动互联网环境下的变化和应对之道
	画出公司的互联网进化路线图:用互联网思维重塑产品、客户和价值 李 蓓 著	18 个问题帮助企业一步步梳理出互联网转型思路	思路清晰、案例丰富,非常有启发性
	7 个转变,让公司 3 年胜出 李 蓓 著	消费者主权时代,企业该怎么办	这就是互联网思维,老板有能这样想,肯定倒不了
	跳出同质思维,从跟随到领先 郭 剑 著	66 个精彩案例剖析,帮助老板突破行业长期思维惯性	做企业竟然有这么多玩法,开眼界

行业类：零售、白酒、食品/快消品、农业、医药、建材家居等		
书名．作者	内容/特色	读者价值

	书名．作者	内容/特色	读者价值
零售·超市·餐饮·服装	总部有多强大，门店就能走多远 IBMG 国际商业管理集团　著	如何把总部做强，成为门店的坚实后盾	了解总部建设的方法与经验
	超市卖场定价策略与品类管理 IBMG 国际商业管理集团　著	超市定价策略与品类管理实操案例和方法	拿来就能用的理论和工具
	连锁零售企业招聘与培训破解之道 IBMG 国际商业管理集团　著	围绕零售企业组织架构、培训体系建设等内容进行深刻探讨	破解人才发现和培养瓶颈的关键点
	中国首家未来超市：解密安徽乐城 IBMG 国际商业管理集团　著	介绍了乐城作为中国首家未来超市从无到有的传奇经历	了解新型零售超市的运作方式及管理特色
	三四线城市超市如何快速成长：解密甘雨亭 IBMG 国际商业管理集团　著	揭秘一家三四线连锁超市的经验策略	不但可以欣赏它的优点，而且可以学会它成功的方法
	新零售　新终端 迪智成咨询团队　著	梳理和提炼新零售的系统打法，将之落地在新终端建设上	让新零售这一看似形而上的商业概念有了可以落地的立足点
	新零售动作分解：建材　家居　家具 盛斌子　著	第一本锁定在家居建材、家电、家装等耐用消费品领域谈新零售的书	第一本谈新零售的具体动作、策略、方法、招术的书，拿来就用
	新零售进化趋势与未来格局 李政权　著	通过业态、品类、体验、场景等，逐一呈现新零售的未来进化	就新零售未来的发展方向与进化趋势给出一个确定性的未来
	涨价也能卖到翻 村松达夫【日】	提升客单价的 15 种实用、有效的方法	日本企业在这方面非常值得学习和借鉴
	移动互联下的超市升级 联商网专栏频道　著	深度解析超市转型升级重点	帮助零售企业把握全局、看清方向
	手把手教你做专业督导：专卖店、连锁店 熊亚柱　著	从督导的职能、作用，在工作中需要的专业技能、方法，都提供了详细的解读和训练办法，同时附有大量的表单工具	无论是店铺需要统一培训，还是个人想成为优秀的督导，有这一本就够了
	百货零售全渠道营销策略 陈继展　著	没有照本宣科、说教式的絮叨，只有笔者对行业的认知与理解，庖丁解牛式的逐项解析、展开	通俗易懂，花极少的时间快速掌握该领域的知识及趋势
	零售：把客流变成购买力 丁昀　著	如何通过不断升级产品和体验式服务来经营客流	如何进行体验营销，国外的好经营，这方面有启发
	餐饮企业经营策略第一书 吴坚　著	分别从产品、顾客、市场、盈利模式等几个方面，对现阶段餐饮企业的发展提出策略和思路	第一本专业的、高端的餐饮企业经营指导书
	餐饮新营销 杨勇　程绍珊　著	在新环境下，对餐饮营销管理进行了全面深入的解读，提供了方式方法	全面性、系统性，区别于市面上的纯操作类作品
	电影院的下一个黄金十年：开发·差异化·案例 李保煜　著	对目前电影院市场存大的问题及如何解决进行了探讨与解读	多角度了解电影院运营方式及代表性案例
	赚不赚钱靠店长：从懂管理到会经营 孙彩军　著	通过生动的案例来进行剖析，注重门店管理细节方面的能力提升	帮助终端门店店长在管理门店的过程中实现经营思路的拓展与突破
耐消品	商用车经销商运营实战 杜建君　王朝阳　章晓青　等著	从管理到经营，从销售到服务，系统化运作全指导	为经销商经营开阔思路，掌握方法
	汽车配件这样卖：汽车后市场销售秘诀 100 条 俞士耀　著	汽配销售业务员必读，手把手教授最实用的方法，轻松得来好业绩	快速上岗，专业实效，业绩无忧

	书名/作者	内容简介	推荐语
耐消品	润滑油销售：这样说这样做更有效 张金荣　著	针对渠道、经销商、终端的超实用话术	上车看，下车用，3 分钟就能学会。
	新经销：新零售时代，教你做大商 黄润霖　著	从选址、产品、促销、团队、规模阐述新经销变与不变的市场手法和操作思路	实地拜访近 100 位经销商在传统营销手法上的创新、新营销工具的发现
	珠宝黄金新营销 崔德乾　著	营销、品牌、产品、连接、场景、社群、服务、传播、管理及产业价值链	新营销在珠宝行业的实战应用，业内必备第一书
	跟行业老手学经销商开发与管理：家电、耐消品、建材家居 黄润霖　著	全部来源于经销商管理的一线问题，作者用丰富的经验将每一个问题落实到最便捷快速的操作方法上去	书中每一个问题都是普通营销人亲口提出的，这些问题你也会遇到，作者进行的解答则精彩实用
白酒	酒水饮料快消品餐饮渠道营销手册 朱伟杰　著	主要针对快消品（酒水、饮料）的餐饮渠道，提供了区域、商圈、不同业态的规划和促销安排等多种工具，并提出了经销商、批发商等相关人员的管理方法	一本酒水饮料如何在餐饮渠道销售的全能手册，内容深入翔实，可以直接照搬套用，这样的便利简直千金不换
	白酒到底如何卖 赵海永　著	以市场实战为主，多层次、全方位、多角度地阐释了白酒一线市场操作的最新模式和方法，接地气	实操性强，37 个方法、6 大案例帮你成功卖酒
	变局下的白酒企业重构 杨永华　著	帮助白酒企业从产业视角看清趋势，找准位置，实现弯道超车的书	行业内企业要减少 90%，自己在什么位置，怎么做，都清楚了
	1. 白酒营销的第一本书（升级版） 2. 白酒经销商的第一本书 唐江华　著	华泽集团湖南开口笑公司品牌部长，擅长酒类新品推广、新市场拓展	扎根一线，实战
	区域型白酒企业营销必胜法则 朱志明　著	为区域型白酒企业提供 35 条必胜法则，在竞争中赢销的葵花宝典	丰富的一线经验和深厚积累，实操实用
	10 步成功运作白酒区域市场 朱志明　著	白酒区域操盘者必备，掌握区域市场运作的战略、战术、兵法	在区域市场的攻伐防守中运筹帷幄，立于不败之地
	酒业转型大时代：微酒精选2014－2015 微酒　主编	本书分为五个部分：当年大事件，那些酒业营销工具、微酒独立策划、业内大调查和十大经典案例	了解行业新动态、新观点，学习营销方法
快消品·食品	中国快消品营销的这些年 史贤龙　著	作者精华文章的合集，一本书浓缩了过去十五年，中国营销的实战历程与前沿思考	快消品营销行业的案例和方法都原汁原味呈现，在反映当时风貌的同时，展望与反思
	营销中国茶：2 小时读懂茶叶营销 史贤龙　著	从不同视角对中国的茶营销进行了思考，内容涉及中国茶产业战略困境、茶企规模化、茶品牌崛起、茶文化、茶营销、茶消费、茶零售、茶道等	内容丰富扎实，文字流畅，浓缩的都是精华，让你 2 小时读懂茶叶营销
	这样打造快消品标杆市场 罗宏文　著	帮助你解决如何成功打造标杆市场和进行持续增量管理两大问题	一套系统的方法论，通俗易懂，可以直接套用
	5 小时读懂快消品营销：中国快消品案例观察 陈海超　著	多年营销经验的一线老手把案例掰开了，揉碎了，从中得出的各种手段和方法给读者以帮助和启发	营销那些事儿的个中秘辛，求人还不一定告诉你，这本书里就有
	快消品招商的第一本书：从入门到精通 刘雷　著	深入浅出，不说废话，有工具方法，通俗易懂	让零基础的招商新人快速学习书中最实用的招商技能，成长为骨干人才
	乳业营销第一书 侯军伟　著	对区域乳品企业生存发展关键性问题的梳理	唯一的区域乳业营销书，区域乳品企业一定要看

快消品·食品	金龙鱼背后的粮油帝国 余 盛 著	讲述金龙鱼品牌及母公司丰益国际的商业冒险故事	在精彩的阅读体验中学到营销管理的方法
	食用油营销第一书 余 盛 著	10多年油脂企业工作经验,从行业到具体实操	食用油行业第一书,当之无愧
	中国茶叶营销第一书 柏 龑 著	如何跳出茶行业"大文化小产业"的困境,作者给出了自己的观察和思考	不是传统做茶的思路,而是现在商业做茶的思路
	调味品企业八大必胜法则 张 戟 著	八大规律性的关键成功要素,背后都有本土调味品企业的成功实践	"观点阐述+案例描述",行业必读
	调味品营销第一书 陈小龙 著	国内唯一一本调味品营销的书	唯一的调味品营销的书,调味品的从业者一定要看
	快消品营销人的第一本书:从入门到精通 刘 雷 伯建新 著	快消行业必读书,从入门到专业	深入细致,易学易懂
	变局下的快消品营销实战策略 杨永华 著	通胀了,成本增加,如何从被动应战变成主动的"系统战"	作者对快消品行业非常熟悉、非常实战
	快消品经销商如何快速做大 杨永华 著	本书完全从实战的角度,评述现象,解析误区,揭示原理,传授方法	为转型期的经销商提供了解决思路,指出了发展方向
	快消品营销:一位销售经理的工作心得2 蒋 军 著	快消品、食品饮料营销的经验之谈,重点图书	来源与实战的精华总结
	快消品营销与渠道管理 谭长春 著	将快消品标杆企业渠道管理的经验和方法分享出来	可口可乐、华润的一些具体的渠道管理经验,实战
	成为优秀的快消品区域经理(升级版) 伯建新 著	用"怎么办"分析区域经理的工作关键点,增加30%全新内容,更贴近环境变化	可以作为区域经理的"速成催化剂"
	销售轨迹:一位快消品营销总监的拼搏之路 秦国伟 著	本书讲述了一个普通销售员打拼成为跨国企业营销总监的真实奋斗历程	激励人心,给广大销售员以力量和鼓舞
	快消老手都在这样做:区域经理操盘锦囊 方 刚 著	非常接地气,全是多年沉淀下来的干货,丰富的一线经验和实操方法不可多得	在市场摸爬滚打的"老油条",那些独家绝招妙招一般你都是问不来的
	动销四维:全程辅导与新品上市 高继中 著	从产品、渠道、促销和新品上市详细讲解提高动销的具体方法,总结作者18年的快消品行业经验,方法实操	内容全面系统,方法实操
农业	饲料营销有方法:策略 案例 工具 陈石平 著	跳出饲料看饲料,根据饲料营销的关键成功要素(KSF)提出7大核心命题	紧跟农牧产业发展大势,提高饲料企业营销竞争力
	新农资如何换道超车 刘祖轲 等著	从农业产业化、互联网转型、行业营销与经营突破四个方面阐述如何让农资企业占领先机、提前布局	南方略专家告诉你如何应对资源浪费、生产效率低下,产能严重过剩、价格与价值严重扭曲等
	中国牧场管理实战:畜牧业、乳业必读 黄剑黎 著	本书不仅提供了来自一线的实际经验,还收入了丰富的工具文档与表单	填补空白的行业必读作品
	中小农业企业品牌战法 韩 旭 著	将中小农业企业品牌建设的方法,从理论讲到实践,具有指导性	全面把握品牌规划,传播推广,落地执行的具体措施
	农资营销实战全指导 张 博 著	农资如何向"深度营销"转型,从理论到实践进行系统剖析,经验资深	朴实、使用!不可多得的农资营销实战指导
	农产品营销第一书 胡浪球 著	从农业企业战略到市场开拓、营销、品牌、模式等	来源于实践中的思考,有启发
	变局下的农牧企业9大成长策略 彭志雄 著	食品安全、纵向延伸、横向联合、品牌建设……	唯一的农牧企业经营实操的书,农牧企业一定要看

医药	在中国,医药营销这样做:时代方略精选文集 段继东 主编	专注于医药营销咨询15年,将医药营销方法的精华文章合编,深入全面	可谓医药营销领域的顶尖著作,医药界读者的必读书
	医药新营销:制药企业、医药商业企业营销模式转型 史立臣 著	医药生产企业和商业企业在新环境下如何做营销?老方法还有没有用?如何寻找新方法?新方法怎么用?本书给你答案	内容非常现实接地气,踏实谈问题说方法
	医药企业转型升级战略 史立臣 著	药企转型升级有5大途径,并给出落地步骤及风险控制方法	实操性强,有作者个人经验总结及分析
	新医改下的医药营销与团队管理 史立臣 著	探讨新医改对医药行业的系列影响和医药团队管理	帮助理清思路,有一个框架
	医药营销与处方药学术推广 马宝琳 著	如何用医学策划把"平民产品"变成"明星产品"	有真货、讲真话的作者,堪称处方药营销的经典!
	医药行业大洗牌与药企创新 林延君 沈 斌 著	一方面,围绕着变革,多角度阐述药企的应对之道;另一方面,紧扣实践,介绍近百家医药企业创新实践案例	医改变革10年,医药企业如何应对大洗牌?重磅出击的药企人必读书
	新医改了,药店就要这样开 尚 锋 著	药店经营、管理、营销全攻略	有很强的实战性和可操作性
	电商来了,实体药店如何突围 尚 锋 著	电商崛起,药店该如何突围?本书从促销、会员服务、专业性、客单价等多重角度给出了指导方向	实战攻略,拿来就能用
	OTC医药代表药店销售36计 鄢圣安 著	以《三十六计》为线,写OTC医药代表向药店销售的一些技巧与策略	案例丰富,生动真实,实操性强
	OTC医药代表药店开发与维护 鄢圣安 著	要做到一名专业的医药代表,需要做什么、准备什么、知识储备、操作技巧等	医药代表药店拜访的指导手册,手把手教你快速上手
	引爆药店成交率1:店员导购实战 范月明 著	一本书解决药店导购所有难题	情景化、真实化、实战化
	引爆药店成交率2:经营落地实战 范月明 著	最接地气的经营方法全指导	揭示了药店经营的几类关键问题
	引爆药店成交率:专业化销售解决方案 范月明 著	药品搭配分析与关联销售	为药店人专业化助力
	处方药合规推广实战宝典 赵佳震 著	推广体系搭建、推广人员岗位工作内容、推广服务外包商管理等六个方面	解决"医药代表转型"和"推广服务外包商管理"的困惑
	医药代理商实操全指导:新环境 新战法 戴文杰 著	结合医药市场政策环境解读新环境下医药招商的战法,着重分析药品产业链的盈利机会	医药销售业务人员的必备读物
	攻略基层诊所:医药营销这样做 张江民 著	对基层诊所的开发、维护和动销,拿来就用的方式方法	实战是本书的主旨,只要用心去看,就能在基层诊所市场中运用
	互联网医药的未来 动脉网 编著	介绍了互联网医药发展的现状与趋势	帮助创业者和投资人看清未来,把握当下
	处方药零售这样做 田 军 著	阐述了处方药零售的重要性,以及做处方药零售市场的具体措施和方法	系统性了解和掌握处方药零售方法
建材家居	成为最赚钱的家具建材经销商 李治江 著	从销售模式、产品、门店等老板们最关注和最需要的方面解决问题、提供方法	只要你是建材、家具、家居用品的经销商老板,这就是一本必读的书
	定制家居黄金十年 韩 锋 翁长华 著	梳理了定制家居的商业模式和发展情况	帮助定制家居看清方向,把握当下
	家具建材促销与引流 薛 亮 李永峰 著	十大促销模式的详细方法和工具	让你天天签大单

	书名/作者	内容简介	推荐语
建材家居	家具行业操盘手 王献永 著	家具行业问题的终结者	解决了干家具还有没有前途? 为什么同城多店的家具经销商很难做大做强等问题
	建材家居营销:除了促销还能做什么 孙嘉晖 著	一线老手的深度思考,告诉你在建材家居营销模式基本停滞的今天,除了促销,营销还能怎么做	给你的想法一场革命
	建材家居营销实务 程绍珊 杨鸿贵 主编	价值营销运用到建材家居,每一步都让客户增值	有自己的系统、实战
	家居建材门店6力爆破 贾同领 著	合盘道出一线品牌销量秘籍	6力招招见血,既有招数,又有策略
	建材家居门店销量提升 贾同领 著	店面选址、广告投放、推广助销、空间布局、生动展示、店面运营等	门店销量提升是一个系统工程,非常系统、实战
	10步成为最棒的建材家居门店店长 徐伟泽 著	实际方法易学易用,让员工能够迅速成长,成为独当一面的好店长	只要坚持这样干,一定能成为好店长
	手把手帮建材家居导购业绩倍增:成为顶尖的门店店员 熊亚柱 著	生动的表现形式,让普通人也能成为优秀的导购员,让门店业绩长红	读着有趣,用着简单,一本在手、业绩无忧
	建材家居经销商实战42章经 王庆云 著	告诉经销商:老板怎么当、团队怎么带、生意怎么做	忠言逆耳,看着不舒服就对了,实战总结,用一招半式就值了
工业品	销售是门专业活:B2B、工业品 陆和平 著	销售流程就应该跟着客户的采购流程和关注点的变化向前推进,将一个完整的销售过程分成十个阶段,提供具体方法	销售不是请客吃饭拉关系,是个专业的活计! 方法在手,走遍天下不愁
	解决方案营销实战案例 刘祖轲 著	用10个真案例讲明白什么是工业品的解决方案式营销,实战、实用	有干货,真正操作过的才能写得出来
	变局下的工业品企业7大机遇 叶敦明 著	产业链条的整合机会、盈利模式的复制机会、营销红利的机会、工业服务商转型机会……	工业品企业还可以这样做,思维大突破
	工业品市场部实战全指导 杜忠 著	工业品市场部经理工作内容全指导	系统、全面、有理论、有方法,帮助工业品市场部经理更快提升专业能力
	工业品营销管理实务 李洪道 著	中国特色工业品营销体系的全面深化、工业品营销管理体系优化升级	工具更实战,案例更鲜活,内容更深化
	工业品企业如何做品牌 张东利 著	为工业品企业提供最全面的品牌建设思路	有策略、有方法、有思路、有工具
	丁兴良讲工业4.0 丁兴良 著	没有枯燥的理论和说教,用朴实直白的语言告诉你工业4.0的全貌	工业4.0是什么? 本书告诉你答案
	资深大客户经理:策略准,执行狠 叶敦明 著	从业务开发、发起攻势、关系培育、职业成长四个方面,详述了大客户营销的精髓	满满的全是干货
	两化融合管理系统贯标流程与方法 戴勇 张华杰 张百荣 编著	全面梳理贯标流程和方法	帮助企业成功贯标
	一切为了订单:订单驱动下的工业品营销实战 唐道明 著	其实,所有的企业都在围绕着两个字在开展全部的经营和管理工作,那就是"订单"	开发订单、满足订单、扩大订单。本书全是实操方法,字字珠玑、句句干货,教你获得营销的胜利
金融	交易心理分析 (美)马克·道格拉斯 著 刘真如 译	作者一语道破赢家的思考方式,并提供了具体的训练方法	不愧是投资心理的第一书,绝对经典
	精品银行管理之道 崔海鹏 何屹 主编	中小银行转型的实战经验总结	中小银行的教材很多,实战类的书很少,可以看看

	书名·作者	内容/特色	读者价值
金融	支付战争 Eric M. Jackson 著 徐彬 王晓 译	PayPal 创业期营销官，亲身讲述 PayPal 从诞生到壮大到成功出售的整个历史	激烈、有趣的内幕商战故事！了解美国支付市场的风云巨变
	中外并购名著专业阅读指南 叶兴平 等著	在 5000 多本并购类图书中精选的 200 著作，在阅读的基础上写的读书评价	精挑细选 200 本并一一评介，省去读者挑选的烦恼，快捷、高效
	新三板信息披露全流程：操作与工具 和珩科技 著	详细拆解董秘日常工作过程中所需的信息披露流程	董秘案头必备用书
	成功并购 300 本：一本书搞定并购难题 浩德军师并购联盟 著	从财务、税务、法律等角度详细解答疑问	能解决 80% 的并购问题
	互联网时代的银行转型 韩友诚 著	以大量案例形式为读者全面展示和分析了银行的互联网金融转型应对之道	结合本土银行转型发展案例的书籍
房地产	产业园区/产业地产规划、招商、运营实战 阎立忠 著	目前中国第一本系统解读产业园区和产业地产建设运营的实战宝典	从认知、策划、招商到运营全面了解地产策划
	人文商业地产策划 戴欣明 著	城市与商业地产战略定位的关键是不可复制性，要发现独一无二的"味道"	突破千城一面的策划困局
	中国城市群房地产投资策略 吕俊博 著	全方位、多角度分析城市群房地产现状是趋势	让亿元资产投资更理性、更安全
	电影院的下一个黄金十年：开发·差异化·案例 李保煜 著	对目前电影院市场存大的问题及如何解决进行了探讨与解读	多角度了解电影院运营方式及代表性案例
能源	全能型班组：城市能源互联网与电力班组升级 国网天津市电力公司 编著	借鉴国内外优秀企业的转型升级思路，通过对新型班组组织模式和运行机制的大胆设想，力图构建充分适应内外环境变化的全能型班组	看看庞大的国企在新环境下是如何顺应时代的
	国网天津电力全能型班组建设实务 国网天津市电力公司 编著	本书聚焦于天津电力公司在探索全能型班组转型升级时的优秀实践	电力行业的班组实践，具体、可操作性强

经营类：企业如何赚钱，如何抓机会，如何突破，如何"开源"

	书名·作者	内容/特色	读者价值
抓方向	让经营回归简单·升级版 宋新宇 著	化繁为简抓住经营本质：战略、客户、产品、员工、成长	经典，做企业就这几个关键点！
	混沌与秩序Ⅰ：变革时代企业领先之道 混沌与秩序Ⅱ：变革时代管理新思维 彭剑锋 尚艳玲 主编	汇集华夏基石专家团队 10 年来研究成果，集中选择了其中的精华文章编纂成册	作者都是既有深厚理论积淀又有实践经验的重磅专家，为中国企业和企业家的未来提出了高屋建瓴的观点
	活系统：跟任正非学当老板 孙行健 尹贤 著	以任正非的独到视角，教企业老板如何经营公司	看透公司经营本质，激活企业活力
	重构：快消品企业重生之道 杨永华 著	从 7 个角度，帮助企业实现系统性的改造	提供转型思想与方法，值得参考
	公司由小到大要过哪些坎 卢强 著	老板手里的一张"企业成长路线图"	现在我在哪儿，未来还要走哪些路，都清楚了
	企业二次创业成功路线图 夏惊鸣 著	企业曾经抓住机会成功了，但下一步该怎么办？	企业怎样获得第二次成功，心里有个大框架了
	老板经理人双赢之道 陈明 著	经理人怎样选平台、怎么开局，老板怎样选/育/用/留	老板生闷气，经理人牢骚大，这次知道该怎么办了

	简单思考:AMT 咨询创始人自述 孔祥云 著	著名咨询公司(AMT)的 CEO 创业历程中点点滴滴的经验与 思考	每一位咨询人,每一位创业者和管理 经营者,都值得一读
抓方向	企业文化的逻辑 王祥伍 黄健江 著	为什么企业绩效如此不同,解开 绩效背后的文化密码	少有的深刻,有品质,读起来很流畅
	使命驱动企业成长 高可为 著	钱能让一个人今天努力,使命 能让一群人长期努力	对于想做事业的人,'使命'是绕不过 去的
思维突破	盈利原本就这么简单 高可为 著	从财务的角度揭示企业盈利的 秘密	多方面解读商业模式与盈利的关系, 通俗易懂,受益匪浅
	经营:打造你的盈利系统 高可为 著	从盈利角度梳理了系统化的经 营方式	让企业掌舵者把控经营全局
	创模式:23 个行业创新案例 段传敏 著	23 位行业精英的创新对话	创业者、转型者的实战参考
	企业良性成长:用顶层设计突 破瓶颈 刘建兆 著	全方位介绍企业顶层设计的方 法和思路	帮助企业用顶层设计突破成长瓶颈
	移动互联新玩法:未来商业的格 局和趋势 史贤龙 著	传统商业、电商、移动互联,三 个世界并存,这种新格局的玩 法一定要懂	看清热点的本质,把握行业先机,一 本书搞定移动互联网
	画出公司的互联网进化路线 图:用互联网思维重塑产品、客 户和价值 李 蓓 著	18 个问题帮助企业一步步梳理 出互联网转型思路	思路清晰、案例丰富,非常有启发性
	重生战略:移动互联网和大数据 时代的转型法则 沈 拓 著	在移动互联网和大数据时代, 传统企业转型如同生命体打算 与再造,称之为"重生战略"	帮助企业认清移动互联网环境下的 变化和应对之道
	创造增量市场:传统企业互联 网转型之道 刘红明 著	传统企业需要用互联网思维去 创造增量,而不是用电子商务 去转移传统业务的存量	教你怎么在"互联网 +"的海洋中创 造实实在在的增量
	7 个转变,让公司 3 年胜出 李 蓓 著	消费者主权时代,企业该怎么 办	这就是互联网思维,老板有能这样想, 肯定倒不了
	跳出同质思维,从跟随到领先 郭 剑 著	66 个精彩案例剖析,帮助老板突 破行业长期思维惯性	做企业竟然有这么多玩法,开眼界
	互联网+"变"与"不变":本土 管理实践与创新论坛集萃· 2016 本土管理实践与创新论坛 著	加速本土管理思想的孕育诞 生,促进本土管理创新成果更 好地服务企业、贡献社会	各个作者本年度最新思想,帮助读者 拓宽眼界、突破思维
	消费升级:实践 研究(文集) 本土管理实践与创新论坛 著	38 位管理专家及 7 位学者的精 华思想,从经营、管理、行业及 思想研究四个方面阐述中国企 业在消费升级下的实践与研究	思想启发,行业借鉴
财务	写给企业家的公司与家庭财务 规划——从创业成功到富足退 休 周荣辉 著	本书以企业的发展周期为主 线,写各阶段企业与企业主家 庭的财务规划	为读者处理人生各阶段企业与家庭 的财务问题提供建议及方法,让家庭 成员真正享受财富带来的益处
	互联网时代的成本观 程 翔 著	本书结合互联网时代提出了成 本的多维观,揭示了多维组合 成本的互联网精神和大数据特 征,论述了其产生背景、实现思 路和应用价值	在传统成本观下为盈利的业务,在新 环境下也许就成为亏损业务。帮助 管理者从新的角度来看待成本,进一 步做好精益管理

	财报背后的投资机会 蒋豹 著	以具体的公司案例分析,教你迅速看出财务报表与企业经营的关系、所反映的企业经营现状,从而找到投资机会	前四大会计所员工为读者解密财报,发现投资机会

管理类:效率如何提升,如何实现经营目标,如何"节流"

	书名.作者	内容/特色	读者价值
	让管理回归简单·升级版 宋新宇 著	从目标、组织、决策、授权、人才和老板自己层面教你怎样做管理	帮助管理抓住管理的要害,让管理变得简单
	让经营回归简单·升级版 宋新宇 著	从战略、客户、产品、员工、成长、经营者自身等七个方面,归纳总结出简单有效的经营法则	总结出的真正优秀企业的成功之道:简单
	让用人回归简单 宋新宇 著	从用人的原则、用人的难题与误区、用人的方法和用人者的修炼四大方面,总结出适合中小企业做好人才管理工作的法则	帮助管理者抓住用人的要害,让用人变得简单
	历史深处的管理智慧1:组织建设与用人之道 刘文瑞 著	对历史之典故、政事、人事、政制进行管理解析,鉴照企业人才的选用育留	推动理论与实践的对接,实现理性与情感的渗透,用中国话语说明管理智慧
	历史深处的管理智慧2:战略决策与经营运作 刘文瑞 著	对历史之典故、政事、人事、政制进行管理解析,鉴照企业战略设计与经营实践	推动理论与实践的对接,实现理性与情感的渗透,用中国话语说明管理智慧
	历史深处的管理智慧3:领导修炼与文化素养 刘文瑞 著	对历史之典故、政事、人事、政制进行管理解析,鉴照企业领导职业能力提升与文化修养	推动理论与实践的对接,实现理性与情感的渗透,用中国话语说明管理智慧
	管理的尺度 刘文瑞 著	对管理中的种种普遍性问题进行了批评	提高把握管理尺度的能力
	管理学在中国 刘文瑞 著	系统性介绍了管理学在中国的发展和演变	了解管理学在中国的发展脉络,更清晰理解管理学的本质
	看电影,懂管理 刘文瑞 著	16部经典电影,带你感悟管理智慧	能够帮助读者放松身心,驰骋想象,在不知不觉中增长智慧
通用管理	管理:以规则驾驭人性 王春强 著	详细解读企业规则的制定方法	从人与人博弈角度提升管理的有效性
	打造集成供应链:走出挂一漏十的改善困境 王春强 著	详解集成供应链全过程	帮助企业优化供应链管理
	用好骨干员工:关键人才培养与激励 王敏 著	系统化分享关键人才打造与激励方法	企业能实在用人的最大化价值
	改变世界的管理学大师1:管理学的前世今生 刘文瑞 编著	介绍了古典管理学时期的大师事迹和思想	深入了解管理大师们的思想和智慧
	成为企业欢迎的咨询师 张国祥 著	从调研到落地,手把手教你咨询流程	不走弯路,方便直接的学到老咨询师的套路
	员工心理学超级漫画版 邢雷 著	以漫画的形式深度剖析员工心理	帮助管理者更了解员工,从而更轻松地管理员工
	老板有想法,高层有干法:企业中的将帅之道 王清华 著	深入剖析老板与高管的异同	各司其职,各行其是,相辅相成
	分股合心:股权激励这样做 段磊 周剑 著	通过丰富的案例,详细介绍了股权激励的知识和实行方法	内容丰富全面、易读易懂,了解股权激励,有这一本就够了
	边干边学做老板 黄中强 著	创业20多年的老板,有经验、能写、又愿意分享,这样的书很少	处处共鸣,帮助中小企业老板少走弯路

通用管理	成为敏感而体贴的公司 王 涛 著	本书为作者对企业的观察和冥想的随笔记录。从生活中的一个现象入手,进而探索现象背后的本质	从全新角度认识公司
	中国企业的觉醒:正直 善良 成长 王 涛 著	围绕着企业人如何发生转化展开,对中国人、中国文化及由此导致的企业现状的观察和思考	企业除了要利润,还需要道德
	有意识的思考:轻松化解问题的 7 个思考习惯 王 涛 著	本书是对思想、思考过程、思考方式进行的细致观察	养成好的思考习惯,更深刻地看问题
	中国式阿米巴落地实践之从交付到交易 胡八一 著	本书主要讲述阿米巴经营会计,"从交付到交易",这是成功实施了阿米巴的标志	阿米巴经营会计的工作是有逻辑关联的,一本书就能搞定
	中国式阿米巴落地实践之激活组织 胡八一 著	重点讲解如何科学划分阿米巴单元,阐述划分的实操要领、思路、方法、技术与工具	最大限度减少"推行风险"和"摸索成本",利于公司成功搭建适合自身的个性化阿米巴经营体系
	中国式阿米巴落地实践之持续盈利 胡八一 著	把企业做成平台,企业才能做大(格局);把平台做成阿米巴,企业才能做强(专业);把阿米巴做成合伙制,企业才能做久(机制)	中国式阿米巴落地实践三部曲的最后一部,告诉你企业如何做大做强做久
	集团化企业阿米巴实战案例 初勇钢 著	一家集团化企业阿米巴实施案例	指导集团化企业系统实施阿米巴
	阿米巴经营的中国模式 李志华 著	让员工从"要我干"到"我要干",价值量化出来	阿米巴在企业如何落地,明白思路了
	欧博心法:好管理靠修行 曾 伟 著	用佛家的智慧,深刻剖析管理问题,见解独到	如果真的有'中国式管理',曾老师是其中标志性人物
	领导这样点燃你的下属 孟广桥 著	领导者如何才能让员工积极主动地工作? 如何让你的员工和下属保持工作的热情,自动自发? 看了这本书就知道	只要你希望手下的"兵将"永远充满工作的斗志,这本书将使你获益良多
流程管理	1. 用流程解放管理者 2. 用流程解放管理者 2 张国祥 著	中小企业阅读的流程管理、企业规范化的书	通俗易懂,理论和实践的结合恰到好处
	跟我们学建流程体系 陈立云 著	畅销书《跟我们学做流程管理》系列,更实操,更细致,更深入	更多地分享实践,分享感悟,从实践总结出来的方法论
	人人都要懂流程 金国华 余雅丽 著	当前各企业流程管理方面最为典型的痛点现象及问题案例	通俗易懂,适合企业全员阅读
质量管理	IATF16949 质量管理体系详解与案例文件汇编:TS16949 转版 IATF16949:2016 谭洪华 著	针对 IATF 的新标准做了详细的解说,同时指出了一些推行中容易犯的错误,提供了大量的表单、案例	案例、表单丰富,拿来就用
	五大质量工具详解及运用案例:APQP/FMEA/PPAP/MSA/SPC 谭洪华 著	对制造业必备的五大质量工具中每个文件的制作要求、注意事项、制作流程、成功案例等进行了解读	通俗易懂、简便易行,能真正实现学以致用
	ISO9001:2015 新版质量管理体系详解与案例文件汇编 谭洪华 著	紧密围绕 2015 年新版质量管理体系文件逐条详细解读,并提供可以直接套用的案例工具,易学易上手	企业质量管理认证、内审必备
	ISO14001:2015 新版环境管理体系详解与案例文件汇编 谭洪华 著	紧密围绕 2015 年新版环境管理体系文件逐条详细解读,并提供可以直接套用的案例工具,易学易上手	企业环境管理认证、内审必备

质量管理	ISO9001:2015 完整文件汇编:制造业 贺红喜 著	按照 ISO9001 标准并超出标准的要求,提供了一套完整的制造业的质量管理体系文件	原汁原味完整收入,直接可以拿来就用
	SA8000:2014 社会责任管理体系认证实战 吕 林 著	作者根据自己的操作经验,按认证的流程,以相关案例进行说明 SA8000 认证体系	简单,实操性强,拿来就能用
	精益质量管理实战工具 贺小林 著	制造类企业日常工作中所需要的精益管理工具的归纳整理,并进行案例操作的细致分析	可以直接参考,实际解决生产中的具体问题
战略落地	重生——中国企业的战略转型 施 炜 著	从前瞻和适用的角度,对中国企业战略转型的方向、路径及策略性举措提出了一些概要性的建议和意见	对企业有战略指导意义
	公司大了怎么管:从靠英雄到靠组织 AMT 金国华 著	第一次详尽阐释中国快速成长型企业的特点、问题及解决之道	帮助快速成长型企业领导及管理团队理清思路,突破瓶颈
	低效会议怎么改:每年节省一半会议成本的秘密 AMT 王玉荣 著	教你如何系统规划公司的各级会议,一本工具书	教会你科学管理会议的办法
	年初订计划,年尾有结果:战略落地七步成诗 AMT 郭晓 著	7 个步骤教会你怎么让公司制定的战略转变为行动	系统规划,有效指导计划实现
人力资源	HRBP 是这样炼成的之"菜鸟起飞" 新 海 著	以小说的形式,具体解析 HRBP 的职责,应该如何操作,如何为业务服务	实践者的经验分享,内容实务具体,形式有趣
	HRBP 是这样炼成的之中级修炼 新 海 著	本书以案例故事的方式,介绍了 HRBP 在实际工作中碰到的问题和挑战	书中的 HR 解决方案讲究因时因地制宜、简单有效的原则,重在启发读者思路,可供各类企业 HRBP 借鉴
	HRBP 是这样炼成的之高级修炼 新 海 著	以故事的形式,展现了 HRBP 工作者在职业发展路上的层层深入和递进	为读者提供 HRBP 在实际工作中遇到种种问题的解决方案
	新任 HR 高管如何从 0 到 1 黄渊明 著	全景式展现新任高管华丽转身全过程	助力新任高管安全着陆
	HR 的劳动法内参 李皓楠 著	100 个劳动法案例和分析	轻松掌握劳动法知识,方便运用
	把面试做到极致:首席面试官的人才甄选法 孟广桥 著	作者用自己几十年的人力资源经验总结出的一套实用的确定岗位招聘标准、提升面试官技能素质的简便方法	面试官必备,没有空泛理论,只有巧妙的实操技能
	人力资源体系与 e - HR 信息化建设 刘书生 陈 莹 王美佳 著	将作者经历的人力资源管理变革、人力资源管理信息化咨询项目方法论、工具和成果全面展现给读者,使大家能够将其快速应用到管理实践中	系统性非常强,没有废话,全部是浓缩的干货
	回归本源看绩效 孙 波 著	让绩效回顾"改进工具"的本源,真正为企业所用	确实是来源于实践的思考,有共鸣
	世界 500 强资深培训经理人教你做培训管理 陈 锐 著	从 7 大角度具体细致地讲解了培训管理的核心内容	专业、实用、接地气

人力资源	曹子祥教你做激励性薪酬设计 曹子祥 著	以激励性为指导,系统性地介绍了薪酬体系及关键岗位的薪酬设计模式	深入浅出,一本书学会薪酬设计
	曹子祥教你做绩效管理 曹子祥 著	复杂的理论通俗化,专业的知识简单化,企业绩效管理共性问题的解决方案	轻松掌握绩效管理
	把招聘做到极致 远鸣 著	作为世界500强高级招聘经理,作者数十年招聘经验的总结分享	带来职场思考境界的提升和具体招聘方法的学习
	人才评价中心·超级漫画版 邢雷 著	专业的主题,漫画的形式,只此一本	没想到一本专业的书,能写成这效果
	走出薪酬管理误区 全怀周 著	剖析薪酬管理的8大误区,真正发挥好枢纽作用	值得企业深读的实用教案
	集团化人力资源管理实践 李小勇 著	对搭建集团化的企业很有帮助,务实,实用	最大的亮点不是理论,而是结合实际的深入剖析
	我的人力资源咨询笔记 张伟 著	管理咨询师的视角,思考企业的HR管理	通过咨询师的眼睛对比很多企业,有启发
	本土化人力资源管理8大思维 周剑 著	成熟HR理论,在本土中小企业实践中的探索和思考	对企业的现实困境有真切体会,有启发
企业文化	36个拿来就用的企业文化建设工具 海融心胜 主编	数十个工具,为了方便拿来就用,每一个工具都严格按照工具属性、操作方法、案例解读划分,实用、好用	企业文化工作者的案头必备书,方法都在里面,简单易操作
	企业文化建设超级漫画版 邢雷 著	以漫画的形式系统教你企业文化建设方法	轻松易懂好操作
	华夏基石方法:企业文化落地本土实践 王祥伍 谭俊峰 著	十年积累、原创方法、一线资料,和盘托出	在文化落地方面真正有洞察,有实操价值的书
	企业文化的逻辑 王祥伍 著	为什么企业之间如此不同,解开绩效背后的文化密码	少有的深刻,有品质,读起来很流畅
	企业文化激活沟通 宋杼宸 安琪 著	透过新任HR总经理的眼睛,揭示出沟通与企业文化的关系	有实际指导作用的文化落地读本
	在组织中绽放自我:从专业化到职业化 朱仁健 王祥伍 著	个人如何融入组织,组织如何助力个人成长	帮助企业员工快速认同并投入到组织中去,为企业发展贡献力量
	企业文化定位·落地一本通 王明胤 著	把高深枯燥的专业理论创建成一套系统化、实操化、简单化的企业文化缔造方法	对企业文化不了解,不会做?有这一本从概念到实操,就够了
生产管理	精益思维:中国精益如何落地 刘承元 著	笔者二十余年企业经营和咨询管理的经验总结	中国企业需要灵活运用精益思维,推动经营要素与管理机制的有机结合,推动企业管理向前发展
	300张现场图看懂精益5S管理 乐涛 编著	5S现场实操详解	案例图解,易懂易学
	高员工流失率下的精益生产 余伟辉 著	中国的精益生产必须面对和解决高员工流失率问题	确实来源于本土的工厂车间,很务实
	车间人员管理那些事儿 岑立聪 著	车间人员管理中处理各种"疑难杂症"的经验和方法	基层车间管理者最闹心、头疼的事,'打包'解决

生产管理	1. 欧博心法:好管理靠修行 2. 欧博心法:好工厂这样管 曾　伟　著	他是本土最大的制造业管理咨询机构创始人,他从 400 多个项目、上万家企业实践中锤炼出的欧博心法	中小制造型企业,一定会有很强的共鸣
	欧博工厂案例1:生产计划管控对话录 欧博工厂案例2:品质技术改善对话录 欧博工厂案例3:员工执行力提升对话录 曾　伟　著	最典型的问题、最详尽的解析,工厂管理 9 大问题 27 个经典案例	没想到说得这么细,超出想象,案例很典型,照搬都可以了
	工厂管理实战工具 欧博企管　编著	以传统文化为核心的管理工具	适合中国工厂
	苦中得乐:管理者的第一堂必修课 曾　伟　编著	曾伟与师傅大愿法师的对话,佛学与管理实践的碰撞,管理禅的修行之道	用佛学最高智慧看透管理
	比日本工厂更高效 1:管理提升无极限 刘承元　著	指出制造型企业管理的六大积弊;颠覆流行的错误认知;掌握精益管理的精髓	每一个企业都有自己不同的问题,管理没有一剑封喉的秘笈,要从现场、现物、现实出发
	比日本工厂更高效 2:超强经营力 刘承元　著	企业要获得持续盈利,就要开源和节流,即实现销售最大化,费用最小化	掌握提升工厂效率的全新方法
	比日本工厂更高效 3:精益改善力的成功实践 刘承元　著	工厂全面改善系统有其独特的目的取向特征,着眼于企业经营体质(持续竞争力)的建设与提升	用持续改善力来飞速提升工厂的效率,高效率能够带来意想不到的高效益
	3A 顾问精益实践 1:IE 与效率提升 党新民　苏迎斌　蓝旭日　著	系统的阐述了 IE 技术的来龙去脉以及操作方法	使员工与企业持续获利
	3A 顾问精益实践 2:JIT 与精益改善 肖志军　党新民　著	只在需要的时候,按需要的量,生产所需的产品	提升工厂效率
	化工企业工艺安全管理实操 黄　娜　编著	化工企业工艺安全管理全指导	帮助企业树立安全意识,强化安全管理方法
	手把手教你做专业的生产经理 黄　娜　著	物流、信息流、资金流,让生产经理管理有抓手	从菜鸟到能把控全局
员工素质提升	TTT 培训师精进三部曲(上):深度改善现场培训效果 廖信琳　著	现场把控不用慌,这里有妙招一用就灵	课程现场无论遇到什么样的情况都能游刃有余
	TTT 培训师精进三部曲(中):构建最有价值的课程内容 廖信琳　著	这样做课程内容,学员有收获培训师也有收获	优质的课程内容是树立个人品牌的保证
	TTT 培训师精进三部曲(下):职业功力沉淀与修为提升 廖信琳　著	从内而外提升自己,职业的道路一帆风顺	走上职业 TTT 内训师的康庄大道
	培训师,如何让你的事业长青:自我管理的 10 项法则 廖信琳　著	建立了一套完整的培训师自我管理体系,为培训师的职业成长与发展提供有益的指引	培训师如何在自己的职业道路上越走越高,事业长青,一直有所收获与成长?本书将给你答案
	管理咨询师的第一本书:百万年薪　千万身价 熊亚柱　著	从问题出发,发现问题、分析问题、解决问题,让两眼一抹黑的新人快速成长	管理咨询师初入职场,让这本书开启百万年薪之路

	书名·作者	内容/特色	读者价值
员工素质提升	手把手教你做专业督导:专卖店、连锁店 熊亚柱 著	从督导的职能、作用,在工作中需要的专业技能、方法,都提供了详细的解读和训练办法,同时附有大量的表单工具	无论是店铺需要统一培训,还是个人想成为优秀的督导,有这一本就够了
	跟老板"偷师"学创业 吴江萍 余晓雷 著	边学边干,边观察边成长,你也可以当老板	不同于其他类型的创业书,让你在工作中积累创业经验,一举成功
	销售轨迹:一位快消品营销总监的拼搏之路 秦国伟 著	本书讲述了一个普通销售员打拼成为跨国企业营销总监的真实奋斗历程	激励人心,给广大销售员以力量和鼓舞
	在组织中绽放自我:从专业化到职业化 朱仁健 王祥伍 著	个人如何融入组织,组织如何助力个人成长	帮助企业员工快速认同并投入到组织中去,为企业发展贡献力量
	企业员工弟子规:用心做小事,成就大事业 贾同领 著	从传统文化《弟子规》中学习企业中为人处事的办法,从自身做起	点滴小事,修养自身,从自身的改善得到事业的提升
	手把手教你做顶尖企业内训师:TTT 培训师宝典 熊亚柱 著	从课程研发到现场把控、个人提升都有涉及,易读易懂,内容丰富全面	想要做企业内训师的员工有福了,本书教你如何抓住关键,从入门到精通
	28 天速成文案高手 秦 士 安丽 著	解构优秀品牌和出彩文案背后的逻辑,28 天循序渐进成为文案高手	让优质文案变成"智慧工厂"般的工序管理与稳定出品
	让投诉顾客满意离开:客户投诉应对与管理 孟广桥 著	立足于投诉处理的实践,剖析了不同投诉者投诉的特点和应对措施,并提供各种技巧方法、赢得客户信赖所需培养的品质修炼、处理投诉应掌握的法律法规等工具	是投诉处理人员适应岗位职能需要、提升工作技能的良师益友,是企业变诉为金、培养业务骨干的法宝

营销类:把客户需求融入企业各环节,提供"客户认为"有价值的东西

	书名·作者	内容/特色	读者价值
营销模式	精品营销战略 杜建君 著	以精品理念为核心的精益战略和营销策略	用精品思维赢得高端市场
	变局下的营销模式升级 程绍珊 叶宁 著	客户驱动模式、技术驱动模式、资源驱动模式	很多行业的营销模式被颠覆,调整的思路有了!
	动销操盘:节奏掌控与社群时代新战法 朱志明 著	在社群时代把握好产品生产销售的节奏,解析动销的症结,寻找动销的规律与方法	都是易读易懂的干货!对动销方法的全面解析和操盘
	弱势品牌如何做营销 李政权 著	中小企业虽有品牌但没名气,营销照样能做的有声有色	没有丰富的实操经验,写不出这么具体、详实的案例和步骤,很有启发
	老板如何管营销 史贤龙 著	高段位营销16招,好学好用	老板能看,营销人也能看
	洞察人性的营销战术:沈坤教你 28 式 沈 坤 著	28 个匪夷所思的营销怪招令人拍案叫绝,涉及商业竞争的方方面面,大部分战术可以直接应用到企业营销中	各种谋略得益于作者的横向思维方式,将其操作过的案例结合其中,提供的战术对读者有参考价值
	动销:产品是如何畅销起来的 吴江萍 余晓雷 著	真真切切告诉你,产品究竟怎么才能卖出去	击中痛点,提供方法,你值得拥有
	1000 铁杆女粉丝 张兵武 著	连接是女性与生俱来的特质。能善用连接的营销人员,就像拿到打开女性荷包的钥匙	重新认识女性的传播力量
	360°谈营销:一位营销咨询师20 年实战洞察 王清华 古怀亮 著	各个角度,全方位,多视点剥营销	思路单一,此书帮你破

营销模式	营销按钮：扣动一触即发的力量 老　苗　著	提供各种奇形怪状的营销武器	一定会带给你不一样的思维震撼
	孙子兵法营销战 刘文新　著	逐句解读孙子兵法，以及在营销方面的感悟	帮助营销人用智慧打营销仗
销售	资深大客户经理：策略准，执行狠 叶敦明　著	从业务开发、发起攻势、关系培育、职业成长四个方面，详述了大客户营销的精髓	满满的全是干货
	大客户销售这样说这样做 陆和平　著	大客户销售十大模块68个典型销售场景应对策略和话术，直接拿来就用	从"为什么要这么干"到"干什么、怎么干"
	成为资深的销售经理：B2B、工业品 陆和平　著	围绕"销售管理的六个关键控制点"一一展开，提供销售管理的专业、高效方法	方法和技术接地气，拿来就用，从销售员成长为经理不再犯难
	销售是门专业活：B2B、工业品 陆和平　著	销售流程就应该跟着客户的采购流程和关注点的变化向前推进，将一个完整的销售过程分成十个阶段，提供具体方法	销售不是请客吃饭拉关系，是个专业的活计！方法在手，走遍天下不愁
	向高层销售：与决策者有效打交道 贺兵一　著	一套完整有效的销售策略	有工具，有方法，有案例，通俗易懂
	学话术　卖产品 张小虎　著	分析常见的顾客异议，将优秀的话术模块化	让普通导购员也能成为销售精英
组织和团队	升级你的营销组织 程绍珊　吴越舟　著	用"有机性"的营销组织替代"营销能人"，营销团队变成"铁营盘"	营销队伍最难管，程老师不愧是营销第1操盘手，步骤方法都很成熟
	用数字解放营销人 黄润霖　著	通过量化帮助营销人员提高工作效率	作者很用心，很好的常备工具书
	成为优秀的快消品区域经理（升级版） 伯建新　著	用"怎么办"分析区域经理的工作关键点，增加30%全新内容，更贴近环境变化	可以作为区域经理的"速成催化器"
	成为资深的销售经理：B2B、工业品 陆和平　著	围绕"销售管理的六个关键控制点"一一展开，提供销售管理的专业、高效方法	方法和技术接地气，拿来就用，从销售员成长为经理不再犯难
	一位销售经理的工作心得 蒋　军　著	一线营销管理人员想提升业绩却无从下手时，可以看看这本书	一线的真实感悟
	快消品营销：一位销售经理的工作心得2 蒋　军　著	快消品、食品饮料营销的经验之谈，重点突出	来源于实战的精华总结
	销售轨迹：一位快消品营销总监的拼搏之路 秦国伟　著	本书讲述了一个普通销售员打拼成为跨国企业营销总监的真实奋斗历程	激励人心，给广大销售员以力量和鼓舞
	用营销计划锁定胜局：用数字解放营销人2 黄润霖　著	全方位教你怎么做好营销计划，好学好用真简单	照搬套用就行，做营销计划再也不头痛
	快消品营销人的第一本书：从入门到精通 刘　雷　伯建新　著	快消行业必读书，从入门到专业	深入细致，易学易懂
产品	产品开发管理方法·流程·工具：从作坊式到规范化 任彭枞　著	产品研发管理体系全指导	既有工具，又能开拓思路
	新产品开发管理，就用IPD（升级版） 郭富才　著	10年IPD研发管理咨询总结，国内首部IPD专业著作	一本书掌握IPD管理精髓

	书名·作者	内容/特色	读者价值
产品	这样打造大单品： 案例 策略 方法 迪智成咨询团队 著	囊括十三个不同行业、企业的实际案例，从不同角度详细剖析，总结了这些品牌厂家打造大单品的成功经验或者失败教训	厘清大单品打造的策划与路径，得出持续经营的思路与方法
	研发体系改进之道 靖爽 陈年根 马鸣明 著	提出一套系统性的方法与工具	指引企业少走弯路，提高成功率
	资深项目经理这样做新产品开发管理 秦海林 著	以 IPD 为思想，系统讲解新产品开管理的细节	提供管理思路和实用工具
	产品炼金术 Ⅰ：如何打造畅销产品 史贤龙 著	满足不同阶段、不同体量、不同行业企业对产品的完整需求	必须具备的思维和方法，避免在产品问题上走弯路
	产品炼金术 Ⅱ：如何用产品驱动企业成长 史贤龙 著	做好产品、关注产品的品质，就是企业成功的第一步	必须具备的思维和方法，避免在产品问题上走弯路
品牌	中小企业如何建品牌 梁小平 著	中小企业建品牌的入门读本，通俗、易懂	对建品牌有了一个整体框架
	采纳方法:破解本土营销8大难题 朱玉童 编著	全面、系统、案例丰富、图文并茂	希望在品牌营销方面有所突破的人，应该看看
	中国品牌营销十三战法 朱玉童 编著	采纳 20 年来的品牌策划方法，同时配有大量的案例	众包方式写作，丰富案例给人启发，极具价值
	今后这样做品牌:移动互联时代的品牌营销策略 蒋军 著	与移动互联紧密结合，告诉你老方法还能不能用，新方法怎么用	今后这样做品牌就对了
	中小企业如何打造区域强势品牌 吴之 著	帮助区域的中小企业打造自身品牌，如何在强壮自身的基础上往外拓展	梳理误区，系统思考品牌问题，切实符合中小区域品牌的自身特点进行阐述
渠道通路	深度分销:掌控渠道价值链 施炜 著	制造商通过掌控渠道价值链，将管理触角延伸至零售层面及顾客现场，对市场根部精耕细作，从而挖掘需求，构筑区域市场尤其是三四级市场的竞争壁垒	深度分销是中国企业对世界营销的独特贡献。实践证明，互联网时代深度分销仍有生命力
	快消品营销与渠道管理 谭长春 著	将快消品标杆企业渠道管理的经验和方法分享出来	可口可乐、华润的一些具体的渠道管理经验，实战
	传统行业如何用网络拿订单 张进 著	给老板看的第一本网络营销书	适合不懂网络技术的经营决策者看
	采纳方法:化解渠道冲突 朱玉童 编著	系统剖析渠道冲突，21 个渠道冲突案例、情景式讲解，37 篇讲义	系统、全面
	学话术 卖产品 张小虎 著	分析常见的顾客异议，将优秀的话术模块化	让普通导购员也能成为销售精英
	向高层销售:与决策者有效打交道 贺兵一 著	一套完整有效的销售策略	有工具，有方法，有案例，通俗易懂
	通路精耕操作全解:快消品 20 年实战精华 周俊 陈小龙 著	通路精耕的详细全解，每一步的具体操作方法和表单全部无保留提供	康师傅二十年的经验和精华，实践证明的最有效方法，教你如何主宰通路

管理者读的文史哲·生活

	书名·作者	内容/特色	读者价值
思想·文化	德鲁克管理思想解读 罗珉 著	用独特视角和研究方法，对德鲁克的管理理论进行了深度解读与剖析	不仅是摘引和粗浅分析，还是作者多年深入研究的成果，非常可贵
	德鲁克与他的论敌们:马斯洛、戴明、彼得斯 罗珉 著	几位大师之间的论战和思想碰撞令人受益匪浅	对大师们的观点和著作进行了大量的理论加工，去伪存真、去粗存精，同时有自己独特的体系深度

思想·文化	德鲁克管理学 张远凤　著	本书以德鲁克管理思想的发展为线索,从一个侧面展示了20世纪管理学的发展历程	通俗易懂,脉络清晰
	王阳明"万物一体"论:从"身－体"的立场看(修订版) 陈立胜　著	以身体哲学分析王阳明思想中的"仁"与"乐"	进一步了解传统文化,了解王阳明的思想
	自我与世界:以问题为中心的现象学运动研究 陈立胜　著	以问题为中心,对现象学运动中的"意向性""自我""他人""身体"及"世界"各核心议题之思想史背景与内在发展理路进行深入细致的分析	深入了解现象学中的几个主要问题
	作为身体哲学的中国古代哲学 张再林　著	上篇为中国古代身体哲学理论体系奠基性部分,下篇对由"上篇"所开出的中国身体哲学理论体系的进一步的阐发和拓展	了解什么是真正原生态意义上的中国哲学,把中国传统哲学与西方传统哲学加以严格区别
	中西哲学的歧异与会通 张再林　著	本书以一种现代解释学的方法,对中国传统哲学内在本质尝试一种全新的和全方位的解读	发掘出掩埋在古老传统形式下的现代特质和活的生命,在此基础上揭示中西哲学"你中有我,我中有你"之旨
	治论:中国古代管理思想 张再林　著	本书主要从儒、法墨三家阐述中国古代管理思想	看人本主义的管理理论如何不留斧痕地克服似乎无法调解的存在于人类社会行为与社会组织中的种种两难和对立
	车过麻城　再晤李贽 张再林　著	系统全面而又简明扼要地展示了李贽独到的学术眼力和超拔的理论建树	帮助读者重新认识李贽的思想
	中国古代政治制度(修订版)上:皇帝制度与中央政府 刘文瑞　著	全面论证了古代皇帝制度的形成和演变的历程	有助于读者从政治制度角度了解中国国情的历史渊源
	中国古代政治制度(修订版)下:地方体制与官僚制度 刘文瑞　著	全面论证了古代地方政府的发展演变过程	有助于读者从政治制度角度了解中国国情的历史渊源
	中国思想文化十八讲(修订版) 张茂泽　著	中国古代的宗教思想文化,如对祖先崇拜、儒家天命观、中国古代关于"神"的讨论等	宗教文化和人生信仰或信念紧密相联,在文化转型时期学习和研究中国宗教文化就有特别的现实意义
	史幼波《大学》讲记 史幼波　著	用儒释道的观点阐释大学的深刻思想	一本书读懂传统文化经典
	史幼波《周子通书》《太极图说》讲记 史幼波　著	把形而上的宇宙、天地,与形而下的社会、人生、经济、文化等融合在一起	将儒家的一整套学修系统融合起来
	史幼波《中庸》讲记(上下册) 史幼波　著	全面、深入浅出地揭示儒家中庸文化的真谛	儒释道三家思想融会贯通
	梁涛讲《孟子》之万章篇 梁　涛　著	《万章》主要记录孟子与万章的对话,涉及孝道、亲情、友情、出仕为官等	作者的解读能帮助读者更好地理解孟子及儒学
	两晋南北朝十二讲(修订版) 李文才　著	作为一本普及性读物,作者尊重史实,运用"历史心理学"的叙事方法,分12个专题对两晋南北朝的历史进行阐述	让读者轻松了解两晋南北朝的历史
	每个中国人身上的春秋基因 史贤龙　著	春秋368年(公元前770－公元前403年),每一个中国人都可以在这段时期的历史中找到自己的祖先,看到真实发生的事件,同时也看到自己	长情商、识人心
	与《老子》一起思考:德篇 与《老子》一起思考:道篇 史贤龙　著	打通文史,回归哲慧,纵贯古今,放眼中外,妙语迭出,在当今的老子读本中别具一格	深读有深读的回味,浅尝有浅尝的机敏,可给读者不同的启发